Aarhus auf einen Blick

0   380 m

Universitäts areal S. 38

S. 20

S. 40

W0059245

Botanischer Garten und Gewächshäuser

Vesterbro S. 34

Dom- kirche

Den Gamle By

ARoS Aarhus Kunstmuseum

Dokk1

Godsbanen

Midtbyen S. 24

Tivoli Friheden

Moesgaard Museum

Inhalt

◁ *Kein Wunder, dass dieses noch sehr junge Gebäude in Aarhus Ø als Eisberg ⓰ bezeichnet wird (Foto: 071aa-mm)*

Michael Moll

CITY|TRIP

AARHUS

Nicht verpassen!　　Karte S. 3

1 Domkirche [D5]
Das romanische Gotteshaus entstand im 13. Jahrhundert und ist die höchste Kirche Dänemarks. Lohnenswert ist nicht nur die Besichtigung des Innenraums, sondern auch eine Besteigung des Kirchturms (s. S. 20).

7 Godsbanen [B5]
Ein alter Güterbahnhof wurde zu einem sogenannten Kulturproduktionscenter umgestaltet. Beliebt ist der „Titanic" genannte Aussichtsplatz auf dem Dach des Gebäudes (s. S. 28).

8 ARoS-Kunstmuseum [B5]
Das ARoS ist ein bedeutendes Kunstmuseum, das schon allein durch das Rainbow Panorama auf dem Dach zu einem Besuch verpflichtet. Von dort sieht man Aarhus in bunten Farben (s. S. 29).

11 Den Gamle By [A4]
Ein Freilichtmuseum mitten in der Stadt: Von historischen Bauten aus dem 19. Jahrhundert bis zu einem Straßenzug aus dem Jahr 1974 kann man hier vieles entdecken (s. S. 34).

12 Botanischer Garten und Gewächshäuser [A4]
Wenn beim Betreten eines Raumes die Brille beschlägt, dann ist man in den Tropen angekommen. In vier verschiedenen Klimazonen gibt es interessante Pflanzen zu bestaunen (s. S. 37).

Aarhus Ø [F1–G3]
Aarhus Ø ist ein neuer Stadtteil, der den Hafen der Stadt in neuem Licht erstrahlen lässt. Eines der Highlights ist hier der Wohnblock Isbjerget **16**, der nicht nur aufgrund seines Namens an einen Eisberg erinnert (s. S. 40).

23 Dokk1 [E6]
Das Kulturzentrum gehört zu den neuesten Attraktionen der Stadt. Es beherbergt eine moderne Bibliothek und bietet viele weitere Höhepunkte (s. S. 43).

24 Moesgaard Museum
Das Prähistorische Museum vor den Toren der Stadt präsentiert sich so, als ob es aus der Erde hochgeklappt wäre. Die Besteigung des grünen Dachs gehört zum Pflichtprogramm (s. S. 45).

27 Tivoli Friheden [cg]
Spaß muss sein und mit vier Achterbahnen sowie mehr als drei Dutzend Fahrgeschäften ist der Spaßfaktor bei Adrenalinjunkies sichergestellt (s. S. 50).

Leichte Orientierung mit dem cleveren Nummernsystem
Die Sehenswürdigkeiten sind im Text und im Kartenmaterial mit derselben **magentafarbenen ovalen Nummer 1** markiert. Alle anderen Lokalitäten wie Geschäfte, Restaurants usw. tragen ein **Symbol und eine fortlaufende rote Nummer (1)**. Die Liste aller Orte befindet sich auf S. 140, die Zeichenerklärung auf S. 143.

Zeichenerklärung

★★★ nicht verpassen

★★ besonders sehenswert

★ wichtig für speziell interessierte Besucher

[A1]   Planquadrat im Kartenmaterial. Orte ohne diese Angabe liegen außerhalb unserer Karten. Ihre Lage kann aber wie von allen Ortsmarken mithilfe der begleitenden Web-App angezeigt werden (s. S. 143).

Vorwahlen

Die Vorwahl von Dänemark lautet 0045. Für die Ortschaften gibt es keine Vorwahl, sie sind in der achtstelligen Telefonnummer enthalten.

Umrechnungskurs

Stand: Dez. 2016

❯ 1 Euro = 7,44 DKK

❯ 1 DKK = 0,13 EUR

Schreibweisen

Im Dänischen wird der bestimmte Artikel an das Substantiv angehängt, deshalb kann es zu mehreren Schreibweisen kommen. Beispiel: Rådhus/Rathaus und Rådhuset/ das Rathaus.

Aarhus oder Århus?

Seit 2011 schreibt sich die Stadt offiziell mit Doppel-a. Damit ist die Schreibweise Århus zwar veraltet, wird aber gelegentlich noch gebraucht. Im Buch wird einheitlich die neue, richtige Variante verwendet.

Gemeinsam mit Paphos auf Zypern ist Aarhus 2017 Europäische Kulturhauptstadt. Sehr viel wurde getan, um Aarhus noch attraktiver zu gestalten. Es entstanden nicht nur neue Kulturorte wie Godsbanen (s. S. 28) und Spielstätten, sondern ganze Bezirke, die der Stadt ein ganz neues Bild verschafft haben. Darüber hinaus besticht Aarhus durch seine erstklassige Infrastruktur und unzählige Freizeitmöglichkeiten abseits des kulturellen Lebens.

Dokk1

2015 entstand Dokk1, das hochmoderne Kulturzentrum zwischen Hafen und Altstadt. Es beherbergt die Tourismusinformation (s. S. 104), ein vollautomatisches Parkhaus, das Büro der Kulturhauptstadt 2017 und eine Bibliothek, die das digitale Zeitalter nicht zu fürchten braucht (s. S. 43).

ARoS-Kunstmuseum

Das ARoS hat den Wandel von einer kleinen Ausstellung, die von ein paar Kunstfreunden im Jahr 1847 ins Leben gerufen wurde, zu einer interessanten und imposanten Sammlung mit Bravour gemeistert. Überdies befindet es sich in einem Gebäude, das im Innern futuristisch anmutet und auf dem Dach von einem begehbaren und weithin sichtbaren Kunstobjekt gekrönt ist (s. S. 29).

Aarhus Ø

Den größten Strukturwandel durchlebt das neue maritime Stadtviertel von Aarhus, das sich von einem Industriehafen zu einem beliebten Wohnviertel mit ungewöhnlicher Architektur gewandelt hat (s. S. 40).

076aa-mm

AARHUS ENTDECKEN

Aarhus für Citybummler

Aarhus ist etwas für Entdecker – für Menschen, die abseits der touristischen Highlights und fern von langen Warteschlangen trotzdem interessante Sehenswürdigkeiten besuchen möchten. Aarhus ist etwas für Personen, die den Daheimgebliebenen oder ihren Followern in den Netzwerken etwas Neues und Unbekanntes zeigen möchten.

Die Stadt vereint Tradition und Moderne. Man steht am Hafen und lauscht mit einem klassisch-dänischen Hotdog in der Hand dem Kreischen der Möwen, blickt dabei aber auf eine Architektur, wie man sie sich im letzten Jahrhundert für die Zukunft vorgestellt hat. Die damalige Zukunft ist das Jetzt, Aarhus ist in der Zukunft angekommen. Gut zu erkennen ist das auch im Freilichtmuseum Den Gamle By **11**. Ein ganzes Straßenbild befasst sich hier mit dem Jahr 1974, einer Zeit, die noch gar nicht so lange her ist. Hier wird ein wichtiger und interessanter Blick in die Vergangenheit ermöglicht. Aarhus plant aber auch weiterhin für die Zukunft. Im nächsten Bauabschnitt erhält das Museum ein Straßenbild aus dem Jahr 2014.

*◁ Vorseite: Den Gamle By **11** zählt zu den bekanntesten und schönsten Orten der Stadt*

▷ Der Åboulevarden [C/D5] ist die zentrale Flaniermeile der Stadt

Wo ist es am schönsten?

Wo es in Aarhus am schönsten ist, hängt ein wenig davon ab, was man persönlich mag. Will man shoppen oder zwischen Schaufenstern bummeln gehen, dann sind selbstverständlich die **Fußgängerzone** zwischen Hauptbahnhof (s. S. 97) und Domkirche **1** und die davon abzweigenden kleinen Gassen die erste Anlaufstelle.

Da man die Ausgaben für einen Einkauf gerne mit einem **Cafébesuch** belohnt, bietet es sich idealerweise an, anschließend den quer verlaufenden Åboulevarden [C/D5] aufzusuchen. Am Ufer des an dieser Stelle kanalisierten Flusses laden freundliche Cafés und schattige Biergärten zu einer gemütlichen Pause ein. Gleiches gilt natürlich auch für das **Latinerquartier** (s. S. 20), das sich mit seinen teilweise kopfsteingepflasterten Straßen nördlich des Doms anschließt und sich zu einem beliebten Szeneviertel entwickelt hat.

Wer den Gegensatz zu den kleinen, gemütlichen Altstädten Dänemarks sucht, der begibt sich am besten zum **Hafen** (s. S. 40). Dort ist seit Jahren ein Strukturwandel im Gang, der dafür sorgt, dass man sich jedes Jahr aufs Neue orientieren muss. Nicht jeder der neuen Wohnblöcke wirkt anziehend, doch den **Eisberg** **16** sollte man nicht verpassen: Über 200 Wohnungen befinden sich in einem weiß strahlenden Wohnblock, der den Namen Block nicht verdient, sondern aus spitz aufragenden Gebäuden besteht und verdientermaßen als Eisberg bezeichnet wird.

Apropos Eisberg: **Godsbanen** **7** ist eine Kulturwerkstatt mit einem Dach, das rund um die Uhr begangen werden kann. Das steil und spitz zulau-

fende Dach wird gerne in bester Leonardo-di-Caprio-Manier genutzt, um eine der berühmtesten Filmszenen der Geschichte nachzuspielen. Und weil man es in Aarhus mag, den öffentlichen Einrichtungen aufs Dach zu steigen, kann man gleich noch das begrünte Dach vom **Moesgaard Museum** ㉔ besuchen und den Ausblick vom **ARoS-Kunstmuseum** ⑧ genießen. Und **Museum** ist das richtige Stichwort, denn die zahlreichen Museen und Ausstellungen in Aarhus sind über das ganze Stadtgebiet verteilt. So betrachtet gibt es also nicht *den* schönsten Platz in Aarhus, sondern viele kleine schöne Plätze, zu denen man gehen kann und sich dabei jedes Mal aufs Neue überraschen lassen kann.

Wie bewegt man sich?

Am besten lässt sich Aarhus **zu Fuß** erkunden. Das **Auto** kann man getrost am Hotelparkplatz stehen lassen und auch den Fahrplan von Midttrafik muss man nicht auswendig kennen. Ausnahmen bestätigen natürlich die Regel, so zum Beispiel das Moesgaard Museum ㉔ und die

außerhalb von Aarhus gelegenen Schlösser, die man nicht zu Fuß erreichen kann. Selbst das Schloss Marselisborg ㉕ ist nur zweieinhalb Kilometer entfernt vom Hauptbahnhof, also in gut einer halben Stunde erreichbar, wobei man die letzte Hälfte der Strecke durch einen Wald spaziert – es sei denn, man macht einen kleinen Umweg entlang der Küste.

Ansonsten ist das **Fahrrad** das geeignete Verkehrsmittel, um von Sehenswürdigkeit zu Sehenswürdigkeit zu gelangen. Die Infrastruktur für Radfahrer ist beneidenswert gut ausgebaut, die Autofahrer nehmen Rücksicht und selbst die beiden vermeintlich weit auseinanderliegenden Attraktionen Eisberg ⑯ im Norden des Hafens und Schloss Marselisborg ㉕ im Süden sind nur fünfeinhalb Kilometer voneinander entfernt, was in rund 20 Minuten gut mit dem Fahrrad zu schaffen ist. Selbst das außerhalb gelegene Moesgaard Museum ㉔ ist ab dem Hauptbahnhof in einer guten halben Stunde mit dem Fahrrad erreicht. Zwei Drittel der Strecke radelt man dabei sogar gemütlich durch einen Wald, der den Küstenstreifen säumt.

Wo ist was los?

Ein beliebtes **Szeneviertel** mit gastronomischen Einrichtungen in gemütlicher Atmosphäre ist das **Latinerquartier** (s. S. 20) im nördlichen Teil der Aarhuser Altstadt.

Cafés, Bars und Kneipen gibt es aber auch in ausreichender Anzahl auf dem Åbouldevarden [C/D5], der sich von Ost nach West am Ufer des **Aarhus Å** durch die Altstadt zieht. Die wichtigste Fußgängerzone hingegen dient überwiegend den Shoppingfreunden und durchquert die Altstadt von der Domkirche **1** im Norden bis zum Hauptbahnhof im Süden. Wie bereits weiter oben erwähnt existiert kein klassisches Museumsviertel, viele kulturelle Einrichtungen tummeln sich allerdings nordwestlich vom Rathaus **10** im Umfeld der Vester Allé [B5–C6]. Dort befinden sich unter anderem das ARoS-Kunstmuseum **8**, das Musikhuset **9** und die Kunsthalle **6**.

EXTRATIPP

Die Stadt von oben

Gleich drei Orte bieten in Aarhus einen wunderbaren Ausblick von oben: Der Aarhus City Tower beherbergt das **Comwell Hotel** (s. S. 119) mit seinem Frühstücksraum in der zehnten Etage, von wo aus man über das Dokk1 **23** auf den Hafen und die Bucht blickt. Einen klassischen Rundumblick erhält man auch, wenn man sich die Mühe macht, den Turm der **Domkirche 1** zu besteigen. Den wohl ungewöhnlichsten Blick auf die Stadt – wenn auch nicht von ganz so weit oben – bekommt man vom **Dach des ARoS-Kunstmuseums 8**. Das Kunstwerk **Rainbow Panorama** ist begehbar und lässt die Stadt im wahrsten Sinne des Wortes in einem ganz anderen Licht erscheinen.

☑ *Farbspiele auf dem Dach des ARoS Kunstmuseums* **8**

074aa ©Jesper Noergaard Soerensen, Visit Aarhus

Aarhus an einem Tag

Hat man für den Besuch von Aarhus nur wenig Zeit, beispielsweise weil man die Stadt im Rahmen eines Dänemark-Urlaubs aufsucht oder das heimisch gewordene Kreuzfahrtschiff in den Abendstunden wieder den Hafen verlassen muss, wird man sich verständlicherweise mit den Highlights der Stadt befassen wollen. Dazu zählt ganz ohne Zweifel das **Freilichtmuseum Den Gamle By ⑪** westlich der Altstadt. Hier reist man durch die Zeit und erlebt zunächst die **dänische Wohn- und Lebenskultur** des 19. Jahrhunderts. Man schlendert zwischen historischen Häusern entlang und lässt sich durch den Duft von frisch gebackenem Brot oder durch das Hämmern des Schmieds neugierig in die verschiedenen Handwerksbetriebe locken. Nach einem Gang über den alten Marktplatz oder gar nach einer gemütlichen Kutschfahrt wechselt man die Epoche und findet sich im Jahr 1974 wieder. Statt eines Handwerksbetriebs betritt man nun ein Elektrogeschäft und findet sich zwischen Schallplatten und Röhrenfernsehern wieder, während man eine Straße weiter in einer typischen Hippiewohnung Platz nehmen kann.

Nur 900 Meter Fußweg sind es vom Freilichtmuseum bis zum **ARoS-Kunstmuseum ⑧**, wo man sich nicht nur den Gemälden in der Ausstellung widmen und ungewöhnliche Räumlichkeiten im Keller aufsuchen kann, sondern auch das Wahrzeichen der Stadt besuchen kann. Im **Rainbow Panorama** auf dem Dach schlendert man gemütlich an den farbigen Glasscheiben vorbei und blickt in den verschiedenen Farbtönen hinab auf die Straße und rüber bis zum Hafenviertel.

Da diese beiden Attraktionen bereits viel Zeit in Anspruch nehmen, bleibt nicht mehr lange für die eigentliche **Altstadt**. Aber es reicht noch für einen Spaziergang über den **Åboulevarden** [C/D5], um zum Abschluss des Tages bei **einer Einkehr in eines der Cafés** dem bunten **Treiben entlang des Flusses** zuschauen zu können.

Wer sich mehr mit **Shopping** und **Schaufensterbummeln** befassen möchte, der kann den Tag sehr gut im Latinerquartier (s. S. 20) nördlich des Doms ❶ verbringen und dort anschließend in einem der vielen **Cafés** verweilen. Freunde der modernen Architektur sollten auf keinen Fall das neue Hafenviertel verpassen, in dem moderne Bauten zu ungewöhnlichen Blicken und Fotomotiven einladen.

⌃ *Der Fluss Å passiert kanalisiert die Innenstadt von Aarhus*

073aa-mm

Aarhus an einem Wochenende

Tag 1: Stadtspaziergang mit Museumsbesuch

Wer die Stadt abends nicht mit dem Kreuzfahrtschiff verlassen muss oder zu seinem Ferienhaus an der Nordsee oder am Ringkøbing-Fjord zurück möchte bzw. muss und eine Übernachtung eingeplant hat, der kann den vorher beschrieben Absatz „Aarhus an einem Tag" um den empfohlenen Stadtspaziergang (s. S. 14) ergänzen. Er führt vom **Kulturzentrum Dokk1 ㉓** durch die **Altstadt von Aarhus** und durch den **Botanischen Garten ⑫** zum Freilichtmuseum, zu **Godsbanen ❼**, und ermöglicht einen Besuch des **ARoS-Kunstmuseums ❽**, bevor es wieder zurück in die Altstadt geht. Dort lässt man den Tag am besten bei einem Glas Wein im Globen Flakket ausklingen (s. S. 69).

▱ *Das Moesgaard Museum ㉔ verfügt über ein ungewöhnliches Dach, das sogar begehbar ist*

Tag 2: Ausflüge und weitere Museen

Vormittags: Eisberg im Morgenlicht

Für den zweiten Tag empfiehlt es sich, ein **Fahrrad** zu benutzen und die hier vorgeschlagenen Orte mit dem Rad anzusteuern. Auch mit dem **Auto** lassen sich diese Ziele ansteuern, die Tour ist aber weniger schön. Wenn die Sonne im Osten erwacht und den Hafen beleuchtet, sollte man sich den angestrahlten **Eisberg ⑯** bzw. das, was als Eisberg bezeichnet wird, anschauen. Mit einem Gang zwischen den Bauten und unterhalb der Balkone, die wie kleine Eiskristalle aus dem Bauwerk ragen, gelangt man gleich nebenan zum **Urban Garden.**

Dort kann man zuschauen, wie die Bewohner des neuen Hafenviertels ihren grünen Daumen anwenden. Allerdings ist der Anblick dieses Gartens stark gewöhnungsbedürftig, da jeder Kleingärtner hier nur eine Holzkiste zum Erblühen bringen kann, die auf einer Europalette steht.

Durch das **Hafenviertel** hindurch gelangt man anschließend relativ zügig zum **Dokk1** ㉓, in das man zumindest einen Blick werfen sollte, auch wenn man keine Bücher in der Bibliothek ausleihen möchte.

Mittags: Erholung im Grünen

Über die Straßen Spanien [D6–7] und Strandvejen [D7] gelangt man sehr einfach nach Marselisborg. An der Straße mit der Kreuzung Kongevejen hat man schließlich die Qual der Wahl. Nach links gehend, also nach Osten, erreicht man in wenigen Augenblicken den **Jachthafen** ⑲, der zu einem kleinen Bummel entlang der Stege einlädt. Nach rechts, also gen Westen, erscheint wiederum eine Gabelung. Hält man sich hier rechts und geht in die Straße Skovbrynet, so erreicht man nach 500 Metern Weges am Waldrand entlang den Eingang zum **Freizeitpark Tivoli Friheden** ㉗. Folgt man lieber dem **Kongevejen** [ch] durch den Wald, so gelangt man zur Hauptzufahrt zum **Schloss Marselisborg** ㉕. Man kann aber auch einfach getrost geradeaus fahren. Entlang der Küste erscheint auf der rechten Seite schon bald der leicht ansteigende Weg in den **Marselisborg Mindeparken** (s. S. 49). Die weite Grünfläche lädt zur Erholung ein, ermöglicht zumindest einen kleinen Blick auf das Schloss und beherbergt das zentral gelegene Kriegsmonument.

Nachmittags: mit dem Fahrrad zum Museum

Eine genussvolle Radtour in Küstennähe bringt einen durch den Wald bis zum **Moesgaard Museum** ㉔, wo man nicht nur die Ausstellung besuchen und das schräge Dach besteigen, sondern auch auf verwunschenen Wegen hinab zum Ufer gehen kann. Dabei wirft man einen Blick auf das **Thai-Haus** (s. S. 47) oder kehrt in das idyllisch im Wald gelegene **Restaurant Skovmøllen** (s. S. 70) ein. Es ist in einem Fachwerkhaus untergebracht und bietet unter seinem Reetdach typisch dänische Speisen an.

Abends: Restaurant- oder Kneipenbesuch

Auf dem gleichen Weg gelangt man am späten Abend wieder in die Altstadt von Aarhus zurück, wo man entweder eines der **Lokale am Åboulevarden** aufsucht oder durch die Gassen des **Latinerquartiers** bummelt, um dort am Marktplatz Pustervig Torv [D4] oder im Umfeld der Klostergade [C–D4] eines der Restaurants bzw. eine der Kneipen aufzusuchen. Auch ein Theaterbesuch bietet sich an (s. S. 78).

▷ *Angenehme Orte zum Einkehren findet man im Latinerviertel (s. S. 20) mit Leichtigkeit*

Das gibt es nur in Aarhus

> *Das 1974er-Museum: Ein ganzer Straßenzug aus der „Flower-Power-Zeit" zeigt den Kontrast zwischen biederem Familienleben und Hippiekultur. Die Häuser sind aber keine Kulisse, sondern können betreten werden – Einkauf in einem Supermarkt der 1970er-Jahre inklusive (s. S. 35).*

> *Isbjerget* 🔟*: ein Gebäudekomplex wie ein Eisberg – weiß, zackig und mit kleinen, gletscherfarbenen Eissplittern, die sich als gläserne Balkonbrüstung herausstellen.*

> *Rainbow Panorama (s. S. 31): begehbares Kunstwerk des Künstlers Ólafur Elíasson auf dem Dach des ARoS-Kunstmuseums* 🔵*, das von außen schick aussieht und von innen einen einmaligen Blick auf die Stadt ermöglicht.*

> *Vollautomatisches Parken: In dieser Größe einmalig ist das Parkhaus unter dem Kulturzentrum Dokk1* 🟥*, bei dem man nur in eine der 20 Kabinen fahren muss. Das Fahrzeug wird dann automatisch in ein überdimensionales unterirdisches Regal einsortiert.*

> *Godsbanen* 🔴*: Das Dach des ehemaligen Güterbahnhofs ist frei zugänglich und läuft spitz zu. Der oberste Punkt wirkt wie ein Schiffsbug und wird wegen der legendären Filmszene auch als „Titanic-Aussicht" bezeichnet.*

> *Aarhus Classic Race (s. S. 84): Ein 2,5 km langer Rundkurs seit 2010 jährlich an einem Mai-Wochenende zu einer Rennstrecke, auf der überwiegend ältere Fahrzeuge in verschiedenen Klassen gegeneinander antreten.*

Stadtspaziergang

Der noch relativ junge und moderne Bau des **Kulturzentrums Dokk1** 🟥 bildet den Ausgangspunkt für einen rund vierstündigen Spaziergang durch **Aarhus C**, wobei Besuche in den Sehenswürdigkeiten und Museen am Wegesrand nicht mitgezählt werden.

Zunächst einmal umrundet man das Dokk1 oberhalb der steilen Treppen und genießt den Blick auf die Hafenbecken. Richtung Süden erblickt man die weniger attraktiven Schornsteine, die die Silos des Landwirtschaftsunternehmens DLG flankieren. Gleich daneben erhebt sich ein Gebäudekomplex, der wegen seiner Dächer auch als **De fem Søstre** [E6] bezeichnet wird („Die fünf Schwestern").

Über die kleine Straße Mindebrogade gelangt man zu einer Brücke, die sich über den Aarhus Å spannt. Vor der Brücke biegt man rechts auf die Uferpromenade des **Åboulevarden** ein, wo man sich prompt zwischen Biergärten, Cafés und Restaurants wiederfindet. Kleine Brücken überspannen den hier kanalisierten Fluss und an der dritten Überquerung biegt man rechts in die schmale Harald Skovbys Gade ein. Nach einem leichten Anstieg durch die Gasse breitet sich vor einem der Bispetorvet [D5] aus. In voller Pracht erhebt sich hier die Südfassade der Aarhus **Domkirche** 🔴. Die Auswahl ist nun nicht ganz einfach: Entweder man holt sich am **Hot-Dog-Stand** zur Linken einen Snack oder besteigt den Kirchturm. Genau dazwischen präsentiert sich das **Reiterstandbild des ehemaligen Königs Christian X.** Würde er nicht geradeaus reiten, sondern links abbiegen, dann käme er nach wenigen Metern schräg gegenüber zum Eingang des **Wikingermuseums** ❺. Von diesem ist nicht viel mehr zu sehen als der Eingang, da die Ausstellung sich drei Meter unterhalb des Straßenniveaus befindet. Am gegenüberliegenden Ende des Bispetorvet ist die reich verzierte und mit einem schmalen Balkon versehene Fassade des **Theatergebäudes** ❹ zu erkennen.

Um die **Domkirche** ❶ zu besuchen, geht man durch das Hauptportal an der Westseite unterhalb des Turms. Gleich davor befindet sich der Store Torv, der – da dreieckig – auf zwei Seiten von Geschäften gesäumt wird. Doch anstatt dem Großen Platz zu seinem sich verjüngenden Ende zu folgen, sollte man den kleinen Parkplatz neben der Kirche überqueren.

In dem neoklassizistischen Bau auf der linken Seite ist mit dem **Hotel Royal** (s. S. 120) das älteste Hotel der Stadt untergebracht. Halbrechts spaziert man an der Nordfassade der Kirche entlang und sieht auf der gegenüberliegenden Seite ein zweigeschossiges Ziegelsteinhaus mit einer Uhr im Giebel. Es handelt sich um das **ehemalige Rathaus**, doch die Mitarbeiter der Stadtverwaltung haben das Gebäude schon 1941 verlassen. Danach diente es als Polizeistation, seit 1984 beherbergt es das **Kvindemuseet** ❷, das die Kulturgeschichte der dänischen Frauen thematisiert.

Nun biegt man links in die Mejlgade ab, wo sich das **Besættelsesmuseet** ❸ befindet. Es informiert über die

düsteren Jahre zwischen 1940 und 1945, als Aarhus bzw. Dänemark von deutschen Soldaten besetzt war.

In der **Mejlgade** befindet man sich bereits im Latinerquartier (s. S. 20). Die Straße zieht sich von Nord nach Süd und parallel zur Küstenlinie durch die Altstadt. Die Kneipen, für die das Viertel bekannt ist, erblickt man an dieser Stelle jedoch zunächst einmal nur, wenn man nach links in die Rosensgade blickt. In der Mejlgade sieht man auf der rechten Seite lediglich die schlichte Fassade der **Aarhus Katedralsskole** [D5].

Die weiterbildende Schule wurde bereits Ende des 12. Jahrhunderts gegründet. Hier gingen im 17. Jahrhundert der **Astronom Ole Rømer** (s. S. 50) zur Schule, nach dem

Routenverlauf im Stadtplan

Der hier beschriebene Spaziergang ist mit einer farbigen Linie im Stadtplan eingezeichnet.

⌃ *Der Rathausturm (s. S. 33) ist im funktionalistischen Stil gehalten*

das Observatorium **26** in Marselisborg benannt ist, und Nikolaj Frederik Severin Grundtvig. Der Pastor und Politiker ist besser bekannt als N. F. S. Grundtvig und hatte im 19. Jahrhundert großen Einfluss auf die dänische Geschichte.

Folgt man der schmalen Mejlgade geradeaus, so erreicht man nach wenigen Metern auf der linken Seite die Hausnummer 19. Das rote Fachwerkhaus ist eines der **ältesten Gebäude** der Stadt und wurde um das Jahr 1600 errichtet. Neben dem Haus zweigt die Straße Graven ab und spätestens hier bemerkt man, dass das Latinerquartier keine reine Ansammlung von Kneipen und Lokalen ist, sondern dass immer ein bis drei Lokalitäten auf engem Raum zu finden sind. Danach folgen mehrere Wohnhäuser, ein oder zwei kleine Läden und dann kommt wieder eine Handvoll gastronomischer Betriebe. Das Latinerquartier bietet daher viel Abwechslung und an jeder Straßenkreuzung entdeckt man etwas Neues.

Man folgt nun der Mejlgade bis zum **Vinylrock Café** (s. S. 76). Lars Andersen hat sich hier einen Traum erfüllt und eröffnete im Jahr 2013 eine Mischung aus Café und Schallplattenladen. Der Schwerpunkt der Schallplatten liegt auf Rock, Blues und Heavy Metal. Sucht man etwas Bestimmtes, dann kann Lars mit seinem musikalischen Wissen ganz sicher weiterhelfen. Durch seine lockere Art und die Atmosphäre im Café ist es beinahe so, als würde man sein Wohnzimmer betreten.

Gleich gegenüber beginnt die schmale Gasse **Snevringen**, die man einfach mögen muss. In der ersten Hälfte des letzten Jahrhunderts hatte die Gasse den Ruf eines unsicheren Ortes. Heute ist das wohl weniger der

Fall, doch die vielen Graffiti, Plakate und zerbrochenen Glasscherben auf dem gerade einmal zwei Meter breiten Weg lassen ahnen, was zu mancher Uhrzeit hier geschieht.

Geht man die 90 Meter lange Gasse bis zu ihrem Ende, findet man sich in der Studsgade wieder, wo man sich nach links wendet. Schmale Häuser mit kleinen Geschäften säumen den kopfsteingepflasterten Weg. Schon bald ist man mitten drin im Geschehen des **Latinerquartiers** (s. S. 20). Auf der linken Seite befindet sich im Eckhaus an der Kreuzung zur Straße Graven das beliebte Café Drudenfuss (s. S. 77) und gleich gegenüber das Restaurant White Elephant, an dem man links vorbei in die Straße **Volden** geht. Durch die gemütliche Straße mit ihren schmalen Häusern gelangt man zum Pustervig Torv, dem ältesten Platz im Latinerquartier. Hier hat man übrigens bei Ausgrabungen **Gegenstände von Wikingern** aus dem späten 8. Jahrhundert gefunden.

Auf der rechten Seite steht, umrahmt von zahlreichen Cafétischen, ein Brunnen mit Skulptur, hinter dem man rechts in die Badstuegade einbiegt.

Es folgen mehrere Boutiquen, bevor man die Klostergade überquert und seinen Stadtbummel durch die Borggade [D4] fortführt. Hier, wo die Häuser nun deutlich moderner wirken und größer sind, gelangt man zur breiten Nørregade, die das Viertel nach Norden hin abgrenzt. Zweimal hintereinander nach links abgebogen, und man flaniert durch die Guldsmedgade wieder südwärts. Zwar handelt es sich nicht um eine Fußgängerzone, doch ist das Shoppen in den hier vorhandenen Boutiquen und Galerien deutlich ruhiger und entspannter als anderswo.

Nach kurzer Zeit überquert man erneut die **Klostergade** und befindet sich wieder in der Fußgängerzone. Neben dem Weinhandel auf der linken Seite im Haus Nummer 20 lockt ein Durchgang in einen Hinterhof. Bemerkenswert ist hier das **Feinschmecker Café** (s. S. 73). Trotz des deutschen Namens hat es sich auf kulinarische Köstlichkeiten aus Spanien und Frankreich spezialisiert. Noch ein kleines Stück geradeaus gehend sieht man vorne den „Kleinen Platz", Lille Torv, der in den Store Torv vor der Kathedrale ❶ übergeht. Daher sollte man hier nach rechts abbiegen, wo man den dreieckigen **Klosterplatz** (**Kloster Torvet**) überquert. Der Name ist Programm, denn man geht geradewegs auf das ehemalige **Dominikanerkloster** zu und erblickt halbrechts die **Vor Frue Kirke** (Unser-Frauen-Kirche, s. S. 22). Hier lohnt ein Blick in das Innere, da die Krypta unter dem Chor als der älteste steinerne Kirchenbau in Nordeuropa gilt.

Durch die kleine Grünanlage an der Südseite der Kirche gelangt man zur Vestergade, folgt ihr nach rechts und biegt an der folgenden Grønnegade [C5] nach links ab. Nach nur 80 Metern lockt die kleine Gasse **Møllestien** nach rechts.

Die Straße kann auf eine lange Geschichte zurückblicken. Viele traurige Ereignisse spielten sich hier ab, denn einst wurde sie von den Ärmsten der Armen bewohnt. Heute durchquert man Møllestien und schaut staunend auf die kleinen bunten Häuser, die sich dicht an dicht aneinanderschmiegen. Eine Katze sitzt auf der Fensterbank und beobachtet die Touristen draußen und zwei Türen weiter holt eine ältere Dame die Post rein. Urgemütlich wirkt die Gasse, doch als fotografierender Besucher sollte man

☑ *Møllestien [C5] ist keine lange Gasse, lädt aber dennoch zu einem Bummel ein*

009aa-mm

nicht vergessen, dass es sich nicht um ein Museum handelt, sondern dass hier Menschen leben. Schnell ist man durch die Straße hindurch und blickt auf den **Møllepark**. Doch der weitere Spaziergang führt nach rechts durch die Møllegade bis zur Vestergade, wo es mit kleinen Cafés und Durchgängen zu Hinterhöfen wieder etwas quirliger wird. Biegt man nach links ab und folgt der ersten Straße wiederum nach rechts, so gelangt man durch den Vesterport zum Vesterbro Torv. Der Platz ist eher unbedeutend und markiert das Ende der Altstadt, doch geradeaus gelangt man nach nur 300 Metern durch die Langelandsgade zum Møllevejen und dem **Botanischen Garten** ⑫. Gleich daneben erhebt sich eine alte hölzerne Windmühle, die bereits zum **Freilichtmuseum Den Gamle By** ⑪ gehört. An der Mühle steht man etwas erhöht und kann schon einen neugierigen und kleinen Blick auf das Museumsgelände erhaschen. Biegt man rechts ab, so hat man die Gelegenheit, durch das großzügige Freigelände des **Botanischen Gartens** ⑫ zu flanieren und im wahrsten Sinne des Wortes die vielen Pflanzenarten zu beschnuppern.

⌂ *Der Mølleparken ist eine von vielen Grünanlagen (s. S. 82)*

Ohne Museumsbesuch biegt man nach links ab, spaziert bergab und überquert die Vesterbrogade. Wenig später folgt nach Überquerung des Flusses Aarhus Å die Carl Blochs Gade, an der man rechts in die Grünanlage geht und das **Haus Folkestedet** passiert. Hierbei handelt es sich um eine Art Gemeindehaus mit Bibliothek und Café. Dahinter bleibt man noch ein kleines Stück geradeaus. Auf der linken Seite breitet sich das Gelände des ehemaligen Güterbahnhofs aus. Es wirkt heute ein wenig wie eine Mischung aus Brachland und Kulturtreff. Mehrere öffentliche Skulpturen erheben sich aus dem hohen Gras, durch das man gleich dahinter zu **Godsbanen** ❼ gelangt. Der ehemalige Güterbahnhof ist heute eine Stätte für zahlreiche Künstler verschiedener Richtungen und wird als Kulturproduktionszentrum bezeichnet. Das Hauptgebäude beherbergt unter anderem mehrere Theater, Filmwerkstätten und ein Literaturzentrum. Beliebt ist es auch bei nicht künstlerisch veranlagten Menschen als kleiner Aussichtspunkt. Rechts neben dem Haupteingang kann man dem ansteigenden Weg bis zu dessen höchstem Punkt folgen und findet sich schließlich auf dem Dach des Zentrums wieder.

Über den schmalen Pfad entlang von Godsbanen gelangt man zur

Straße Sonnesgade, wo man auf die Rückseite des **Scandinavian Congress Center** blickt. Man geht nach links bis zur Skovgaardsgade, wendet sich nach rechts und hat unmittelbar darauf die Aros Allé zur Linken. Eigentlich handelt es sich um nicht viel mehr als um einen Parkplatz, aber das spielt keine Rolle. Am Ende der Pkw-Reihen wartet der Eingang des **ARoS-Kunstmuseums** ❽, das durch das kubusförmige Gebäude und das farbenprächtige Rainbow Panorama auf dem Dach auffällt.

Auch ohne Besichtigung kann man zumindest durch das Gebäude hindurchgehen, einen Blick auf die futuristisch anmutende Wendeltreppe werfen und erreicht am anderen Ausgang den kleinen Platz mit Grünanlage und Café zwischen **Konzerthaus** (Musikhuset) ❾ auf der rechten, Musikschule auf der linken Seite und weiter vorne das ehemalige Ridehuset. Letzteres diente einst als Reiterhaus einer Kaserne und es gibt Überlegungen, hier ein weiteres Kulturzentrum einzurichten.

Zwischen Musikschule und Ridehuset gelangt man durch einen kleinen Torbogen auf die Vester Allé. Würde man dieser leicht bergab nach links folgen und gleich an der ersten Möglichkeit rechts in die Christiansgade abbiegen, dann käme man nach wenigen Augenblicken an der **Kunsthalle Aarhus** ❻ an.

Am Platz zwischen Musikschule und **Musikhuset** ❾ durchquert man die Grünanlage, sieht auf der rechten Seite einen kleinen jüdischen Friedhof und überquert nun die Frederiks Allé und erreicht mit dem **Rathauspark** eine weitere Grünfläche. Überragt wird der Platz unverkennbar vom markanten Rathausturm (s. S. 33) mit dem funktionalen Design des Architekten

EXTRAINFO

Orientierung in Aarhus

Um die Gliederung von Aarhus zu verstehen, hilft ein kleiner Blick auf die Karte. Deutlich zu erkennen ist die Ringstraße O1. Alles was sich innerhalb dieser Straße befindet, gehört zum Stadtteil Midtbyen bzw. wird zu Aarhus C gezählt. Das Herz von Aarhus C ist Indre By, also die eigentliche Innenstadt. Sie wird begrenzt von der Nørre Allé, der Vester Allé, der Sønder Allé und dem Kystvejen im Osten. Darin befindet sich wiederum im Nordosten das Latinerkvarteret (Latinerquartier), das kurioserweise als ältester Teil der Stadt sehr wenige klassische Sehenswürdigkeiten beherbergt, darunter aber natürlich die Domkirche ❶, die das Latinerquartier im Süden begrenzt.

Arne Jacobsen. Hinter dem Turm wird es nun geschäftig, denn über die Park Allé gelangt man nach wenigen Schritten halbrechts zum Hauptbahnhof. Schräg gegenüber vom Bahnhof beginnt wiederum die Hauptfußgängerzone. Diese **Shoppingmeile** ist natürlich gespickt mit zahlreichen Einkaufs- und Einkehrmöglichkeiten. Doch noch zu Beginn der Straße erhebt sich auf der linken Seite die katholische Unser-Frauen-Kirche (s. S. 22), die im 19. Jahrhundert gebaut wurde. Architekt war der Kölner Franz Schmitz, der auch als Werkmeister am Kölner Dom tätig war.

Durch die Fußgängerzone gelangt man schließlich wieder zum **Åboulevarden** [C/D5], wo man am Fluss nach rechts zum Ausgangspunkt abbiegt. Auf dem Weg dorthin sollte man aber hin und wieder auch einen Blick in die kleinen abzweigenden Gassen werfen.

Latinerquartier

Das Latinerquartier ist der älteste Teil der Stadt. Das Viertel besticht durch ein pulsierendes Leben. Zahlreiche Cafés und Bistros laden dazu ein, einzukehren und sich eine Pause von den ebenfalls vielfach vorhandenen Shoppingmöglichkeiten zu gönnen. Viele junge Menschen sitzen in den Sommermonaten draußen auf den Stühlen und unterstreichen die entspannte Stimmung, die im Latinerquartier abseits der Hauptsehenswürdigkeiten herrscht.

❶ Sankt Clemens Kirke (Domkirche) ★★★ [D5]

Beginnen wir beim Aarhuser Dom mit den klassischen Fakten: Er ist 93 Meter lang und auch 93 Meter hoch. Damit ist er die größte Kirche in Dänemark. Weiter erwähnenswert ist, dass die Kirche zu den wenigen Domen in Dänemark zählt, die direkt am Meer gebaut wurden. Angesichts der Tatsache, dass man in Dänemark nie weiter als 60 Kilometer von einem Küstenstreifen entfernt ist, ist das schon beachtlich. Das dürfte mit ein Grund sein, warum der Dom dem heiligen Clemens gewidmet ist, dem Schutzheiligen der Seefahrer.

An der Westfassade des Turms sind verschiedene Wappen zu sehen, darunter auch passend zur Lage am Meer ein **Anker.**

Obwohl schon um das Jahr 1300 fertiggestellt, war die Domkirche nicht das erste Gotteshaus der Stadt. Aarhus wurde immerhin schon im Jahr **948** als Bischofssitz erwähnt. Damals war es noch eine Wikingersiedlung und wurde **Aros** genannt. Vermutet wird, dass es zum damaligen Zeitpunkt eine **erste kleine Holz-** kirche gab, und zwar dort, wo sich heute die **Vor Frue Kirke** (s. S. 22) befindet.

Als im 12. Jahrhundert damit begonnen wurde, Backsteine zu brennen, initiierte **Bischof Peder Vognsen** den Bau der heutigen Kirche. Vognsen war verwandt mit **Erzbischof Absalon,** der als eine der bedeutendsten Gestalten in die dänische Kirchengeschichte einging. Er erlebte die Fertigstellung des Bauwerks aber nicht mehr, immerhin dauerte die Vollendung ein Jahrhundert. Damals war die Kirche noch deutlich kürzer, doch die Kirchenschiffe hatten bereits zu diesem Zeitpunkt ihre heutigen Ausmaße. Ursprünglich waren zwei Türme geplant, doch während des Baus entschied man sich, es bei dem heute noch zu sehenden Kirchturm zu belassen.

Schon wenige Jahre nach der Fertigstellung der romanischen Kirche wurden weite Teile des Gebäudes durch einen verheerenden Brand zerstört und so lange, wie an der Kirche gebaut wurde, so lange stand sie anschließend auch als **Brandruine** in der Stadt. Erst zu Beginn des 15. Jahrhunderts stiftete die damalige bedeutende **Königin Margarethe I.,** die in Flensburg verstarb, eine nicht unerhebliche Summe für den Wiederaufbau. Ihr Sarkophag befindet sich gleich am Altar des Doms von Roskilde, der traditionellen Begräbnisstätte dänischer Könige und Weltkulturerbe der UNESCO, was die Bedeutung der Königin unterstreicht.

Der Wiederaufbau erfolgte zu dieser Zeit im **gotischen Stil** und man beschloss, aus den beiden geplanten Türmen jeweils eine **Kapelle** rechts und links des heutigen Turms zu schaffen. Sie sind den beiden Bischöfen geweiht, die den Wiederaufbau

01oaa-mm

begleiteten: Die nördliche Kapelle erinnert an Bo Mogensen und die südliche an Jens Iversen Lange. Jens Iversen Lange war es, der die Fresken an den Wänden und Gewölben in Auftrag gab und auch den noch heute existierenden fünfflügeligen Altar erbauen ließ. Gleiches gilt für das **Taufbecken**, das Ende des 15. Jahrhunderts in Flensburg gegossen wurde.

Die meisten **Fresken** wurden während der Reformation übertüncht. Bis zu jenem Zeitpunkt war beinahe der gesamte Innenraum mit den detailreichen Wandmalereien ausgestattet. Zu sehen sind heute beispielsweise noch der hl. Michael, der die guten und bösen Taten der Seelen gegeneinander abwiegt, und der zu Beginn des 7. Jahrhunderts lebende Papst Gregor der Große, der eine Messe hält.

Wie in vielen nordischen Kirchen üblich, hängt auch im nördlichen Chorumgang der Aarhuser Domkirche das **Modell eines Schiffes**. Es zeigt die Fregatte Enigheden. Das Modell wurde zu Beginn des 18. Jahrhunderts von einem Dutzend Bürgern gestiftet und ist eines der größten des Landes. Vom Bug bis zum Heck sind es stattliche 2,65 m, in der Höhe misst das Schiff sogar über 3,50 m.

Einen weiteren Rekord stellt das einzige **Buntglasfenster** der Kirche auf. Es entstand erst in den 20er-Jahren des letzten Jahrhunderts und ist mit seinen 14 Metern Höhe das größte Glasfenster im Land. Alle anderen gotischen Fenster der Kirche lassen viel Licht in das Kirchenschiff fallen.

Der **Store Torv** vor dem Portal der Kirche gehört strenggenommen nicht mehr zum Latinerquartier. Als Domkirchplatz werden in der Regel die kleine Straße und der Parkplatz an der Nordfassade des Doms bezeichnet.

> **Sankt Clemens Kirke,** Store Torv, geöffnet: Mai–Sept. Mo-Sa 9.30–16 Uhr, Di erst ab 10.30 Uhr, Okt.–April Mo-Sa 10–15 Uhr, Di erst ab 10.30 Uhr. An Sonntagen ist ganzjährig nur im Rahmen der Gottesdienste geöffnet.

⌃ Deutlich sichtbar hängt das Modell der Fregatte Enigheden in der Domkirche

EXTRATIPP

Vor Frue Kirke

Die Vor Frue Kirke, also „Unser-Frauen-Kirche", erhebt sich im westlichen Teil der Altstadt und steht etwas im Schatten der Aarhuser Domkirche ❶. Dabei gilt sie als eine der ältesten steinernen Kirchen Nordeuropas, was allerdings erst seit Mitte des letzten Jahrhunderts bekannt ist. Damals entdeckte man nämlich bei Renovierungsarbeiten Teile einer Krypta, die Ende des 11. Jahrhunderts entstand und im Laufe der Zeit in Vergessenheit geraten ist. Trotz dieses archäologisch bedeutsamen Fundes wird das Gotteshaus weiterhin als gewöhnliche Pfarrkirche genutzt.

★1 [C4] **Vor Frue Kirke**, Vestergade 21, www.aarhusvorfrue.dk, geöffnet: Mo, Mi–Fr 9–13 (Fr auch 16–18 Uhr), Di 10–13 Uhr, Sa/So geschlossen

❷ Kvindemuseet (Frauenmuseum) ★ [D5]

1982 wurde das Frauenmuseum gegründet, das einzige Museum Dänemarks, das das Leben und Wirken der Frau in den Mittelpunkt stellt. Die Ausstellung im ehemaligen Rathaus von Aarhus ist in verschiedene Themen unterteilt und reicht vom profanen Bereich der Mode bis hin zum lange andauernden Geschlechterkampf.

Sehenswerte, aber auch schlichte **Brautkleider** gehören zum Frauenmuseum genauso dazu wie das **Kunsthandwerk** und **Werkzeuge** bzw. Produkte, die von Frauen in der Vergangenheit genutzt und geschaffen wurden. Ein Großteil des Museums besteht aber aus Überlieferungen – nicht nur von Frau zu Frau, aber in klassischer Weise von Großmüttern und Müttern erzählt –, die mit historischen Exponaten und modernen Computeranimationen von den schlechten und harten Zeiten wie Armut und Abtreibungen berichten. Zu den vielen Hundert Ausstellungsstücken gehören einfache Glasflaschen aus dem 19. Jahrhundert genauso wie die **Violine** oder eine **Babywiege**.

Aber die Brautkleider, die Unterwäsche und eine Vielzahl an Accessoires geben nicht nur einen Einblick in die Welt der Damen, sondern zeigen auch einen **interessanten Überblick über die Modeerscheinungen des letzten Jahrhunderts.**

Die ständige Sammlung wird durch wechselnde Ausstellungen ergänzt. In der Vergangenheit gab es beispielsweise Wissenswertes über den **Internationalen Frauenfriedenskongress im Jahr 1915** zu erfahren, aus dem die Internationale Frauenliga für Frieden und Freiheit hervorging, die bis heute einen Beraterstatus bei den Vereinten Nationen hat. Andere Wechselausstellungen wiederum befassten sich mit der Frau als Thema in Kunst und Kultur.

Für einen **Rundgang** durch die drei Etagen des Backsteingebäudes sollte man rund zwei Stunden einplanen. Anschließend kann man gleich noch im hauseigenen **Café** eine Kleinigkeit zu sich nehmen.

❯ **Kvindemuseet (Frauenmuseum),** Domkirkepladsen 5, Tel. 25454510, www.kvindemuseet.dk, geöffnet: Di–Sa 10–17, Mi bis 20, So 10–16 Uhr, Mo. geschlossen, Eintritt: Erw. 50 DKK, Studenten 40 DKK, Kinder bis 18 Jahre frei. An Sonntagen ist der Besuch des Museums im Preis für das Frühstück im Museumscafé inbegriffen.

❸ Besættelsesmuseet (Besatzungsmuseum) ★ [D4]

In einem Flügel des ehemaligen Rathauses, in dem heute das Frauenmuseum ❷ untergebracht ist, befindet sich eine kleine, von ehrenamtlichen Mitarbeitern geleitete Ausstellung zur Besatzungszeit in den Jahren 1940–1945.

Im Rahmen des **Unternehmens Weserübung**, bei dem die norwegischen Häfen von der deutschen Wehrmacht besetzt wurden, war Dänemark am 9. April 1940 annektiert worden. Bei der Invasion starben 16 Dänen, doch der Widerstand war dermaßen gering, dass bereits am Abend jenes Tages ganz Dänemark besetzt war und die Wehrmacht auf die Infrastruktur des Landes zugreifen konnte. Die Gestapo richtete im Gebäude der Universität Aarhus ihr Quartier ein, doch während des sogenannten **Aarhus Air Raid** wurde die Universität am 31. Oktober 1944 von britischen Bombern angegriffen und schwer beschädigt. Im Zuge dessen verlagerte die Gestapo ihr Quartier in die Räumlichkeiten des heutigen Museums.

Gleich nach Betreten des Museums befindet man sich im **Zellengang**. Eine der Zellen, in denen Menschen gefoltert und verhört wurden, befindet sich im Originalzustand. In den weiteren Räumlichkeiten der Ausstellung sind zahlreiche Exponate aus der Zeit der Besatzung zu sehen. Dazu gehören unter anderem Ausrüstungsgegenstände, Abzeichen, Passierscheine, Flaggen, Munition und vieles weitere. Außerdem wird natürlich die gesamte Zeit der **Okkupation** erläutert und über den bereits erwähnten Bombenangriff und über die schwere **Explosion im Hafen von Aarhus** berichtet. Diese fand am 4. Juli 1944 statt und forderte 39 Menschenleben. Ein Lastkahn mit 150 Tonnen Munition explodierte mit einer solchen Wucht im Bassin 3 des Hafens, dass noch der 800 Meter entfernte Hauptbahnhof von zahlreichen herunterfallenden Trümmerteilen stark beschädigt wurde. Die Explosion war außerdem noch in 20 km Entfernung zu hören.

Das Museum erzählt auch die Geschichte der Aarhuserin **Maren Margrethe Thomsen** alias **Grethe Bartram**, die als dänische Kollaborateurin über 50 Personen aus der Widerstandsbewegung verriet, darunter ihren Bruder sowie ihren ersten Mann und dafür verantwortlich war, dass einige von ihnen von den Deutschen in Konzentrationslagern getötet wurden. Bartram wurde nach dem Krieg als letzte Frau in Dänemark zum Tode verurteilt; das Urteil wurde allerdings wenig später in eine lebenslange Haftstrafe umgewandelt. Nach einer Begnadigung und der damit verbundenen Entlassung siedelte sie nach Schweden über, wo sie in den 1960er-Jahren die schwedische Staatsbürgerschaft annahm und bis heute in der Provinz Halland lebt.

Das Besatzungsmuseum, das keine staatliche Unterstützung erhält, ist nicht sonderlich groß und daher schnell durchquert. Es bietet sich deswegen an, den Besuch gleich mit dem des benachbarten Frauenmuseums ❷ zu kombinieren.

❯ **Besættelsesmuseet,** Mathilde Fibigers Have 2, Tel. 86184277, www.besaettel sesmuseet.dk, geöffnet: Juni–Aug. Di–So 11–16 Uhr, außerhalb dieser Monate nur Di, Sa und So von 11 bis 16 Uhr. An Tagen, an denen Kreuzfahrtschiffe im Hafen vor Anker liegen, ist das Museum bereits ab 10 Uhr geöffnet. Eintritt: Erw. 30 DKK, Rentner und Studenten 20 DKK, Kinder bis 18 Jahre frei.

Midtbyen

❹ Aarhus Teater (Theater Aarhus) ★★ [D5]

Ein Besuch im Aarhus Teater gleich neben der Domkirche ❶ lohnt nicht nur wegen seines Programmange- bots, das Gebäude ist auch von au- ßen sehenswert.

Bis ins 19. Jahrhundert gab es in Aarhus das **Theater Svedekassen,** das jedoch zu klein für die stetig stei- gende Bevölkerungszahl wurde. **Hack Kampmann** war es, der ein neu- es Theater entwarf, dessen Grund- stein im Jahr 1898 gelegt wurde. Die Schaufassade ist besonders im obe- ren Bereich schön im Stil der Roman- tik verziert (gleich unter dem Giebel). Abgebildet sind Schauspieler auf ei- ner Bühne, während auf dem Dach- first eine geflügelte Dämonenfigur das Theatergebäude zu bewachen scheint. Rund um die Fenster rechts und links der Säulen sind Weinran- ken zu sehen. Beim genaueren Hin- schauen erkennt man, dass diese keine Wandbemalungen sind, son- dern ein Wandrelief darstellen.

Das heute unter Denkmalschutz stehende Gebäude konnte im Spät- sommer 1900 mit seiner ersten Auf- führung feierlich eröffnet werden. In der ersten Hälfte des letzten Jahr- hunderts beherbergte es neben den Theatersälen auch ein **Kino** der dä- nischen Filmgesellschaft Fotorama. Diese existiert zwar nicht mehr, aber das Logo ist geblieben. Es hängt an einem der Säle im Kinokomplex Bio- city am Sankt Knuds Torv 15 [C6]. Der Kinosaal trägt entsprechend den Namen Fotorama, während das alte Kino bei einem Umbau mit dem Gro- ßen Saal vereint wurde.

Mehrere prachtvoll ausgestattete Säle beherbergt natürlich auch das Theater. Der **Große Saal** fasst 700 Zuschauer und der als „Scala" be- zeichnete Bühnensaal bietet Platz für 285 Personen. Darüber hinaus gibt es mit dem **Studio,** dem **Stiklin- gen** und der **Kabarettbühne** noch drei weitere Bühnen, die über jeweils bis zu einhundert Sitzplätze verfügen. Damit ist es das größte dänische Theater außerhalb Kopenhagens. Es gehört zu den drei Regionaltheatern (Landsdelsscene), die neben Aarhus auch noch in Odense und Aalborg be- spielt werden.

Gleich neben dem Haupteingang befindet sich zudem der Zugang zum **Café Hack,** in dem es sich vor oder nach der Vorstellung stilvoll speisen

011aa-mm

Hack Kampmann

Hack Kampmann ist weder in Aarhus geboren noch dort gestorben, sondern erblickte 1856 in Ebeltoft das Licht der Welt und starb 1920 in Frederiksberg. Doch er hinterließ deutliche Spuren in der Stadt. Der dänische Architekt war gleichzeitig königlicher Bauinspektor und Kunstmaler. Eine Vielzahl von Gebäuden in ganz Dänemark stammen aus seiner Feder, wobei er neoklassizistische und nationalromantische Gebäude entwarf. Einige davon sind zwar mittlerweile wieder abgerissen worden, doch nicht wenige stehen unter Denkmalschutz. Zu seinen Schöpfungen in Aarhus zählen das Zollhaus (Toldkammeret 22) am Hafen, das Theater 4, Schloss Marselisborg 25, die Staatsbibliothek Bispetoften, das Post- und Telegrafengebäude in der Kannikegade, das Gebäude der heutigen Århus Købmandsskole, die

Kathedralsschule und die Villa Kampen, die er selber bewohnte. Neben vielen weiteren Gebäuden in Jütland und in Kopenhagen entwarf er aber auch die Sarkophage für König Christian IX. und dessen Gattin, die heute im Dom zu Roskilde zu sehen sind, was die Bedeutung Kampmanns unterstreicht. Kein Wunder also, dass man in Aarhus stolz darauf ist, dass Hack Kampmann zahlreiche Bauten in der Stadt entwarf und einer der prominentesten Plätze am Hafen [E6] seinen Namen trägt.

★ **2** [C5] **Ehemalige Staatsbibliothek Bispetoften,** *Vester Allé 12*

★ **3** [D5] **Ehemaliges Post- und Telegrafengebäude,** *Kannikegade 16*

★ **4** [cg] **Århus Købmandsskole,** *Hans Broges Gade 2*

★ **5** [D5] **Kathedralsschule,** *Skolegyde 1*

★ **6** [ch] **Villa Kampen,** *Strandvejen 104*

lässt. Im Kulturhauptstadtjahr 2017 werden sowohl experimentelle Theaterstücke als auch klassische Komödien mit dänischem Bezug gespielt.

Nachfolgend eine kleine Auswahl verschiedener Theatervorstellungen im Jahr 2017:

❭ **Morph**, 11. April – 13. Mai, Scala. Surreal, humorvoll, aber auch ernsthaft geht es in dem Stück zu, das der isländische Schauspieler Kristján Ingimarsson mit fünf weiteren Akteuren zum Thema menschliches Verhalten und Schnelllebigkeit zeigt.

❭ **Erasmus Montanus**, 10. Feb. – 11. März, Großer Bühnensaal. Klassische Komödie über den arroganten Rasmus Berg, der nach seinem Studium in Kopenhagen zurück in seine Heimatstadt kehrt und seinen Namen selbstverliebt und prahlerisch in Erasmus Montanus latinisiert.

❭ **Premiere**, 24. Mai – 17. Juni. Was geschieht, wenn der Vorhang fällt? Bei dem experimentellen Theaterstück namens Premiere werden die Zuschauer mit in das Schauspiel integriert. Gehbehinderte sollten daher bei diesem Stück vorher das Theater kontaktieren.

❭ **Jesus Christ Superstar**, 22. April – 3. Juni, Großer Bühnensaal. Das weltberühmte Musical von Andrew Lloyd Webber gastiert ebenfalls in Aarhus.

❭ **Aarhus Teater,** Teatergaden, 800 Aarhus, Tel. 70213021, www.aarhusteater.dk

◁ *Das Aarhus Theater in der Altstadt bietet ein vielfältiges Programm*

❺ Vikingemuseet (Wikingermuseum) ★ [D5]

Beim Begriff Wikinger hat man ein klares Bild vor Augen: Schwer bewaffnete, starke und muskulöse Männer mit gehörnten Helmen auf dem Kopf ziehen brandschatzend durch die Ortschaften an den Küsten und vor allen Dingen über die Nord- und Ostsee.

Als die eigentliche **Wikingerzeit** gilt das Ende des ersten Jahrtausends unserer Zeitrechnung. In dieser Zeit werden die Pfalz von Karl dem Großen in Aachen niedergebrannt, die Normandie gegründet sowie Grönland entdeckt und besiedelt – alles Ereignisse, die auf das Wirken der Wikinger zurückzuführen sind, genauso wie die Gründung der **Siedlung Aros**, die heute als Stadt Aarhus bekannt ist. Wie die Stadt zur Wikingerzeit aussah und welche Wikingerfunde gemacht wurden, zeigt das zentral gelegene Wikingermuseum – und zwar an der Stelle, an der Aarhus seinen Anfang nahm, allerdings drei Meter unter dem heutigen Straßenniveau. Das **Wikingermuseum** ist im Gebäude der **Nordea Bank** untergebracht und gilt als *in situ*. Gemeint ist damit der archäologische Fachbegriff für eine originale Fundstelle, die nicht versetzt wurde. Wer also im Keller der Nordea Bank unterwegs ist, wandelt an derselben Stelle wie einst ein Wikinger, der hier sein Lager aufschlug. Möglicherweise war es sogar der Wikinger, dessen Gebeine unter anderem im Museum gezeigt werden.

Geschaffen wurde die Ausstellung Ende der 1960er-Jahre, wenige Jahre nachdem hier archäologische Untersuchungen durchgeführt wurden. Heute ist das Wikingermuseum Teil des außerhalb der Stadt gelegenen **Moesgaard Museums** ㉔.

〉 **Vikingemuseet**, Sankt Clemens Torv 6, 8000 Aarhus, Tel. 87394000, www.moesgaardmuseum.dk, geöffnet: Mo–Fr 10.15–16, Do bis 17 Uhr, an Wochenenden und Feiertagen geschlossen, Eintritt frei

❻ Kunsthal Aarhus (Kunsthalle Aarhus) ★ [C5]

Pünktlich zum Kulturhauptstadtjahr kann die Kunsthalle von Aarhus auf eine einhundertjährige Geschichte zurückblicken. Mit ihrer Gründung im Jahr 1917 zählt sie zu den ältesten Kunsthallen Europas.

Sie wurde mit dem Ziel geschaffen, zu inspirieren und die Verbreitung von Wissen über die schönen Künste zu fördern. Das kleine, geduckt wirkende Gebäude befindet sich in einer unscheinbaren Straße nahe des Flusses Aarhus Å. Es hatte im Sommer 2013 einen Wettbewerb ausgeschrieben, um den Eingang in die Kunsthalle neu zu gestalten. Diesen gewannen die niederländischen Designer Linda Beumer und Jeroen Bouweriks, die den Zugang als **Tartanbahn** schufen, wie man sie als Laufstrecke aus einem Stadion kennt. Daher kann man auf diesem weichen Untergrund seit 2015 als Besucher auf einer der vier Spuren von der Straße rund um das Gebäude bis zum neu gestalteten Haupteingang einen 50-Meter-Sprint zurücklegen.

Im Zieleinlauf wartet schließlich eine 1000 m² große Ausstellungsfläche, auf der regelmäßig **wechselnde Ausstellungen** präsentiert werden. Dazu zählten in der Vergangenheit Bildergalerien des finnischen Fotokünstlers Pilvi Takala, Events von Schülern der jütländischen Kunstakademie und Kunstaktionen, die von einer Kopenhagener Künstlergruppe durchge-

führt wurden. Die **Bandbreite der Themen ist relativ groß** und die Ausstellungen werden meist nicht länger als vier Wochen gezeigt. Darüber hinaus gibt es Workshops und Diskussionsrunden sowie einen Videokanal auf dem Internetportal vimeo (https://vimeo.com/user16006879), der als Onlineprojekt betrachtet wird. Einige der ehemaligen Projekte wurden dort ebenfalls kunstvoll in Szene gesetzt oder auch mittels Interviews mit den jeweiligen Künstlern dokumentiert.

Neben den Ausstellungen organisiert die Kunsthalle auch **mehrjährige Projekte.** Von 2015 bis zum Kulturhauptstadtjahr trug es beispielsweise den Namen „**Museum ohne Wände**" und wagte den Schritt, mit Einzelprojekten das Haus zu verlassen und öffentlichkeitswirksam Kunst unter freiem Himmel zu präsentieren, natürlich auch, um dadurch mehr Menschen zu erreichen, die sonst eher kein Museum besuchen. Zu einem dieser Projekte gehört auch die eingangs erwähnte Tartanbahn. Ob

sie nach Ende des Mottos bestehen bleiben wird, ist daher noch fraglich.

Gerne wird die Kunsthalle auch wegen des kleinen **Cafés** besucht, das auch einige Plätze im **gemütlichen Garten** bereithält. Neben der Nutzung des kostenlosen WLAN besteht auch die Möglichkeit, Bücher des **Kunstverlags Antipyrine** zu erwerben. Seit 2013 kooperiert die Kunsthalle mit dem Verlag und bietet mit einem überschaubaren **Buchladen** dessen Verlagsprogramm an.

❯ **Kunsthal Aarhus**, J.M. Mørks Gade 13, 8000 Aarhus, Tel. 86206050, www.kunsthalaarhus.dk, geöffnet: Di–Fr 10–17, Mi 10–21, Sa/So 12–17 Uhr, Mo geschl. Seit einigen Jahren ist der Eintritt frei, allerdings wird jedes Jahr neu darüber entschieden. Änderungen zu einem Jahreswechsel können also vorkommen, sind aber nicht zu erwarten.

⌂ *Von außen wirkt die Kunsthalle recht unscheinbar*

013aa-mm

❼ Godsbanen ★★ [B5]

Godsbanen ist die dänische Bezeichnung für einen Güterbahnhof. Züge und Waggons verkehren hier schon lange nicht mehr und Güter werden auch keine mehr umgeschlagen. Vielmehr ist Godsbanen ein 2012 eröffnetes Kulturproduktionszentrum.

Schon von außen bemerkt man, dass es fröhlich, farbenfroh und kreativ zugeht. **Graffiti** im Außenbereich, eine **Skaterbahn** und **Kunstinstallationen** vermitteln auf dem Gelände, das wie eine Brachlandschaft wirkt, einen ersten Eindruck und stimmen auf die zahlreichen Räume und Institutionen ein, die sich im Inneren des Hauptgebäudes befinden.

3A ist nur einer von mehreren Eingängen. Er führt zur offenen Bühne und zum **Theater Katapult** (s. S. 79) auf der linken Seite. Gleich dahinter folgt das Foyer mit dem Ticketverkauf, Sitzgelegenheiten und einer Ausstellungswand. Schräg gegenüber lädt das **Restaurant Spiselauget** (s. S. 75) zu einem kleinen Imbiss

ein. Rechts davon finden sich zwei Mehrzwecksäle, in denen verschiedene Veranstaltungen stattfinden und die auch für eigene Zwecke angemietet werden können. Wer eine größere Veranstaltung plant, dem steht die benachbarte **Den Rå Hal** zur Verfügung. Die langgestreckte Mehrzweckhalle mit ihrem hölzernen Dach bietet auf einer Fläche von 1300 m² viel Platz für Feste und Ausstellungen. Am Ende von Spiselauget blickt man durch die Glasfassade in einen Innenhof, der einem steten Wandel unterworfen ist – je nachdem, wer hier was ausstellt oder herstellt.

Um Herstellung geht es auch auf der linken Seite des Foyers. Dort befindet sich der Übergang in die **Kunstwerkstätten**, Projekt-, Übungs-, und Tagungsräume. Diese sind nicht frei zugänglich, können aber je nach Belegung ebenfalls gebucht werden. Außerdem bieten einige der Werkstätten Workshops an, in denen man sich selbst kreativ betätigen kann. In Godsbanen sind vielfältige Einrichtungen untergebracht. So kann man zum Beispiel Workshops und Diskussionsrunden im Aarhus Billedkunstcenter (Zentrum für visuelle Kunst) verfolgen, sich in der Potemkin-Filmschule zum Schauspieler ausbilden lassen, Kreatives Schreiben in der Schreibwerkstatt Skrivekunstskolen erlernen oder sich in einer der vielen offenen Werkstätten an der Gestaltung von Textilien, Metall, Gips, Keramik und Holz üben.

Insgesamt arbeiten in Godsbanen 200 Personen. Das Areal verfügt über eine Fläche von über 10.000 m². Exakt 81.968 Arbeitsstunden wurden gezählt oder besser zusammengerechnet, die für den Umbau von einem Güterbahnhof zu einem Kulturproduktionszentrum notwendig waren. 175.000 Menschen besuchen alljährlich die rund 400 Veranstaltungen, doch die wohl beliebteste Art, Godsbanen kennenzulernen, ist die **Besteigung des Daches**, um in 19 Metern Höhe auf das Gelände zu blicken.

Das steil ansteigende Dach läuft an seinem höchsten Punkt spitz zu und hat sich dort bereits den Titel „Leonardo-Punkt" gesichert. Wer möchte, kann dort genauso posieren, wie es Leonardo di Caprio im Hollywood-Erfolgsfilm Titanic an der Bugspitze des Schiffes tat. Der Aufgang zum Dach befindet sich zwischen den Zugängen 3A und 3B gleich neben dem Musiktreffpunkt Radar.

❯ **Godsbanen,** Skovgaardsgade 3, 8000 Aarhus, Tel. 29209043, www.godsbanen.dk

◁ *Dieser steile Aufstieg führt zur Dachspitze von Godsbanen*

▷ *Das ARoS Kunstmuseum erkennt man bereits von Weitem*

❽ ARoS Aarhus Kunstmuseum ★★★ [B5]

Es scheiden sich die Geister, welches Museum das Wahrzeichen der Stadt ist. Zur Auswahl stehen das traditionelle Freilichtmuseum Den Gamle By ⓫ *mit seinen historischen Bauten und den liebevoll dargestellten Handwerksbetrieben und das ARoS-Kunstmuseum mit seinen Werken der Gegenwartskunst. Ganz unzweifelhaft ist Letzteres auf jeden Fall zur Landmarke der Stadt geworden, was es dem Rainbow Panorama auf dem Dach zu verdanken hat.*

Das Museum wurde im Jahr 1859 gegründet und war damit das **erste dänische Museum seiner Art außerhalb der Hauptstadt Kopenhagen.** Entstanden ist es aus dem Interesse einiger Aarhuser Kunstfreunde, die zunächst einmal einige Räumlichkeiten im damals neu erbauten Rathaus bezogen. Dort ist heute das Frauen-

museum ❷ untergebracht. Doch diesen Wandel hat das Kunstmuseum gar nicht mehr miterlebt, denn schon nach wenigen Jahren wechselten die Ausstellungsstücke ihren Platz und zogen in größere Räumlichkeiten um – und das nicht zum letzten Mal, das gegenwärtige Gebäude neben dem Musikhaus ❾ ist bereits die vierte Heimstätte für das Museum und wurde feierlich von **Königin Margarethe II.** eröffnet.

Gleichzeitig erhielt das Museum den Namen **ARoS,** was sowohl an die alte Schreibweise der Stadt erinnert als auch durch die Großbuchstaben an die lateinische Bezeichnung für Kunst, *ars.*

Über zwei Eingänge gelangt man in den **kubusförmigen Bau,** in dem man im Innern von einem frei zugänglichen **Museumsshop** und einem **Café** (ART Café, s. S. 71) begrüßt wird. Ein erster Blickfang ist die futuristisch anmutende Treppe, die sich spiralförmig um einen gläsernen Fahrstuhl zu winden scheint. In den oberen Etagen gelangt man zur Dauerausstellung und zur Wechselausstellung des Museums. Die Kunstsammlung besteht aus über **1100 Gemälden und 400 Skulpturen,** Installationen und Videos und einer Vielzahl an Zeichnungen und Grafiken. Die Kunstwerke entstanden ab dem ausgehenden 18. Jahrhundert und reichen bis in die Gegenwart. Sie wurden unter anderem vom belgischen Künstler **Carsten Höller,** dem norwegisch-dänischen Impressionisten **Peder Severin Krøyer,** dem Skulpturenkünstler **Robert Jacobsen,** dessen Werke auch in zahlreichen deutschen Museen zu finden sind, und dem New Yorker Videokünstler **Bill Viola** geschaffen. Auch Werke des Dänen **Per Kirkeby** sind zu sehen, der in mehreren deutschen Städten für öffentliche Kunstwerke aus Backstein verantwortlich zeichnet.

Eines der bekanntesten und eindrucksvollsten Ausstellungsstücke ist jedoch **Boy** von **Ron Mueck.** Der im australischen Melbourne geborene

067aa-mm

Sohn deutscher Einwanderer arbeitete in jungen Jahren mit Jim Henson zusammen und entwickelte Figuren für die Muppetshow und die Sesamstraße. Die Skulptur Boy ist jedoch deutlich unbeweglicher, größer und dennoch lebensechter. Viereinhalb Meter Höhe misst die Figur im Untergeschoss, die einen hockenden und scheinbar schüchternen jungen, fast unbekleideten Mann darstellt.

Darüber hinaus gibt es im ARoS-Kunstmuseum regelmäßig **wechselnde Ausstellungen.** In der Vergangenheit gehörten dazu Fotografien von Robert Mapplethorpe, der berühmte New Yorker Persönlichkeiten ablichtete, oder Werke der türkischstämmigen Künstlerin Meriç Algün Ringborg, die ihren Werdegang zur schwedischen Staatsbürgerin kunstvoll beleuchtet.

Auch im **Kulturhauptstadtjahr 2017** sind natürlich einige sehenswerte Ausstellungen geplant. Werke des dänischen Malers und Bildhauers **Jens Ferdinand Willumsen** werden genauso präsentiert wie die der portugiesischen Installationskünstlerin **Joana Vasconcelos.**

Im fensterlosen Untergeschoss des ARoS wartet schließlich ein Ausstellungsraum mit dem Namen **9 Räume.** Diese neun Räume wurden eigens dafür konzipiert, um Video- und Lichtkunst sowie verschiedene Installationen besser erlebbar zu machen. Zu den bekannteren Künstlern, die einen der neun Räume in der Vergangenheit kunstvoll inszenierten, gehören der Amerikaner James Turell sowie der Däne Ólafur Elíasson, der nicht nur in Berlin lebt, sondern

dessen künstlerische Spuren auch in Deutschland zu sehen sind. Elíasson war es auch, der dem ARoS das **Rainbow Panorama** auf das Dach setzen durfte.

Das im Jahr 2011 geschaffene Kunstwerk ist begehbar und besteht aus einem 150 Meter langen Rundweg, der auf mehreren Stelzen auf dem Dach installiert wurde. Als Besucher schlendert man an **verschiedenfarbigen Glaswänden** entlang und blickt dabei auf Aarhus, das dementsprechend bunt zu sehen ist. Sehenswert ist aber auch der Blick von den umliegenden Straßen auf das weithin sichtbare Kunstwerk, wenn man die Besucher schemenhaft hinter den Glaswänden umhergehen sieht. Will man vom Dach des ARoS einen ungefärbten Blick auf die Stadt werfen, so ist auch dies möglich. Unterhalb des Kunstwerks kann man auf einer der Sitzflächen Platz nehmen und in Ruhe die Aussicht genießen.

Das Kunstmuseum richtet sich auch an die kleinen Besucher und versucht **Kindern und Jugendlichen** das Thema Kunst näherzubringen, ohne diese möglicherweise zu langweilen. Mit kreativen Aktivitäten kann sich der Nachwuchs künstlerisch austoben, sei es alleine, in einer Gruppe oder als Mitglied im sogenannten ARoS Junior-Klub. So hat sich das Kunstmuseum im Laufe von 150 Jahren von der kleinen Sammlung einer handvoll Kunstliebhaber zu einer familienfreundlichen Sehenswürdigkeit entwickelt.

❯ **ARoS Aarhus Kunstmuseum,** Aros Allé 2, 8000 Arhus, Tel. 87306600, www.aros. dk, geöffnet: Di und Do–So 10–17 Uhr, Mi 10–22 Uhr, Mo geschlossen, Eintritt: Erw. 120 DKK, Kinder bis 18 Jahre frei, Personen zwischen 18 und 28 Jahren sowie Studenten 90 DKK

◁ *Schon von außen ist das Rainbow Panorama (siehe oben) sehenswert*

❾ Musikhuset Aarhus (Musikhaus Aarhus) ★★ [B6]

Am 27. August 1982 wurde das Musikhuset Aarhus, also das Konzerthaus der Stadt, feierlich eingeweiht. Das verhältnismäßig flache Bauwerk gleich neben dem ARoS-Kunstmuseum ❽ fällt durch seine imposante Glasfassade auf und wurde vom Architektenbüro Kjær & Richter erschaffen. Dieses zeichnet für viele weitere Bauwerke in Dänemark und insbesondere in Aarhus verantwortlich.

Seit seiner Erweiterung und der umfassenden Renovierung im Jahr 2007 bietet die Konzerthalle heute **Hörgenuss auf rund 35.000 m²**, sodass sie zu den größten Kulturzentren im Norden Europas zählt. Architektonisch fällt das Musikhaus vor allem durch seine großen Glasfassaden auf, die sich auf drei Seiten erstrecken. Der nordwestliche Bereich des Gebäudes ist schlicht gehalten und beherbergt die Säle. Rund 700.000 Menschen besuchen pro Jahr die einzelnen Säle im Musikhuset. Zunächst lernt man dabei das helle und luftige **Foyer** kennen, das sich auf 2000 m² verteilt. Es ist nicht nur Anlaufstelle, um die Konzerttickets zu kaufen, sondern auch ein weitläufiger Aufenthaltsraum für die Pausen. Nach Betreten des Foyers fallen sofort die **40 Säulen** auf, die teilweise bis zu 17 Meter hoch sind und die Decke tragen, während am Rand das **Café und Restaurant Johan r** (s. S. 69) seine Gäste bewirtet. Außerdem ist bei einem Besuch die Chance groß, dass man gleich in den Genuss eines kostenlosen Konzertes kommt – bis zu 300 von ihnen finden jährlich alleine im Foyer statt.

Das Flaggschiff des Hauses ist jedoch der **Große Saal** (Store Sal). Im Stile eines Auditoriums gebaut und mit einer modernen Soundanlage ausgestattet, bietet er bis zu 1600 Zuschauern ein fantastisches Klangerlebnis.

Speziell für das Aarhuser **Symphonieorchester** wurde der **Symfonisk Sal** gebaut. Fast 1200 Plätze bietet die 25 Meter hohe Halle, in der besonders die beiden seitlichen Balkonreihen auffallen.

Rock'n'Roll, Stand-Up, Tanz und Theater werden im **Rytmisk Sal** aufgeführt. Die Halle ist variabel und kann 465 Podiumsitzplätze umfassen oder auch 1000 Stehplätze für Konzertveranstaltungen, bei denen es einen ohnehin nicht lange auf den Sitzen halten würde.

Gediegen geht es hingegen im **Kammermusiksaal** zu, der Platz für 100 Zuschauer bietet und auch für Vorführungen und Empfänge genutzt wird. Ähnlich verhält es sich mit dem **Lille Sal**, also dem Kleinen Saal, der jedoch rund dreimal so vielen Zuschauern Platz bietet.

Abschließend sei noch **Filuren** erwähnt. Hierbei handelt es sich um das Kinder- und Jugendtheater, in dem regelmäßig Schulaufführungen stattfinden und das eine eigene Theaterschule besitzt. Kinder können hier erste Eindrücke des Theaters erleben und erlernen. Außerdem präsentieren jeden Freitag und Samstag Stand-Up-Comedians ihr Programm im Filuren, wo 150 Zuschauer Platz finden.

Nicht vergessen werden sollte das **Amphitheater** unter freiem Himmel, das sich zwischen dem Konzerthaus und dem **ARoS-Kunstmuseum ❽** befindet und bei Events im Sommer mit einer **Open-Air-Bühne** ausgestattet wird.

❯ **Musikhuset (Konzerthalle),** Thomas Jensens Allé, 8000 Aarhus C, Tel. 89409000, www.musikhusetaarhus.dk

⑩ Rådhus (Rathaus) ★★ [C6]

016aa·mm

Zwei Rathäuser gab es in Aarhus, bevor das aktuelle Gebäude als Dienststätte des Bürgermeisters eingeweiht wurde. Sie befanden sich neben der **Domkirche ❶**. Das ältere von ihnen wurde bereits Mitte des 15. Jahrhunderts gebaut und vierhundert Jahre später durch einen Neubau ersetzt. Jenes Gebäude beherbergte den Stadtrat aber nur einige Dekaden.

Schon im Jahr 1936 schrieb man einen Architekturwettbewerb aus, den die Architekten **Arne Jacobsen und Erik Møller** für sich entscheiden konnten. Jacobsen hatte sich zu jenem Zeitpunkt bereits dank verschiedener Bauprojekte einen Namen gemacht. Dazu gehörte zum Beispiel eine heute noch vorhandene Tankstelle nördlich von Kopenhagen, die er im Auftrag von Texaco designte. In späteren Jahren entwarf Jacobsen das SAS Royal Hotel in Kopenhagen und betrachtete dieses mitsamt seinen Einrichtungsgegenständen als Gesamtkunstwerk. Bekannt ist zum Beispiel ein als „Ei" bezeichneter Sessel aus dem Hotel, der ausschließlich aus Kurven besteht, keine gerade Linie hat und weltweit Berühmtheit erlangte. Er gilt als Klassiker des dänischen Designs.

Erik Møller erlangte einen geringen Bekanntheitsgrad und entwarf nach dem Zweiten Weltkrieg nur noch ein weiteres Gebäude mit Arne Jacobsen. Er befasste sich in späteren Jahren überwiegend mit der Restaurierung historischer Gebäude.

Das im Stil des Funktionalismus errichtete Aarhuser Rathaus konnte 1941 fertiggestellt werden. Gerade, schnörkellose Linien zeigen, dass die **Funktion vor dem Design** steht. Lediglich im Innern des Gebäudes gibt es einige wenige Elemente, die sich von diesem Design unterscheiden und dadurch Akzente setzen. Dazu gehören zum Beispiel das geschwungene Dach der Haupthalle und die Treppe, die leicht gekurvt ins Untergeschoss führt. Im Wesentlichen ist jedoch die Handschrift von Arne Jacobsen als Architekt des **Funktionalismus** unverkennbar.

Das Gebäude beherbergt seit seiner Fertigstellung die Büros der Stadtverwaltung. Auffällig und weit sichtbar ist der **60 Meter hohe Glockenturm,** der auch bestiegen werden kann. Ungefähr auf der Hälfte des Turms befindet sich eine Turmuhr, weiter oben hingegen hängen seit 1948 die Glocken des Turms. Sie spielen täglich um 12 Uhr die Ode „In vernalis temporis" des im 16. Jahrhundert lebenden Rektors der Kathedralsschule Morten Børup.

❯ **Rathausturm,** Rådhuspladsen 2, geöffnet: Mo–Fr 10–16 Uhr

⌃ *Arne Jacobsens Werke werden dem Stil des Funktionalismus zugeordnet*

Vesterbro

🕚 Den Gamle By ★★★   [A4]

Als „Stadt in der Stadt" könnte man das Freilichtmuseum Den Gamle By bezeichnen. Man könnte noch ergänzen, dass dieses Museum noch ein völlig anderes Museum beherbergt, doch dazu später mehr.

Wenn man Den Gamle By betritt, findet man sich in einer ganz anderen Epoche wieder. Gleich zu Beginn passiert man das **Helsingør Theater.** Es war ursprünglich der Festsaal der Stadt Helsingør und wurde in der ersten Hälfte des letzten Jahrhunderts auch als Kino genutzt. Wegen Baufälligkeit sollte es im Jahr 1957 abgerissen werden, doch man beschloss, es hier in Den Gamle By wieder aufzubauen. Damit gesellte es sich zu einer Vielzahl von Gebäuden, die seit der Eröffnung des Museums im Jahr 1914 wieder aufgebaut wurden und einen guten Einblick in die städtische Kultur und Geschichte geben.

Auf **Kopfsteinpflaster** schlendert man zwischen **historischen Fachwerkhäusern** und hat nicht nur die Möglichkeit, sie von außen zu betrachten, sondern sie auch zu betreten.

Folgt man dem Rundweg nach links, lernt man die einzelnen Häuser und ihr Innenleben in chronologischer Reihenfolge kennen und durchstreift zunächst das 17. und 18. Jahrhundert. Das **älteste Bauwerk** stammt sogar aus der **Mitte des 16. Jahrhunderts.** Die meisten Häuser kommen ursprünglich aus der Region rund um Aarhus und Alborg, doch einige Gebäude standen auch in anderen Ecken Dänemarks. Eines der beeindruckendsten Bauwerke ist der sogenannte **Møntmestergården** mit seiner außergewöhnlichen Fensterkulisse, die von einem Erker geprägt wird. Es steht an dem idyllischen Marktplatz im Zentrum von Den Gamle By. Bis dahin passiert man aber natürlich noch viele weitere interessante und sehenswerte Häuser. Dazu zählen zum Beispiel das Gebäude mitsamt dem Hinterhof des **Schmieds** oder der **Schreiner**, der unter anderem Särge herstellt. Spätestens hier wird dem Besucher bewusst, dass es sich bei Den Gamle By um ein interaktives Museum handelt, denn man darf – etwas morbide – sogar in einem aufgestellten Sarg Platz nehmen. Wesentlich angenehmer ist dahingegen der Besuch in der **Bäckerei** ein Stück weiter. Das Einzige, das hier nicht

017aa-mm

alt ist, ist das Brot, denn das kommt frisch aus dem Ofen und kann natürlich gekauft werden. Zwischen Schreinerei und Bäckerei geht es gleich um die Ecke nach links zu einem historischen **Kirmesplatz**, auf dem die Karussellbetreiber, genau wie alle anderen Mitarbeiter des Museums, in historische Kleidung gewandet sind und damit die gemütliche Atmosphäre des Areals unterstreichen. Rechts um die Ecke folgt ein Wassergraben, in dem Enten und Gänse lauthals um die Wette schnattern. Doch das ist nicht das erste Federvieh, dem man im Museum begegnet. Irgendwo unterwegs wird man sicherlich in einem Hinterhof schon erlebt haben, wie die hauseigenen Hühner gefüttert wurden und gerade diese kleinen Details machen das Museum aus, denn hinter jeder Ecke gibt es eine neue Überraschung. Am Wassergraben warten dann auch noch die historischen Kutschen, mit denen man die alte Stadt aus einer anderen Perspektive erleben kann.

In einem der langgestreckten Holzhäuser befindet sich auf zwei Etagen zudem eine sehenswerte **Spielzeugausstellung**, in der man die Geschichte vom einfachen Blechspielzeug bis zu moderneren Freizeitvergnügen nachvollziehen kann. Unweit davon reist man einige Jahre in die (vergangene) Zukunft und wechselt vom 19. Jahrhundert in das **Jahr 1927**. Ein alter Eisenwarenhändler *(Isenkram)* und die Pumpstation einer Tankstelle aus dieser Zeit warten darauf, entdeckt zu werden. Der Übergang von einer Epoche zur nächsten ist auch an so kleinen Details wie der alten

Straßenbeleuchtung zu spüren, die vorher natürlich noch nicht vorhanden war.

Noch moderner geht es einen Straßenzug weiter zu. Während man sich bisher Eindrücke aus der Vergangenheit holen konnte und sich bestenfalls an erzählte Geschichten aus Großmutters Zeiten erinnern, folgt für viele Museumsbesucher nun der „Ach, weißt du noch"-Effekt. Das **Jahr 1974** lädt mit einem eigenen Häuserblock zu einem umfangreichen Rundgang ein. Am Anfang betritt man einen Elektroladen und wird vom Radio- und Rundfunkmechaniker mit freundlichen Worten begrüßt. Alte **Röhrengeräte und Schallplatten** wecken Erinnerungen an eine Zeit, in der man solche Geschäfte noch selbst aufsuchte, um sich ein Ersatzteil oder die neueste Langspielplatte zu kaufen. Direkt nebenan folgt ein Reisebüro in einem Straßenzug, der mit Ankündigungsplakaten für Ereignisse im Sommer 1974 beklebt ist. Eine Straße weiter erlebt man die dazugehörige Wohnkultur in verschiedenen Räumlichkeiten. Spießbürgerliches Wohnen mit einem schnarchenden Großvater auf der Couch, während im Fernsehen ein Fußballspiel läuft, wird genauso gezeigt wie die Wohnung einer türkischen Gastarbeiterfamilie und natürlich – nicht zu vergessen – die farbenfrohe Wohneinrichtung eines jungen Pärchens aus der **Flower-Power-Generation.** Ein weiteres Mitglied der illustren Nachbarschaft ist die Praxis eines Gynäkologen – die dem Museum im Originalzustand gespendet wurde.

Doch die Museumsleitung ruht sich nicht auf den zahlreichen Bauwerken, Wohnungen und Handwerksbetrieben aus, sondern erweitert die Ausstellung in den nächsten Jah-

◁ *Zahlreiche Fachwerkhäuser reihen sich in Den Gamle By aneinander*

018aa-mm

Zu guter Letzt sei noch das eingangs erwähnte Museum im Museum erwähnt. Das dänische **Poster- und Plakatmuseum** wurde 1972 gegründet und ist seit 2006 in einem der Museumsgebäude untergebracht. Es besitzt über 400.000 verschiedene Plakate, von denen aus Platzgründen die meisten archiviert werden und es daher im Plakatmuseum zu regelmäßig wechselnden Ausstellungen mit verschiedenen Themen kommt. Der Besuch im Poster- und Plakatmuseum ist im Eintritt von Den Gamle By enthalten.

> **Den Gamle By,** Viborgvej 2, 8000 Aarhus C, Tel. 86123188, www.dengam leby.dk, geöffnet: Jan.–Mitte Feb. tägl. 11–15 Uhr, bis Mitte März tägl. 10–16 Uhr, Mitte März bis Mitte Juni und von Anfang Aug. bis zum Jahresende tägl. 10–17 Uhr, von Mitte Juni bis Anfang August sowie in der Adventszeit tägl. 10–18 Uhr. An den Weihnachtstagen und an Neujahr geschlossen. Der Eintrittspreis ist gestaffelt nach Jahreszeit und Wochentag und schwankt zwischen 75 DKK im Januar bis 135 DKK in der Hauptsaison, zu der auch die gesamte Adventszeit zählt. In der Nebensaison liegt der Eintritt an Wochentagen bei 110 DKK. Kinder bis 17 Jahre erhalten freien Eintritt. Studenten zahlen einen ermäßigten Preis zwischen 40 und 70 DKK. Der Besuch ist für Gehbehinderte und Rollstuhlfahrer durch das Kopfsteinpflaster und die vielen Holzstufen in den Gebäuden erschwert bzw. teilweise nicht möglich. Es wird empfohlen, sich vorher an der Kasse über Besichtigungsmöglichkeiten zu informieren.

ren um einen ganz besonderen Abschnitt, der weltweit wohl einzigartig sein dürfte: einen **Straßenzug aus dem Jahr 2014.** Das mag sich im ersten Augenblick seltsam anhören, ist aber nur logisch. 2014 war das Jahr, in dem Den Gamle By seinen einhundertsten Geburtstag feierte. Und bis dieser Bereich fertiggestellt sein wird, wird es noch einige wenige Jahreswechsel geben. Ein Rückblick auf das Jahr, in dem Deutschland Fußballweltmeister wurde und in der Ukraine der Krieg ausbrach, wird interessant, besonders für diejenigen, die als Teenager die Ausstellung besuchen werden und dadurch die Zeit ihrer Kindheit nochmals erleben.

Außerdem ist Den Gamle By auch im **Winter** sehenswert, wenn die Stadt in der Stadt Weihnachten feiert und in jeder der Epochen zu sehen ist, wie sich das **Weihnachtsfest** weiterentwickelt hat.

In Den Gamle By scheint die Zeit stehengeblieben zu sein

⑫ Botanischer Garten und Gewächshäuser (Botanisk Have og Væksthusene) ★★★ [A4]

Aarhus bietet viele Grünanlagen und kleine Parks, sei es nun der Mindepark in Marselisborg (s. S. 49), der Mølleparken oder die Parkanlage vor dem Musikhuset ⑨. Doch die größte und wohl schönste Grünanlage ist der Botanische Garten in direkter Nachbarschaft zum Freilichtmuseum Den Gamle By ⑪.

Sie ist Teil des **Wissenschaftsmuseums der Universität Aarhus** und bietet mehrere Spazierwege in leicht hügeliger Landschaft. Ursprünglich wurde er 1875 für Studienzwecke der Universität angelegt. Heute plätschert ein kleiner **Bach** durch die weitläufige Anlage, bildet drei Seen und wird später Teil des Freilichtmuseums Den Gamle By ⑪. Sitzbänke und Picknicktische laden ein, dem Trubel der Stadt zu entfliehen und die Natur zu genießen.

In der westlichen Ecke des Parks befindet sich ein mit Gras bewachsenes **Amphitheater**, das gelegentlich für kleinere Veranstaltungen genutzt wird. Doch der interessanteste Teil des Botanischen Gartens befindet sich in dessen südlichem Bereich, wo man in einer umfangreichen **Pflanzensammlung** lange Zeit verweilen kann, will man denn jedes einzelne Schild zur jeweiligen Pflanze lesen. Man wandert durch das **Arboretum** hinüber zu den **Rhododendren**, geht an den Schlingpflanzen vorbei zu den Ziergräsern, hält sich in den **Themengärten** auf und genießt die großartigen **Rosengärten**. Und inmitten der Anlagen, die von Ehrenamtlichen gepflegt werden, bildet die runde Kuppel der **Gewächshäuser** eine Landmarke auf dem höchsten Punkt des Botanischen Gartens.

Eine der neuesten Attraktionen im Botanischen Garten wurde gleich neben den Gewächshäusern im August 2015 eröffnet und befasst sich mit der dänischen Pflanzenkunde. Der Schwerpunkt liegt dabei auf der rauen Küstenlandschaft mit ihrer **Dünenflora** und der **Heide**.

Die Gewächshäuser sind für Jedermann frei zugänglich und in vier verschiedene Klimazonen unterteilt. Gleich am Eingang wartet noch ein kleines Café auf Besucher und bietet neben einem überdimensionalen Eichenblatt Platz für eine kleine Pause.

❯ **Botanisk Have og Væksthusene (Botanischer Garten und Gewächshäuser),** Peter Holms Vej, 8000 Aarhus C, Tel. 87155415, www.sciencemuseerne. dk. Der Botanische Garten ist rund um die Uhr geöffnet, die Gewächshäuser von Juni bis Sept. Mo–Fr 9–17, Sa/So 10–17 Uhr, Eintritt frei.

019aa-mm

❯ *Dank tropischer Bedingungen wachsen im Botanischen Garten von Aarhus exotische Pflanzen*

Universitätsareal

⓭ Steno Museet (Steno-Museum) ★★ [C2]

Das Steno-Museum behandelt nicht das Kurzschriftsystem der Stenografie, sondern ist nach Nicolaus Steno benannt. Dieser lebte im 17. Jahrhundert und war Anatom und Naturforscher.

Von Wilhelm von Humboldt wurde Steno als „**Vater der Geologie**" bezeichnet. Außerdem war Steno der erste Forscher, der sich mit den **Tränen- und Speicheldrüsen** des menschlichen Körpers befasste, er untersuchte zahlreiche **Mineralien** und beschäftigte sich mit **Fossilien**, die zu seinen Lebzeiten noch als natürlich geformte Steine angesehen wurden. Außerdem war er polyglott und konnte sich in acht verschiedenen Sprachen verständigen. Das Steno-Museum befindet sich daher nicht ganz zufällig im **Universitätsviertel.**

Es wurde 1994 vom Wissenschaftshistoriker Olaf Pedersen eröffnet und ist nicht nur ein Museum, das sich dem Leben von Nicolaus Steno widmet, sondern auch eine **Experimentierstätte.** Verschiedene interaktive Stationen laden Alt und Jung dazu ein, sich mit Naturwissenschaften auseinanderzusetzen. Dazu gehört zum Beispiel das Gewichtsexperiment, bei dem man das Gewicht einer gewöhnlichen Getränkedose erfährt, wenn sie auf den verschiedenen Planeten unseres Sonnensystems stünde. Passend dazu ist dem Museum auch ein **Planetarium** angeschlossen. Außerdem hat man außerhalb des kleinen Gebäudes noch die Möglichkeit zu einem Spaziergang durch einen interessanten **Kräutergarten.**

Das Steno-Museum ist Teil der Wissenschaftsmuseen, zu denen auch der Botanische Garten ⓬ und die Ole-Rømer-Sternwarte ㉖ gehören.

❯ **Steno Museet (Steno-Museum),** C. F. Møllers Allé 2, 8000 Aarhus, Tel. 87155415, www.sciencemuseerne. dk, geöffnet: Di–Fr 9–16, Sa/So 11–16 Uhr, Mo geschlossen, in den Ferien Di–So 10–16 Uhr geöffnet, Eintritt: Erwachsene 30 DKK, Kinder unter 18 Jahren frei. Die Vorführungen im Planetarium kosten unabhängig vom Alter 30 DKK pro Person.

⓮ Naturhistorisk Museum (Naturgeschichtliches Museum) ★★ [C2]

Genau wie das Steno-Museum ⓭ befindet sich auch das Naturgeschichtliche Museum mitten im Universitätsviertel. Neben den regelmäßig wechselnden Ausstellungen bietet es auch Dauerausstellungen, die in verschiedene Themenbereiche unterteilt sind.

Antilopen, Zebras und Löwen findet man zum Beispiel in verschiedenen Dioramen im **Saal der afrikanischen Savanne.** Entstanden ist dieser Bereich nach einer Jagdsafari der Museumskuratoren im Jahr 1947. Glücklicherweise finden diese heute natürlich nicht mehr statt. Als Labyrinth ist die sogenannte **Dänemark-Halle** angelegt, in der die **Wandlung der dänischen Landschaft** von der letzten Eiszeit über Moore, Wälder, Seen und Flüsse bis zur heutigen Kulturlandschaft dargestellt wird. Passend dazu wird im ältesten Teil des Museums bereits seit 1941 die Fauna des Landes erläutert und die **Vogelwelt** des Landes wird vorgestellt, genau wie **Reptilien** und natürlich die **Unterwasserwelt.** Dieser Raum ist interaktiv angelegt und die kleinen Besucher können sich hier daran versuchen, das Skelett eines Schafes zusammenzusetzen.

Mit der Körperstruktur von Tieren befasst sich auch der Bereich namens **AnimaliA**, wo auf die **Evolution** eingegangen wird. Insgesamt besitzt das Museum 5000 verschiedene Tierpräparate, von denen aus Platzgründen jedoch nicht alle gleichzeitig gezeigt werden können. Damit ist es das zweitgrößte Museum seiner Art im Land. Außerdem wurde es 2014 **als bestes Museum für Kinder** geadelt. Zum Museum gehören auch ein **Laboratorium auf der Mols-Halbinsel** außerhalb von Aarhus und südlich des **Nationalparks Mols Bjerge** ➌. Vom dortigen Besucherzentrum führen verschiedene Pfade durch die idyllische Landschaft in Küstennähe, die man mittels Audioguide näher kennenlernen kann.

❭ **Naturhistorisk Museum (Naturgeschichtliches Museum),** Wilhelm Meyers Allé 210, Universitetsparken, 8000 Aarhus, Tel. 86129777, www.naturhistoriskmuseum.dk, geöffnet: tägl. 10–16 Uhr, außer an Silvester, Neujahr und Weihnachten. In den Ferien bis 17 Uhr geöffnet. Eintritt: Erwachsene 60 DKK, Kinder unter 17 Jahren haben freien Eintritt.

● **7 Molslaboratoriet (Laboratorium auf der Mols-Halbinsel),** Strandkærvej 6, Femmøller, 8400 Ebeltoft, Tel. 86362535. Mit dem Pkw ist das Besucherzentrum ab dem Naturgeschichtlichen Museum in rund 45 Min. zu erreichen.

⌂ Das Antikemuseum versteckt sich im Universitätsviertel

⓯ Antikmuseet (Antikemuseum) ★ **[B1]**

Römer, Etrusker und die alten Griechen bilden die Schwerpunkte im Antikemuseum am nördlichen Rand des Universitätsparks.

Im Jahr 1949 wurde es vom ersten Professor für Klassische Archäologie der Universität Aarhus, P.J. Riis, ins Leben gerufen. Die Sammlung bestand zunächst aus 500 Artefakten, die aus der Region rund um das Mittelmeer stammten. Damals handelte es sich lediglich um eine wenig beachtete Kollektion, die in den Kellerräumen der Universität untergebracht war. Aus ihr entwickelte sich jedoch im Lauf der Zeit das heutige Museum mit mehr als **4000 originalen Exponaten** und 500 **Gipsabdrücken,** welche die Zeitspanne zwischen der Bronzezeit bis zum Zeitalter der **Römer** vergegenwärtigen und sich über 1500 m² Ausstellungsfläche erstreckt.

❭ **Antikmuseet (Antikemuseum),** Victor Albecks Vej 3, 8000 Arhus, Tel. 87161106, www.antikmuseet.au.dk, geöffnet So–Do 12–16 Uhr, Fr und Sa geschl., Eintritt frei

Aarhus Ø

Aarhus Ø ist ein relativ junges Wohnviertel, das im Hafen von Aarhus gebaut wurde und für die nächsten Jahre noch Raum für Erweiterungen bietet. Es erstreckt sich im Wesentlichen von Dokk1 ㉓ im Süden bis zum Jachthafen ⑲ im Norden und ist Standort zahlreicher Gebäude, die offensichtlich bei einem Architekturwettbewerb gegeneinander antreten wollen. Durch die seit Jahren bestehenden Baumaßnahmen sieht man mancherorts noch Baugrundstücke, Bagger und Zäune. Doch von Monat zu Monat werden diese weniger und machen Platz für die hier einziehenden Menschen. Während des Wachstums wird es langsam mit Leben gefüllt, daher ist die Stimmung im Hafenviertel teilweise noch recht kühl und man kann hier noch nicht von einem Szeneviertel sprechen.

⓰ Isbjerget (Eisberg) ★★★ [G2]

Der „Eisberg" ist das markanteste Bauwerk des Viertels. Es handelt sich bei ihm um einen Baukomplex, der aus mehreren rechtwinklig angeordneten Wohnhäusern besteht, die nach oben hin jeweils mit mehreren Dachgiebeln abgeschlossen wurden. Dadurch und durch das strahlende Weiß der Hausfassade entsteht für den Betrachter der Eindruck, dass sich vor ihm ein Eisberg auftürmen würde.

Unterstrichen wird dieser Effekt noch durch die **Glasscheiben der Balkone,** die in gletscherfarbenen Blautönen gehalten wurden und wie kleine Eisfragmente wirken. Ungewöhnlich sind auch die vielen Fenster, die beinahe alle in dreieckiger Form in die Wände eingearbeitet sind. Der Eisberg wurde im Jahr 2013 fertiggestellt und konnte sodann von den ersten

021aa-mm

Mietern bzw. Eigentümern bezogen werden. Gleich darauf konnte sich das Bauprojekt mit den ersten **Architekturpreisen** schmücken. Die über 200 Appartements sind zwischen 55 und 200 Quadratmetern groß. Dennoch bleibt die Wohnkultur auf engstem Raum und mit besonderer Optik gewöhnungsbedürftig – genau wie der angrenzende **Gartenbereich:** Die Anwohner des Hafenviertels, ob nun Bewohner des Eisbergs oder der anderen Wohnquartiere, haben an Pier 4 die Möglichkeit, Kräuter, Gemüse oder Obst anzupflanzen. Das klingt erst einmal wunderbar, doch Freunde der Gartenkunst werden sich vermutlich die Augen reiben. Die Gärten bestehen aus kleinen Holzkisten mit rund einem Quadratmeter Fläche, die wiederum auf handelsüblichen Euro-Paletten stehen. Diese sind über den betonierten ehemaligen Pier verteilt, ganz so, als würde man sie in Kürze abtransportieren wollen.

> **Isbjerget (Wohnkomplex Eisberg),** Jette Tikjøbs Plads, 8000 Aarhus Ø

⑰ Lighthouse Project ★ [G2]

Beim Lighthouse Project, zu Deutsch „Leuchtturm-Projekt", handelt es sich um einen weiteren Wohnkomplex, der sich an der nordöstlichen Promenade des neuen Hafenviertels zwischen Eisberg ⑯ und Jachthafen ⑲ erhebt.

Auch hier bietet ein Großteil der nicht gerade günstigen Wohnungen einen traumhaften Blick auf die Aarhus-Bucht. Fertiggestellt wurde der Komplex im Jahr 2014, allerdings nicht so, wie es die ursprünglichen Planungen vorsahen: Eigentlich sollte

◁ *Der „Eisberg" gilt als eines der neuen Wahrzeichen der Stadt*

auch ein 142 Meter hoher Turm mit weiteren Appartements, Büros, einem Hotel und einem Parkhaus entstehen – daher auch der Name Lighthouse. Doch während der Bauphase stellte man fest, dass der Untergrund an diesem Standort nicht ausreicht, um ein Gebäude dieser Höhe zu errichten. Es wäre das höchste Gebäude Dänemarks geworden und hätte sicherlich gute Chancen gehabt, zu einem neuen Wahrzeichen der Stadt zu werden. Doch auch ohne Turm ist das Gebäude markant. Insbesondere durch die leuchtend weißen Balkone, die teilweise durch filigrane Streben miteinander verwoben sind, wirkt das Lighthouse Project stellenweise wie ein Kreuzfahrtschiff, was angesichts der wenigen Meter zur Meeresbucht gut passt.

> **Lighthouse Project,** Helga Pedersens Gade, 8000 Aarhus Ø

⑱ Z-Huset (Z-Haus) ★ [G2]

Auch das Z-Huset, also das Z-Haus, ist ein **moderner Gebäudekomplex** zwischen Lighthouse Project ⑰ und Marina. Seinen Namen verdankt es dem Grundriss in Form des Buchstabens Z. Genau betrachtet handelt es sich beim Z-Huset um einen Komplex von drei Gebäuden, die in Richtung Ozean stufenförmig in die Höhe wachsen. Nach Nordosten fallen die Gebäude ab und bieten den Bewohnern der Appartements großzügige Terrassen. Wie schon der Eisberg ⑯ und das Lighthouse Project ⑰ erstrahlen auch diese Gebäude in einem hellen Weiß und lassen das Hafenviertel freundlich erscheinen. Es bietet 25.000 m² Wohn- und Gewerbefläche und besteht aus drei Einzelgebäuden mit bis zu zehn Etagen.

> **Z-Huset,** Dagmar Pedersens Gade, 8000 Aarhus Ø

022aa-mm

⑲ Lystbådehavn (Jachthafen) ★★ [F2]

Der Jachthafen von Aarhus wirbt damit, dass man mit seinem Schiff direkt bis in das Zentrum der Stadt segeln kann. Die Aussage ist dabei gar nicht mal so sehr übertrieben, denn nach dem Anlegen muss man nur noch dem **Kystvejen** [E4] folgen bzw. ihn überqueren, um die Altstadt zu erreichen. Deutlich moderner ist dagegen der Anblick vom Boot aus nach Osten, wo sich die noch jungen Gebäudekomplexe wie der **Eisberg** ⑯ oder das **Z-Haus** ⑱ erheben. Auch ohne eigenes Boot kann man in diesen Genuss kommen. Man folge dafür einfach nur dem Fiskeriekajen an der Westseite des Hafens und wandere an den vielen Anlegestellen mehrerer Segelklubs entlang.

❭ **Lystbådehavn**, Fiskerievej, 8000 Aarhus Ø

⑳ Aussichtsturm ★ [F2]

Gleich schräg gegenüber der Beachbar Strandbaren befindet sich am Ende eines der **Hafenbassins** ein **Aussichtsturm**, der zwar nur über eine relativ überschaubare Höhe verfügt, jedoch durch seine Architektur ebenfalls die Blicke auf sich zieht. In dem **15 Meter** hohen Turm scheint man entweder über dem **Bassin 7** oder über dem Festland zu schweben. Der Blick auf die Bucht ist vollkommen frei, während man in die anderen Richtungen durch kleine Bullaugen schaut. Zukünftig wird der Blick auf

⌂ *Der Lystbådehavn liegt sehr zentrumsnah*

ein modernes Schwimmbecken im Hafen gerichtet sein. Im Spätsommer 2016 gab man die Pläne für ein derartiges Projekt bekannt, das im Jahr 2018 abgeschlossen sein soll.

❯ **Aussichtsturm,** Bernhardt Jensens Boulevard, 8000 Aarhus Ø, rund um die Uhr geöffnet, kostenlos zugänglich

㉑ Navitas Park ★ [E4]

Der **Navitas Park** ist für die meisten Touristen vermutlich unbedeutend. Hierbei handelt es sich um das **Zentrum für Bildung, Forschung und Energietechnik,** das ebenfalls im neuen Hafenviertel erbaut wurde. Mit der Fertigstellung im Jahr 2014 war es eines der ersten Bauwerke, das dem Hafen ein neues Gesicht gab. So ist auch dieses beinahe sternförmig geschaffene Bauwerk ein architektonisch interessantes Haus, das zumindest einen näheren Blick von außen verdient hat. Es grenzt direkt an **Bassin 2,** wo man auf Holzbohlen ganz gemütlich sitzen und das Treiben im Hafenviertel genießen kann – gleich vor einer der Sternspitzen des Bauwerks, die von Säulen getragen wird. Ansonsten fällt das Gebäude durch viel Glas und Stahl auf, die ein Wechselspiel von Schwarz und Weiß bilden.

❯ **Navitas Park,** Inge Lehmanns Gade, 8000 Aarhus Ø

㉒ Toldkammeret (Zollhaus) ★ [E5]

Eines der wenigen historischen Gebäude im modernen Hafenviertel ist das Zollhaus (Toldkammeret) aus dem Jahr 1898. Es wurde von Hack Kampmann (s. S. 25) errichtet und diente den Finanzbehörden rund ein Jahrhundert lang als Arbeitsstätte.

Nachdem es Anfang des 21. Jahrhunderts umfangreich restauriert wurde, war es zunächst Teil der Architekturschule, wurde anschließend als Hostel genutzt und beherbergt nun eine Filiale der dänischen Steakhaus-Kette Jensen's Bøfhus.

Das aus rotem Backstein errichtete Gebäude war bereits das vierte **Zollhaus** der Stadt. Die drei Vorgängerbauten wurden jeweils nur wenige Jahre genutzt. Die Form des Grundstücks war durch die Eisenbahnlinie an der Westseite als dreieckige Fläche mit unterschiedlichen Längenmaßen vorgegeben und stellte Kampmann vor Herausforderungen, die er aber zu lösen vermochte. Daher war er auch nicht der Erste, der sich an einen Entwurf für das Zollhaus wagte. Vorherige Vorschläge anderer Architekten wurden aber schnell fallengelassen.

❯ **Toldkammeret (Zollhaus),** Hack Kampmanns Plads 1–3, 8000 Aarhus Ø

㉓ Dokk1 ★★ [E6]

Dokk1 ist mehr als nur ein Gebäude. Es ist Kulturzentrum, öffentliche Bibliothek, Touristinformation und sogar ein sehenswertes Parkhaus zugleich. Kurzum: Dokk1 ist eine Sehenswürdigkeit.

Das Bauwerk wurde im Jahr 2015 fertiggestellt und grenzt das neue Hafenviertel nach Süden hin ab. Entworfen wurde es vom Architekturbüro **schmidt hammer lassen,** das neben dem Büro in Aarhus noch weitere Büros in Kopenhagen, London, Singapur und Shanghai hat. Es zeichnet für zahlreiche weitere Gebäude in der Welt verantwortlich, die allesamt sehenswert sind. Dazu gehören zum Beispiel die öffentliche Bücherei im kanadischen Halifax, das Kulturzentrum im grönländischen Nuuk, die ungewöhnliche Northern-Lights-Kathedrale im norwegischen Alta und das ebenfalls im Jahr 2015 fertiggestellte neue Bürogebäude des Internationalen Strafgerichtshofs in Den Haag. In Aarhus hat das Architekturbüro schon zuvor mit dem **ARoS-Kunstmuseum** ❽ seine Handschrift hinterlassen.

Der Name des Kulturzentrums wurde durch eine öffentliche Abstimmung bestimmt und erinnert an die Hafendocks.

Den größten Teil des Gebäudes nimmt das unterirdische Parkhaus ein, was zunächst einmal wenig attraktiv klingt. Doch selbst dieses ist eine Sehenswürdigkeit, denn immerhin ist es das **größte vollautomatische Parkhaus Europas.** Man fährt seinen Pkw einfach in eine große garagenähnliche Box, steigt aus und alles andere erledigt das Computersystem. Die Box wird automatisch geschlossen und entpuppt sich als eine Art Aufzug, der den Wagen unterirdisch in einen nicht zugänglichen Bereich befördert. Nach dem Bezahlvorgang erhält man sein Auto in weniger als zwei Minuten unversehrt zu-

rück. Wer über eine Dashcam verfügt, kann sich ja mal den Spaß erlauben und sie laufen lassen, wenn man das Auto verlässt, um zu sehen, welche Wege die Transportbox gemacht hat.

Ähnlich verhält es sich mit dem **automatischen Rückgabesystem der Bibliothek** oberhalb des Parkhauses. Solche Rückgabesysteme, bei denen das entsprechende Buch mittels Strichcode erkannt und auf Laufbändern sortiert wird, sind auch in Deutschland mittlerweile weit verbreitet. Doch hier in Aarhus hat man es sich zur Aufgabe gemacht, den Automatismus transparent zu gestalten. Hinter einer Rückgabestation kann man den Weg des Buchs teilweise mit eigenen Augen und mithilfe eines liebevoll gestalteten Films live verfolgen.

Beim Bau von Dokk1 achtete man sehr auf **Nachhaltigkeit** und einen geringen **Energieverbrauch.** Knapp zweieinhalbtausend Quadratmeter des Daches sind mit Solaranlagen versehen, beleuchtet wird mit LEDs, gekühlt wird mit Wasser aus dem Hafen. Außerdem standen auch die Barrierefreiheit und die Kunst bei der Gestaltung im Vordergrund: Fahrstühle,

023aa-nm

Piktogramme und mäßige Steigungen zählen zu den Einrichtungen genauso wie das aufgehängte Glockenrohr in der Bibliothek. Die Glocke ist mit dem Universitätskrankenhaus verbunden, wo frisch gebackene Eltern gleich nach der Geburt einen Knopf drücken können, um die Glocke ertönen zu lassen.

Kunstvoll wurden auch die **Spielplätze** im Außenbereich rund um Dokk1 angelegt. Auf dem das Gebäude umgebenden Weg sind auf allen vier Seiten thematisch andere Spieleinrichtungen aufgestellt worden.

Auf der Ostseite wird man von einem **asiatischen Drachen** und einem **Bären,** der Russland symbolisiert, begrüßt. **Ägyptische Hieroglyphen** und ein **Affe** stehen auf der Südseite für den afrikanischen Kontinent, während ein **Adler** sowie ein **Vulkan** auf der Westseite für Amerika und Island stehen. Die weißen, wackeligen und begehbaren Holzplattformen auf der Nordseite stehen für **Eisschollen** in der Arktis und bilden damit einen **Gegenpol zum Wohnkomplex Isbjerget ⓰**. Der Rundweg wird als *Kloden* (dt. Globus) bezeichnet.

Das Dokk1 ist nicht nur eine moderne Stadtbibliothek, sondern hat sich in kurzer Zeit zu einem beliebten **Treffpunkt für die gesamte Familie** etabliert. Bei schlechtem Wetter sieht man, wie im Gebäude gepicknickt wird oder wie die Kinder die modernen und klassischen Spielmöglichkeiten ausnutzen.

Davon abgesehen, dass Dokk1 die **größte öffentliche Bibliothek in ganz Skandinavien** ist, bietet es auch noch **mehrere Veranstaltungssäle** für Vorträge, Diskussionen, kleinere Konzerte und Theateraufführungen.

❯ **Dokk1,** Hack Kampmanns Plads 2, 8000 Aarhus

Entdeckungen außerhalb des Zentrums

Weitere Stadtteile tragen die Namen Aarhus N, Aarhus V, Viby J, Højbjerg und Braband. Sie liegen alle außerhalb der Ringstraße O1 und gelten teilweise als Vororte von Aarhus. Innerhalb dieser Gebiete existieren wiederum interessante Viertel wie Marselisborg und das Hafenviertel. Besonders Marselisborg ist ein bedeutendes Ausflugsziel. Hier befinden sich einer der Jachthäfen der Stadt (s. S. 98) und, nicht zu vergessen, das gleichnamige Schloss Marselisborg ㉕. Nicht weit davon entfernt gelangt man sowohl zur Sternwarte ㉖ als auch zum Freizeitpark Tivoli Friheden ㉗. Im Norden befindet sich das Ovartaci-Museum ㉚ in ungewöhnlicher Umgebung, während südlich von Aarhus das Moesgaard-Museum ㉔ absolut sehenswert ist.

㉔ Moesgaard Museum ★★★ [S. 138]

Das Museum Moesgaard bietet nicht nur einen Einblick in die Geschichte, sondern kann selbst auf eine interessante Vergangenheit zurückblicken: Alles beginnt mit dem Jahr 1861, als die Historisch-Antiquarische Gesellschaft in Aarhus gegründet wurde und eine kleine Sammlung im alten Rathaus neben der Kathedrale ❶ zeigte, in dem heute das Frauenmuseum ❷ untergebracht ist. Später wechselte diese ihren Standort und war im Mølleparken (s. S. 82) untergebracht.

◁ *Dokk1 hält nicht nur zahlreiche Bücher bereit, sondern auch eine kunstvolle Innenausstattung*

Seinen heutigen Namen erhielt das Museum im Jahr 1970, als es aus der Stadt abwanderte und südlich von Aarhus im Gut Moesgaard eine neue Bleibe fand.

Das Museum gilt als **Freilichtmuseum**, das Kernstück bildet aber ein futuristisch anmutendes Hauptgebäude, das 2014 nördlich des alten Museumsgebäudes eingeweiht wurde. Es wurde in einen sanften Hang gebaut und zwar so, dass es sich auf der Nordseite aus dem Hang zu erheben scheint. Das **Dach** des Gebäudes fällt nach Süden hin ab und ist für die meisten Besucher der erste Anziehungspunkt, denn es ist beinahe komplett mit Gras bewachsen und kann bis zu seinem obersten Punkt betreten werden. Bei Schneefall im Winter wird es von Groß und Klein gerne zum Rodeln genutzt. Von oben hat man einen schönen Rundblick über die umliegenden Wälder bis in die Aarhus-Bucht. Verantwortlich für den Bau war das Kopenhagener Architekturbüro Henning Larsen, das auch die Königliche Oper in der dänischen Hauptstadt und das Hauptgebäude des Hamburger Nachrichtenmagazins DER SPIEGEL entwarf.

Das Innere des **Momu,** wie es sich selbst auch nennt, betritt man in Ebene 1. Diese beherbergt neben der Kasse und dem **Museumsshop** ein **Café** (s. S. 72) und die Räumlichkeiten für die regelmäßig wechselnden **Sonderausstellungen.** 2016 bestand sie aus einer Sammlung mit über 200 Exponaten zum Thema Gladiatoren. Im Kulturhauptstadtjahr 2017 wird die temporäre Ausstellung auch nach außen getragen. Unter dem Titel „**Røde Orm**" handelt es sich um eine Performance, die sich überwiegend auf dem Grasdach abspielt. Sie erzählt die Geschichte eines Helden aus der Wikingerzeit, der als Kind gefangengenommen und auf einem Wikingerschiff versklavt wurde. Es handelt sich dabei um die szenische Realisierung eines Romans des schwedischen Schriftstellers Frans G. Bengtsson, der die Geschichte in den 1940er-Jahren niederschrieb. Das Stück wird in Kooperation mit dem Königlich Dänischen Theater aufgeführt und ist nur eine von vier Moesgaard-Großveranstaltungen im Rahmen des Kulturhauptstadtjahres.

Von Ebene 1 geht man hinab in Ebene 0, in der man die **prähistorische Entwicklung der Menschheit** er-

025aa-mm

leben kann. Dargestellt wird diese mit hochmodernen Mitteln – multimedial und teilweise interaktiv. Ähnlich verhält es sich mit der **Ethnografischen Abteilung** in Ebene 2. Behandelt wird hier das Thema Tod, beispielsweise mit Informationen zum Thema Wiedergeburt in Uganda.

Außerhalb des Museumsgebäudes laden mehrere **Spazierwege** zu Rundgängen durch die Wälder ein und führen teilweise an rekonstruierten Häusern vorbei. Das erste von ihnen befindet sich gleich an der Südostecke des Grasdaches und besteht aus einer historischen **Stabkirche** mit einem **frei stehenden Glockenturm**. Weitere Bauwerke stammen aus der Wikingerzeit, nur eines fällt vollkommen aus dem Rahmen: Es ist einhundert Jahre alt und wurde dem Museum von der thailändischen Regierung geschenkt. Ursprünglich stand es 200 Kilometer nördlich von Bangkok. Das auf Pfählen thronende und für hiesige Verhältnisse ungewöhnliche **Thai-Haus** befindet sich gleich neben dem alten Gutshof, in das mittlerweile ein Teil der Aarhuser Universität eingezogen ist. Vom Thai-Haus aus gelangt man über kurze Wege durch den Wald zum idyllisch gelegenen **Restaurant Skovmøllen** (s. S. 70) und weiter zum breiten **Strand** mit seinem feinen Sand. Dieser wird durch die Mündung des kleinen Flusses Giber Å zweigeteilt, der zuvor das Restaurant passiert. Die zwischen Wald und Küste gelegene Wiese wird von teilweise knorrigen Bäumen umrahmt und ist Treffpunkt für die modernen Wikinger, die sich

hier alljährlich Ende Juli einfinden. Etwas romantisiert lebt man in einem Zeltdorf, zieht sich wie einst die nordischen Krieger an und tauscht sich mit anderen Gleichgesinnten aus. Begonnen hat der **Wikingertreff**, der vom Moesgaard Museum organisiert wird, im Jahr 1977, als sich einige Hundert Wikingerfreunde trafen. Heute liegt die Teilnehmerzahl im vierstelligen Bereich und wird nur noch von der Anzahl der normal gekleideten Tagesbesucher übertroffen. Höhepunkt des Wikinger-Wochenendes sind die **Kämpfe auf dem Schlachtfeld**, die inoffiziell als Wikinger-Weltmeisterschaft bezeichnet werden und aus der nur ein einziger Teilnehmer als siegreicher Held hervorgehen kann.

❭ **Moesgaard Museum,** Moesgård Allé 15, 8270 Højberg, Tel. 87394000, www. moesgaardmuseum.dk, geöffnet: Di und Do–So 10–17 Uhr, Mi 10–21 Uhr, Mo geschlossen, Eintritt: Erw. 130 DKK, Studenten 110 DKK, Kinder bis 17 Jahre frei. Das Wikingertreffen findet immer am letzten Juliwochenende statt und kostet 75 DKK Eintritt für Personen über 16 Jahren. Kinder haben freien Zutritt.

㉕ Marselisborg Slot (Schloss Marselisborg) ★★ [ch]

Schloss Marselisborg verdankt seinen Namen einem Hamburger. Gabriel Marselis wurde im Jahr 1609 in der Hansestadt geboren und siedelte in jungen Jahren in die Niederlande über, wo er die Handelsgeschäfte seines gleichnamigen Vaters übernahm.

Der Sohn unterhielt beste Beziehungen zu zahlreichen Königshäusern in Europa, unter anderem hatte der damalige König Frederik III. Schulden bei ihm. Um diese Schulden zu begleichen, übertrug der König das Grundstück **Havreballegård**

◁ *Rund um das Moesgaard Museum ㉔ kann man lange Spaziergänge unternehmen*

Die dänische Königsfamilie

Zwar ist Aarhus nicht Kopenhagen, aber Schloss Marselisborg ⑳ dient als Sommerresidenz der dänischen Königsfamilie. Da kann es nicht schaden, ein paar Basisdaten für eine zufällige Begegnung mit der Familie zu kennen: Derzeitige Königin ist Margarethe II., die mit Henri de Laborde de Monpezat vermählt ist. Dieser gilt daher als Prinzgemahl Henrik. Ältester Sprössling und damit Thronfolger ist Kronprinz Frederik. Dessen Frau ist die in Australien geborene und von Schotten abstammende Prinzessin Mary. Beide Staatsbürgerschaften gab sie auf und nahm die dänische an. Aus der Ehe des Kronprinzenpaares gingen bisher vier Kinder hervor. Das älteste ist der 2005 geborene Prinz Christian. Die drei anderen Kinder von Königin Margarethe II. stehen in der Thronfolge weiter hinten. Der Großvater der derzeitigen Königin war mütterlicherseits der schwedische König Gustav VI. Adolf, der das Land bis 1973 regierte. Zahlreiche Vorfahren des dänischen Königshauses kamen aus deutschen Städten. Im Stammbaum lesen sich Namen wie Prinzessin Luise von Hessen-Kassel, Prinzessin Auguste Reuß zu Schleiz-Köstritz (geboren in Klipphausen), Prinzessin Cäcilie von Baden (Karlsruhe), Friedrich Franz II. (Ludwigslust), Prinzessin Sophia von Nassau (Schloss Biebrich in Wiesbaden), Prinzessin Luise von Preußen (Berlin), Friedrich I. von Baden (Karlsruhe) und Prinz Albert von Sachsen-Coburg und Gotha (Coburg).

südlich von Aarhus an Marselis. Einer der Söhne von Marselis, Constantin, schuf daraus eine Ritterschaft, die nach ihm benannt wurde – Marselisborg. Ende des 19. Jahrhunderts gelangte das Areal in den Besitz der Stadt Aarhus. Dies geschah zu einer Zeit, in der das Volk Geschenke an das Königspaar machte. Inwieweit das Volk hierbei mitbestimmen konnte, ist unklar. Fest steht jedoch, dass der Architekt **Hack Kampmann** (s. S. 25) beauftragt wurde, ein Schloss zu entwerfen, das im Jahr 1902 fertiggestellt wurde. Es wurde dem späteren König Christian X. und seiner Braut, Alexandrine zu Mecklenburg, als **Hochzeitsgeschenk** überreicht. Sie beschlossen, dass das Bauwerk als **Sommerresidenz des dänischen Königspaares** genutzt werden sollte. Das Schloss selbst kann zwar nicht besichtigt werden, doch der Schlosspark steht der Öffentlichkeit zur Verfügung, wenn das Königspaar nicht anwesend ist. Ansonsten muss man mit dem Beobachten des Wachwechsels um Punkt 12 Uhr vorlieb nehmen. Der weitläufige **Park** ist von zahlreichen Skulpturen namhafter Künstler, Wasserbecken und kleinen Büschen durchzogen und verfügt über einen Kräuter- und einen Rosengarten.

> Schloss Marselisborg, Kongevejen 100, 8000 Aarhus, www.kongehuset. dk, Bus 19 bzw. 20 bis zur Haltestelle Mindeparken

▷ *Das Marselisborg Monument befindet sich im Zentrum des Mindeparks*

EXTRATIPP

Mindeparken

Wenn es nicht möglich ist, das Schloss Marselisborg zu besichtigen, sollte man in den angrenzenden Mindepark gehen. Dort hat man auch einen schönen Blick auf das Schloss. Der Park erstreckt sich auf einer Breite von über 600 Metern vom Schloss bis fast zur Küste, wo die Grünanlage nur noch durch eine Straße vom Meer abge-trennt ist. Im Frühsommer ist der Minde-park ein wahrer Augenschmaus, wenn die zahlreichen Kirschbäume in voller Blüte stehen. Interessant ist auch das kreisrunde Marselisborg Monument im Zentrum der Parkanlage. Es kann betreten werden und erinnert an die dänischen Opfer während der beiden Weltkriege.

●8 [B5] **Mindeparken**

026aa-mm

26 Ole Rømer Observatoriet (Ole-Rømer-Sternwarte) ★ [ch]

Im Jahr 1911 wurden Deutsche in Dänemark noch argwöhnisch beobachtet. Der Deutsch-Dänische Krieg lag zwar schon einige Jahrzehnte zurück, doch er endete für Dänemark mit dem Verlust des heutigen Schleswig. Dann kam ein Deutscher namens Friedrich Krüger aus Thüringen daher und machte dem Rat der Stadt Aarhus einen Vorschlag, der an drei Bedingungen geknüpft war.

Er würde von Altenburg nach Aarhus umsiedeln, wenn die Stadt ein Observatorium bauen würde und dieses für die Bildung eingesetzt würde. Im Gegenzug würde Krüger sämtli-che seiner Instrumente an die Stadt spenden. Krüger war nämlich **Astronom** und konnte in den Jahren zuvor bereits in Altenburg durchsetzen, dass ein Observatorium gebaut wurde. Nachdem jedoch die thüringische Stadt ihre finanzielle Unterstützung kürzte, sah er sich nach einer anderen Wirkungsstätte um und erhielt die Zusage der dänischen Ostseestadt.

Nach Ausbruch des Ersten Weltkriegs sah sich Krüger dem Vorwurf ausgesetzt, er würde mit dem Observatorium Schiffe auf der Ostsee ausspionieren und Radiosignale abfangen, was jedoch nicht der Wahrheit entsprach. Das Ende des Krieges erlebte er nicht mehr, er starb 1916. Als Direktor des Observato-

KURZ & KNAPP

Ole Rømer

Benannt wurde die Sternwarte **26** nach Ole Rømer, der 1644 in Aarhus das Licht der Welt erblickte. Dieses schien ihm nicht auszureichen, weswegen er das Studium der Astronomie aufnahm. Sein größter Erfolg war der Nachweis, dass die Lichtgeschwindigkeit nicht unendlich groß ist. Darüber hinaus entwickelte er mehrere astronomische Messinstrumente und wertete den Merkur-Transit vor der Sonne am 5. Mai 1707 aus, als er bereits zwei Jahre das Amt des Bürgermeisters von Kopenhagen innehatte. Nach ihm sind nicht nur das Aarhuser Observatorium, sondern auch ein Mondkrater sowie ein Asteroid benannt. Ole Rømer starb am 19.9.1710 im Alter von 65 Jahren in Kopenhagen.

riums folgte ihm Ruben Andersen, der diesen Posten bis zu seinem Tod im Jahr 1955 innehatte. Wenig später ging die Sternwarte in den Besitz der Aarhuser Universität über. Heute steht das Observatorium unter **Denkmalschutz** und öffnet an rund 15 wetterabhängigen Nächten pro Monat zwischen Oktober und April seine Pforten für Besucher. Neben einer **Führung** durch die kleinen Gebäude gibt es eine Erklärung zu den Teleskopen, astronomische Erläuterungen und natürlich auch einen **Blick auf den Abendhimmel,** vorausgesetzt, dieser ist nicht durch Wolken verhüllt.

❯ **Ole-Rømer-Sternwarte,** Observatorievej 1, 8000 Aarhus, Tel. 87155415, www. sciencemuseerne.dk/ole-roemer-observatoriet, kostenfreier Eintritt, jedoch ist im Vorfeld eine Buchung über das Wissenschaftsmuseum erforderlich (Tel. +45 87155415 Di–Fr 9–16, Sa/So 11–16 Uhr)

27 Tivoli Friheden ★★ [cg]

Friheden bedeutet die Freiheit. Im ausgehenden 19. Jahrhundert bezeichnete man so den Wald südlich von Aarhus. Er diente nämlich der Freiheit, sich zu erholen. Aus dieser Möglichkeit zur Erholung entstand im Laufe der Zeit der heutige Freizeitpark Tivoli Friheden.

Dieser ist nicht am Reißbrett entstanden und an einem Ort gebaut worden, den man lange hierfür gesucht hat. Vielmehr hat der **Tivoli Friheden** eine Vorgeschichte. Der einstige **Förster** des Waldes bewirtete zu Beginn des letzten Jahrhunderts die Erholungssuchenden aus der Stadt, wenn sie an den Sonntagen den Wald aufsuchten. Er reichte ihnen Wasser, Kaffee und Kuchen. Der Stadtrat wurde darauf aufmerksam und gab dem **Gastronom Hans Rising** die Möglichkeit, einen Pavillon mit Außenterrasse zu bauen, um die Bewirtung auf kommerzielle Weise durchzuführen. Der Ort wurde zu einem beliebten Treffpunkt für das Volk und neben gelegentlichen Feuerwerken fanden auch Konzerte statt. Zwischen den beiden Weltkriegen kamen einfache Fahrgeschäfte wie Karusselle, Schießstände und Schaukeln hinzu. Gleichzeitig wurden erste Rufe nach einem Freizeitpark laut. Man blickte u. a. nach Odense, wo zwischen dem Zoo und einer Grünanlage eine parkähnliche Verbindung geschaffen wurde. Der Vorschlag, zwischen Friheden und dem damaligen Aarhuser Zoo einen unterirdischen Durchgang zu bauen, wurde jedoch nie verwirklicht.

Nach dem Ende des Zweiten Weltkriegs folgten eine **Minigolfanlage,** ein **Großschachfeld** und die Möglichkeit, den See auf dem Gelände auf kleinen **Booten** zu befahren. Über ein halbes Jahrhundert verging, seit der Förster das erste Glas Wasser reichte, bis man schließlich beschloss, aus dem beliebten Ort einen **Vergnügungspark** zu machen. Im Mai **1958** wurde dieser feierlich mit einem Feuerwerk eingeweiht. Nachdem er einen Konkurs in den 1980er-Jahren hinter sich gebracht hatte, blickt er nun im 21. Jahrhundert auf schwarze Zahlen, die durch die jährlich rund 400.000 Besucher zustande kommen.

Heute bietet der Park **rund 40 Attraktionen**, dabei konnte Tivoli Friheden bis heute seinen gemütlichen Charakter bewahren.

Betritt man den Park durch den farbenfrohen Eingang, passiert man hinter dem ersten Souvenirstand zunächst eine kleine Minigolfanlage, hinter der sich das **Riesenrad** erhebt. Auf der linken Seite warten mehrere Picknickplätze auf ihre Eroberung und erinnern damit an die frühen Jahre des Waldes Friheden. Unweit davon entfernt, geht es jedoch mit der ersten von mehreren **Achterbahnen** deutlich wilder zu. **Gewinnspielautomaten** mit Greifarmen, **Schießbuden** und **Autoscooter** unterstreichen das Angebot und vermitteln den Eindruck, auf einem Volksfest zu sein. An namhafte Freizeitparks reicht Tivoli Friheden aufgrund seiner überschaubaren Größe zwar nicht heran, doch diesen Anspruch erhebt der Park auch gar nicht. So hat er, abgesehen von den Ferienzeiten, unter der Woche geschlossen und knüpft an die Tradition des letzten Jahrhunderts an, ein Ausflugsziel an Wochenenden zu sein.

❭ **Tivoli Friheden,** Skovbrynet 5, 8000 Aarhus, Tel. 86147300, www.friheden.dk. Unterschiedliche Öffnungszeiten zwischen April und Dezember. In der Nebensaison ist der Park nur an Wochenenden geöffnet, wobei die Uhrzeiten je nach Tag variieren. Im Juli öffnet er frühestens um 10 Uhr, an anderen Tagen teilweise erst um 11.30 Uhr oder gar erst um 13 Uhr. Grundsätzlich gilt, dass alle Fahrgeschäfte erst eine halbe Stunde nach Parköffnung in Betrieb genommen werden. So unterschiedlich die Öffnungszeiten sind, so vielfältig sind auch die Eintrittspreise des Parks. Sie richten sich nach der Größe der Personen (bis 90 cm, zwischen 90 und 140 cm und größer als 140 cm) und sind abhängig von dem, was man unternehmen möchte. Als Richtlinie gilt: Der höchste Preis liegt bei 350 DKK und gilt als All-inklusiv-Paket für Erwachsene. Darin enthalten sind der Eintritt, ein Armband, ein kleines Buffet mit Getränk und ein Wertcoupon für ein Eis oder Popcorn. Die Attraktionen Bille By køreskole und der Sky Tower müssen dennoch zusätzlich bezahlt werden.

❭ *Zahlreiche Attraktionen erwarten die Besucher von Tivoli Friheden*

❷❽ Brabrand Sø (Brabrand-See) ★★ [ag]

Den Westen der Stadt Aarhus kann man ganz bequem mit dem Fahrrad erreichen und gelangt so ganz nebenbei zu einem beliebten Naherholungsziel. Der **Brabrand Sø** ist ein See, der sich auf einer Länge von rund drei Kilometern erstreckt. An seinem Westufer wird er vom **Aarhus Å** mit Wasser gespeist, der den See am östlichen Ufer dann auch wieder verlässt. Entlang des Flusses und des Nordufers liegt ein breiter Radweg, auf dem man gemütlich bis ins Zentrum von Aarhus radeln kann. Ebenfalls am Nordufer befindet sich das **Ruderheim**, denn sowohl der See als auch der Fluss sind bei Kanuten beliebt, genau wie der nahe gelegene **Årslev Engsø**, der sich weiter westlich befindet und über den Aarhus Å mit dem Brabrand-See verbunden ist. Beide Seen sind nicht sehr tief, im Schnitt nur 50 bzw. 110 cm. Am tiefsten Punkt ist der Brabrand-See 2,7 Meter tief. Die Gewässer sind überdies wichtige **Habitate für zahlreiche Tiere**, die in Dänemark eher selten anzutreffen oder sogar vom Aussterben bedroht sind. Dazu zählen zum Beispiel die **Nachtigall** oder einige **Libellenarten**. Der Weg rund um den Årslev Engsø ist zum Teil geschottert, sodass man hier mit einem gröberen Profil unterwegs sein sollte. An der Südseite passiert man das **Herrenhaus Constantinsborg**, das jedoch in Privatbesitz ist und nur einen flüchtigen Blick von außen zulässt. Benannt ist es nach Constantin Marselis, einem Sohn des niederländischen Kaufmanns Gabriel Marselis (s. S. 47). Nach ihm ist auch die Sommerresidenz der dänischen Könige Marselisborg ❷❺ benannt.

KURZ & KNAPP

Brabrandstien

Der Brabrandstien ist ein 19 Kilometer langer Rad- und Wanderweg. Er beginnt am Volkshaus (Folkestedet) in der Carl Blochs Gade [A6–B5] und führt am Fluss Aarhus Å entlang bis zu den beiden Seen. Als komplett asphaltierter Weg ist er nicht nur bei Radlern, sondern auch bei Inline-Skatern beliebt. Am Ruderhaus erinnert ein Findling mit einer Inschrift an den einstigen Bürgermeister Svend Unmack Larsen, der das Anlegen des Wegs in den 1950er-Jahren initiierte. Heute markiert der Weg gleichzeitig den ersten Abschnitt des Fernwanderwegs zwischen Silkeborg und Aarhus.

❷❾ Årslev-dyssen (Dolmen von Årslev) ★ [ag]

Folgt man am **Freilichtmuseum Den Gamle By** ❶❶ dem Silkeborgvej nach Westen, erreicht man westlich der Ringstraße O2 den Stadtteil Brabrand. Kurz hinter einer Selbstbedienungstankstelle auf der rechten Seite folgt eine unscheinbare Treppe, die hinauf zum **Årslev-dyssen** führt. Hierbei handelt es sich um einen **Dolmen**, der als Megalithanlage vermutlich vor rund 5500 Jahren erbaut wurde. Er besteht aus mehreren Randsteinen, auf die ein halbrunder Deckstein gesetzt wurde. Im Zuge der Stadtentwicklung sind in den letzten Jahrhunderten viele solcher Dolmen in der Region unwiderruflich zerstört worden, so zum Beispiel auch ein Dolmen 700 Meter weiter östlich. Lediglich der Name der dortigen Firma Dyssehøj erinnert noch an die einstige Grabstätte, denn *dyssen* steht im Dänischen für Dolmen. Daher ist der

Dolmen von Årslev trotz seiner geringen Größe ein bedeutendes Relikt vergangener Tage.

> **Årslev-dyssen (Dolmen von Årslev),** Silkeborgvej 704, 8220 Brabrand

③⓪ Museum Ovartaci ★ [de]

Ein eher ungewöhnliches Ziel für einen Museumsbesuch ist das Museum Ovartaci. Es befindet sich im Norden von Aarhus im Stadtteil Risskov und ist Teil der dortigen psychiatrischen Klinik.

Benannt ist es nach **Ovartaci.** Dies war der Künstlername des Malers und Bildhauers **Louis Marcussen.** Dieser weilte zeitlebens in der Klinik und schuf zahlreiche Werke, die heute in dem Museum ausgestellt sind. Doch nicht nur seine, sondern auch viele andere Ausstellungsstücke stammen von Bewohnern der Klinik und geben einen Einblick in deren Gedankenwelt. Das Museum sieht es nicht nur als seine Aufgabe an, diese Werke auszustellen, sondern auch Tabus aufzubrechen und Vorurteile zwischen „denen da draußen und denen da drinnen" beiseite zu räumen. Darüber hinaus befasst sich ein Bereich des Museums mit der **Geschichte der Psychiatrie** und im Besonderen mit der Geschichte dieses Hauses.

Aus der Zeit der Einweihung im Jahr 1852 sind heute noch Mobiliar, medizinische Instrumente und Alltagsgegenstände zu sehen. Damit will man zur Entmystifizierung bei psychischen Erkrankungen beitragen. Auch eine Büchersammlung ist vorhanden, sie befindet sich in einer kleinen Bibliothek, die Bücher dienten damals als einzige Freizeitbeschäftigung für die Bewohner. Durch die Bücher wollte man zur Erholung der Bewohner beitragen, denn eine andere effektive Behandlungsmethode gab es Mitte des 19. Jahrhunderts noch nicht.

Heute sieht das ganz anders aus und es werden sogar kreative **Workshops** angeboten. Auf Wunsch der Besucher des Museums können einfache Dinge wie Taschen, Geldbörsen oder Schmuck aus verschiedenen Materialien angefertigt werden.

> **Kunstmuseum og Psykiatrisk Historisk Museum (Kunstmuseum und Psychiatrisch-Historisches Museum),** Skovagervej 2, 8240 Risskov, Tel. 78470400, www.ovartaci.dk, geöffnet: Mo–Fr 10–16, Sa/So 12–16 Uhr, Eintritt: Erw. 40 DKK, Senioren und Studenten 30 DKK, Kinder unter 15 Jahren frei

▽ *Das Ovartaci-Museum ist Teil einer psychiatrischen Klinik*

028aa-nm

Ausflugsziele außerhalb der Stadt

Aarhus befindet sich in der Region Midtjylland und verfügt über eine gute Verkehrsanbindung. Daher lohnt es sich, auch einmal einen Blick über den Rand der Stadt hinaus zu werfen. Außerhalb von Aarhus warten weitere Sehenswürdigkeiten, die über die angenehm zu befahrenden dänischen Landstraßen schnell erreicht werden können.

31 Nationalpark Mols Bjerge ★★ [S. 138]

Nordöstlich von Aarhus ragt die Halbinsel Mols in die Aarhus-Bucht hinein. Sie ist wiederum Teil der Halbinsel Djursland und beherbergt den Nationalpark Mols Bjerge. Selbstverständlich darf man auf dänischem Staatsgebiet keine allzu großen Berge erwarten, vielmehr handelt es sich um eine Hügellandschaft, die durch die Rückbildung der Gletscher in der letzten Eiszeit entstanden ist.

Den höchsten Punkt bildet der **Agri Bavnehøj**, der es immerhin auf eine Höhe von 137 Metern bringt. Damit ist er bei Spaziergängern und Wanderern ein beliebtes Ziel, denn neben dem Steinsockel, der den Gipfel markiert, kann man einen wunderbaren Rundblick genießen. Der Blick schweift dabei über den Nationalpark und die Bucht und kann bei schönem Wetter bis hinüber zu den Häusern von Aarhus reichen.

Außerdem bieten sich zahlreiche Wandermöglichkeiten und Wege an, um die Landschaft rund um die **Mols Bjerge** kennenzulernen. Dabei kann hier mehr als die Hälfte der dänischen Flora angetroffen werden.

Die Landschaft wurde übrigens erst im Jahr 2009 als **Nationalpark** unter Schutz gestellt. Damit ist Mols Bjerge der zweite von drei dänischen Nationalparks. Neben der Flora und Fauna bietet er zudem viele weitere, auch von Menschenhand geschaffene Sehenswürdigkeiten. Dazu zählt zum Beispiel die **Ruine der Burg Kalø** auf der gleichnamigen kleinen **Halbinsel**, die nur über einen schmalen Damm mit dem Festland verbunden ist und daher von dort auch nur zu Fuß erreicht werden kann. Weitere Ausflugsziele im und um den Nationalpark sind die Steilküsten und die kleine Hafenstadt **Ebeltoft**, die mit einem alten Fachwerkrathaus und einem idyllischen Ortskern punktet.

★9 **Ruine der Burg Kalø**

●10 **Besucherzentrum Karlsladen**, Grenaavej 12, 8410 Rønde, Tel. 72170714, www.nationalparkmolsbjerge.dk, tägl. 9–21 Uhr, Eintritt frei. Das Besucherzentrum ist in einem alten Gutshof aus dem frühen 18. Jahrhundert untergebracht und zeigt eine Ausstellung über die Natur und Kultur der Region. Den Schwerpunkt der Ausstellung bildet jedoch die nahegelegene Burg Kalø.

●11 **Besucherzentrum Øvre Strandkær & Mols-Labor**, Strandkærvej, 8400 Ebeltoft, tägl. 9–21 Uhr. In diesem Besucherzentrum stehen die Pflanzen und Tiere im Vordergrund, von denen eine Vielzahl in der näheren Umgebung zu sehen sind.

●12 **Naturcenter Syddjurs**, Mols Bjergevej 8, 8400 Ebeltoft, Tel. 24265174, www.karpenhoej.dk, Mo–Do 9–15, Fr 9–13 Uhr Besucherzentrum, das gleichzeitig auch Freizeitaktivitäten und Naturerlebnisprogramme anbietet.

▷ *Stolz präsentiert sich das herrschaftliche Haus von Gammel Estrup*

32 Kattegatcentret (Kattegat-Zentrum) ★★ [S. 138]

In einer Zeit, in der die Umweltbelastungen für die Weltmeere unübersehbar geworden sind, ist es umso wichtiger, auf die Tierwelt der Meere aufmerksam zu machen.

Das Kattegatcentret auf der Djurland-Halbinsel ist nicht nur ein Zoo, in dem die Unterwasserwelt thematisiert wird, sondern führt auch verschiedene Zuchtprogramme durch.

In gläsernen Röhren wandert man durch eine **maritime Welt**, die dem benachbarten Meeresgebiet Kattegat nachempfunden ist. Doch es sind nicht nur die hier vorkommenden Tiere, die man beobachten kann, sondern insgesamt 250 Arten aus aller Welt, darunter auch **Haie**.

❯ **Djurs Kattegatcentret**, Færgevej 4, 8500 Grenaa, Tel. 86325200, www.kattegat centret.dk, geöffnet: tägl. 10–16 Uhr, in den Ferien bis 17 Uhr, Eintritt: Erw. 160 DKK, Kinder von 3 bis 11 Jahren 90 DKK

33 Gammel Estrup Slot (Schloss Gammel Estrup) ★★★   [S. 138]

Mit einem weitläufigen Areal lädt das Herrenhaus Gammel Estrup östlich von Randers zu einem ausgiebigen Besuch ein. Zwischen der Straße 16 und dem kleinen Flüsschen Alling Å befindet es sich am westlichen Ortsrand von Auning.

Die Anfänge des Hauses reichen bis in das 15. Jahrhundert zurück, doch der genaue Baubeginn des Schlosses ist unbekannt. Das damals einfache Ziegelsteinhaus wurde im 17. Jahrhundert im Stil der **Renaissance** erweitert und modernisiert. Die meiste Zeit war die Anla-

ge im Besitz der Adelsfamilie Skeel. In den 1920er-Jahren wurde es jedoch verkauft und zum Sitz der heutigen beiden Museen umgestaltet. Nach dem Betreten durch den Torbogen an der Kasse blickt man gleich über den weiten Platz auf das stattliche **Herrenhaus**, während zur Linken das **Dänische Landwirtschaftsmuseum** untergebracht ist. Auf einer kleinen Steinbrücke überquert man den **Wassergraben**, der Gammel Estrup umschließt, und erreicht so den Innenhof des Schlosses. In einer Dauerausstellung kann man in die Ver-

029aa-mm

gangenheit eintauchen und sich vom einstigen Leben auf **Schloss Gammel Estrup** überzeugen. Zahlreiche Gemäldeporträts, Porzellan und Möbel schmücken das Interieur, aber auch das Leben als Diener, Zofe und Küchenbedienstete wird in gut erhaltenen Ausstellungsräumen präsentiert. In den letzten Jahren wurden mehrere Räumlichkeiten weitgehend restauriert; sie zeigen sich nun im Stil des Barock bzw. des Rokoko.

Nördlich des Hauptgebäudes wird das Gelände um einen schmucken Garten ergänzt, der wiederum Zugang zu zwei **Orangeriegebäuden** ermöglicht. Immer wieder trifft man im Schloss und im Garten auf Personen, die in der Kleidung des 18. Jahrhunderts flanieren und so einen lebhaften Eindruck davon vermitteln, wie sich das Leben auf Gammel Estrup abgespielt haben mag.

In weiteren Nebengebäuden ist ein Museum ganz anderer Art untergebracht. Das **Dänische Landwirtschaftsmuseum** befasst sich mit allem, was man sich unter Landwirtschaft vorstellen kann. Die Bandbreite reicht von einfachen Werkzeugen über entsprechende Landwirtschaftsmaschinen bis zur Geschichte der Kultivierung von Ackerland. Dabei

darf auch eine Ausstellung zum Thema Schlachthaus nicht fehlen, denn auch das Fleisch von Schweinen und Rindern ist Teil der Landwirtschaft. Zum Museum gehört auch ein **Botanischer Garten** mit zahlreichen Gemüsepflanzen, Kräutern, Obststräuchern, Stauden und einer großen Sammlung von Apfelbäumen.

❯ **Gammel Estrup**, Randersvej 2, 8963 Auning, Tel. 86483001, www.gammel estrup.dk, Feb./März Di–So 10–15 Uhr, an Wochenenden 10–16 Uhr; Ende März bis Mitte Okt. tägl. 10–17 Uhr; Mitte Okt. bis Weihnachten Di–Fr 10–15 Uhr, an Wochenenden 10–16 Uhr; von Weihnachten bis Anfang Februar geschlossen, Erw. 100 DKK (Ende Juni-Anfang August, sonst 90 DKK), Kinder bis 18 Jahre frei

❯ **Landbrugsmuseum (Landwirtschaftsmuseum)**, Randersvej 4, 8963 Auning, Tel. 86483444, www.gl-estrup.dk. Die Öffnungszeiten und Preise sind identisch mit denen des Schlosses Gammel Estrup. Es wird ein sogenannter „Seasonpass" für 175 DKK angeboten, mit dem man Zugang zu beiden Museen erhält.

⌂ *Eine Reise in die Vergangenheit erlebt man vor der Orangerie von Gammel Estrup* ❸❸

34 Clausholm Slot (Schloss Clausholm) ★★ [S. 138]

Südöstlich von **Randers** befindet sich **Schloss Clausholm**, das Anfang des 14. Jahrhunderts zum ersten Mal namentlich erwähnt wurde. Es wird von einem **Wassergraben** und einem acht Hektar großen **Barockgarten** mit Springbrunnen und mehreren Alleen umgeben, die im 17. Jahrhundert angelegt wurden. Ursprünglich handelte es sich um eine vierflügelige Anlage, doch als es der dänische Premierminister und Großkanzler Graf Conrad von Reventlow im Jahr 1690 erwarb, befand sich das Bauwerk in einem so ruinösen Zustand, dass der neue Besitzer es lieber abreißen und als dreiflügeliges Schloss neu errichten ließ.

Heute ist der Innenhof nach Norden hin geöffnet.

☑ *Das schöne Schloss Clausholm ist von einem prächtigen Barockgarten umgeben*

Bekannt geworden ist das Schloss durch die Tochter des Grafen, die auf Schloss Clausholm zur Welt kam. Im zarten Alter von 18 Jahren lernte **Anna Sophie von Reventlow** auf einem Maskenball den dänischen König Friedrich IV. kennen. Dieser verliebte sich in sie und entführte sie, um sie zu ehelichen. Damit machte er sie zur bis heute einzigen dänischen Königin, die nicht aus einer fürstlichen Familie stammt.

Ab dem 18. Jahrhundert war Schloss Clausholm nur noch im Sommer bewohnt. Es mangelte an Wasser, Strom und Heizmöglichkeiten. Das änderte sich erst in den 1960er-Jahren, als die neuen Besitzer das Bauwerk komplett restaurierten. Für ihre Mühen wurden sie im Beisein von Königin Margarethe mit dem **Europa-Nostra-Preis** ausgezeichnet. Bei einem Besuch im Inneren des Schlosses kann man aber noch heute die barocke Atmosphäre des 18. Jahrhunderts genießen und von einem sorgsam restaurierten Zimmer in das nächste gelangen.

031aa-mm

032aa-mm

35 Møllehøj ⭐ [S. 138]

Vom Niveau auf Meereshöhe an der Küste von Aarhus bis zum höchsten Punkt des Landes sind es keine 40 Minuten mit dem Auto. Anschließend folgt ab dem Parkplatz noch eine fünfminütige „Bergbesteigung" zu Fuß, denn der Gipfel vom Møllehøj befindet sich neben dem Stall eines Bauernhofes und kann nur über einen kleinen Wanderweg erreicht werden.

Der **Møllehøj** ist satte 170,86 Meter hoch und Teil der **Ejer Bjerge**. Diese leicht hügelige Landschaft lässt sich schnell erreichen und bietet einen kleinen Rundwanderweg ab dem Parkplatz am **Ejer Bavnehøj**. Der Ejer Bavnehøj ist der dritthöchste natürliche Berg Dänemarks und noch 170,35 Meter hoch. Er ist jedoch deutlich markanter als der Møllehøj, denn auf diesem erinnert lediglich ein altes Mühlrad an eine ehemalige Mühle und markiert damit den höchsten Punkt, während der **Ejer Bavnehøj** mit einem **Imbissstand** und einem **Aussichtsturm** einlädt, der einen weiten Blick über die Landschaft ermöglicht. Gleichzeitig ist man nach Besteigung des Turms auf dem höchsten Punkt des Landes, nur eben von Menschenhand geschaffen, genau wie das Hügelgrab auf dem **Hügel Yding Skovhøj**. Der Yding Skovhøj weist damit eine Höhe von 172,54 Metern auf und galt bis zum Jahr 2004 als **höchster Berg Dänemarks**. Mittlerweile wird das Grab nicht mehr hinzugerechnet, womit dieser Berg als zweithöchster Punkt Dänemarks (170,77 m) gilt.

❯ **Clausholm Slot (Schloss Clausholm)**, Clausholmvej 308, 8370 Hadsten, Tel. 86491200, www.clausholm.dk. Das Schloss ist nur von Juli bis zu den ersten Augusttagen öffentlich zugänglich. Ausgenommen hiervon sind Samstage, da diese in der Regel für Hochzeiten in der Schlosskapelle freigehalten werden. Der Schlosspark ist von Mai bis September tägl. von 11 bis 17 Uhr zugänglich, Eintritt: Erw. 50 DKK (Schlosspark) und 95 DKK (Schloss und Park), Kinder bis 13 Jahre haben freien Eintritt. Bezahlt wird am Ticketautomaten auf dem Parkplatz mit Kreditkarte oder dänischen Kronen.

🔼 *Weite Grünanlagen prägen das Umfeld von Schloss Clausholm* 34❯

▷ *Sehr zutraulich: Kühe auf den Weiden rund um Møllehøj*

Wer innerhalb des dänischen Staatsgebiets noch höher hinaus möchte, der muss entweder die Färöer-Inseln oder Grönland besuchen.

› **Møllehøj,** Ejer Bavnehøjvej 4, 8660 Skanderborg

㊱ Givskud Zoo ★★

Schon deutlich von Aarhus entfernt, aber ein gutes Ziel, das man mit der An- oder Abreise in die Küstenstadt verbinden kann, ist der Givskud Zoo. Er wurde 1969 als sogenannter Löwenpark eröffnet und später um Elefanten und andere Tiere erweitert.

Heute besteht die Anlage aus **drei Themenbereichen:** Es gibt einen herkömmlichen **Zoo,** in dem die Tiere auf einem **sechs Kilometer langen Rundweg** beobachtet werden können. Man hat auch die Möglichkeit, mit dem eigenen Fahrzeug auf **Safari** zu gehen, was sich großer Beliebtheit erfreut. Dabei fährt man zwischen Antilopen, Zebras und Giraffen hindurch und kann die Tiere aus nächster Nähe betrachten. Nach einer Sicherheitsschleuse und dem Schließen sämtlicher Fenster gelangt man schließlich in den Bereich, in dem **Löwen** zu sehen sind, was als Höhepunkt der Safari betrachtet werden kann. Der dritte Bereich ist ein im Jahr 2015 angelegter Rundgang zu 17 verschiedenen Plastiken, die **Dinosaurier** in Originalgröße zeigen. Givskud Zoo ist aber nicht nur ein Zoo zum Beobachten, sondern kümmert sich auch um die Aufzucht von Tieren. So konnten bereits Tiere großgezogen und ausgewildert werden, die in freier Wildbahn vom Aussterben bedroht sind.

› **Givskud Zoo,** Løveparkvej 3, Givskud, 7323 Give, Tel. 75730222, www.givskudzoo.dk, geöffnet: Ende März bis Ende Oktober, in der Nebensaison jedoch oft Mo und Fr geschl., außer an langen Wochenenden und in den Ferien. Die Kernöffnungszeit ist 10–16 Uhr, je nach Wochentag und Monat wird diese schrittweise verlängert und reicht von 9.30 bis 20 Uhr, Eintritt: Erw. 190 DKK (Onlineticket 180 DKK), Kinder 3–11 Jahre 100 DKK (online 95 DKK).

37 Legoland ★★

Der wohl berühmteste Freizeitpark Dänemarks liegt knapp 100 Kilometer südwestlich von Aarhus ganz in der Nähe vom Givskud Zoo 36. Beide Anlagen lassen sich somit wunderbar bei der An- oder Abreise nach bzw. von Aarhus mit dem Auto einplanen und erfordern dann nur einen kurzen Absteacher.

Das dänische Legoland ist das **Original** einer Kette, die sich mit mehreren Ablegern mittlerweile über die gesamte Welt erstreckt. Der Park wurde 1968 eröffnet und lässt seither die Herzen all derer höher schlagen, die in ihrer Kindheit mit den berühmten Legosteinen gespielt haben. Fast zwei Millionen Menschen besuchen das **Legoland** jedes Jahr und machen ihn zur meistbesuchten Attraktion im dänischen Jütland. Der Vergnügungspark ist in neun verschiedene Themenwelten aufgeteilt. Das Herzstück bildet das sogenannte Miniland gleich hinter dem Eingang. Im Maßstab 1:20 werden hier berühmte Landschaften und Gebäude aus Dänemark und der ganzen Welt gezeigt, die alle mit den bekannten Legosteinen nachgebaut wurden. Die Bandbreite reicht von Schloss Amalienborg bis hin zum Kennedy Space Center. Nach diesem eher gemütlichen Teil von Legoland geht es in den Bereichen Polar Land und Adventure Land deutlich rasanter zu, beispielsweise wenn man eine der dort vorhandenen Achterbahnen nutzt. Außerdem bietet Legoland ein Hotel, in dem ebenfalls thematisch verschiedene Zimmer angeboten werden. Ob mit oder ohne Übernachtung, fest steht auf jeden Fall, dass man für den Besuch des Freizeitparks ausreichend Zeit mitbringen sollte.

❭ **Legoland,** Nordmarksvej, 7190 Billund, www.legoland.dk. Der Park ist von Ende März bis Ende Oktober geöffnet, jedoch an manchen Werktagen in der Nebensaison geschlossen. Auch die täglichen Öffnungszeiten sind stark vom Wochentag und den Ferienzeiten abhängig. Die Kernöffnungszeiten liegen bei 10–18 Uhr, in der Hochsaison ist das Gelände bis 21 Uhr geöffnet. Die Eintrittspreise sind ebenfalls nicht einheitlich und hängen davon ab, wann man die Tickets gekauft hat. Je früher man sie bucht, desto günstiger sind sie. Der Preis an der Tageskasse liegt bei 349 DKK für Erw. und bei 329 DKK für Kinder. Bucht man die Tickets eine Woche vorher online, spart man über 50 DKK pro Person.

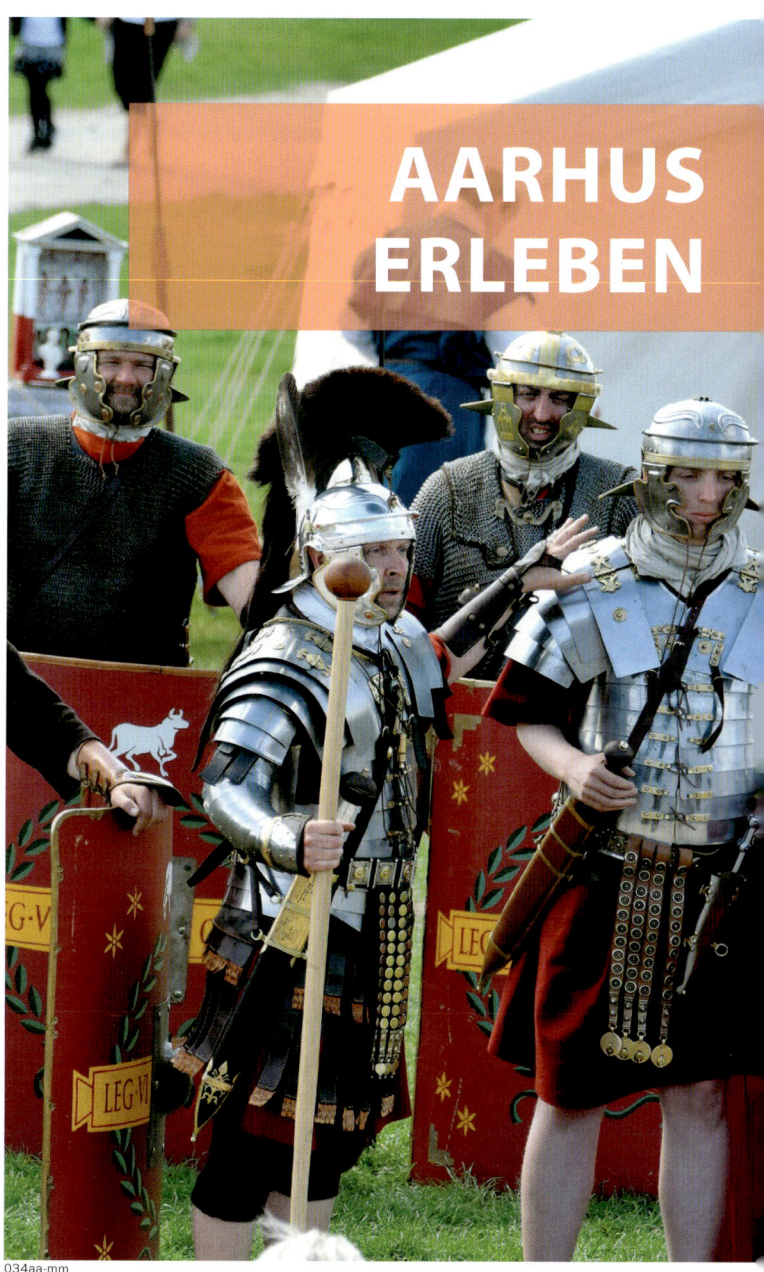

AARHUS ERLEBEN

034aa-mm

Aarhus für Kunst- und Museumsfreunde

Die Anzahl der Museen und Ausstellungen in und um Aarhus ist verhältnismäßig überschaubar. Doch die Bedeutung dieser Museen ist hoch und die Bandbreite der Themen bietet eine große Vielfalt. Außerdem werden die meisten Ausstellungen in sehr moderner Weise präsentiert, ein Museumsbesuch in Aarhus ist alles andere als unspektakulär.

Museen

🕕 [B1] **Antikemuseum:** Über 4000 Exponate aus der Zeit der Etrusker, Griechen und Römer zeigen die Kulturlandschaft der antiken Völker rund um das Mittelmeer (s. S. 39).

🔟 [B5] **ARoS-Kunstmuseum:** umfangreiche und bedeutende Kunstausstellung, in der auch die berühmte Skulptur „Boy" zu sehen ist. Auf dem Dach des Gebäudes befindet sich das begehbare Kunstprojekt „Rainbow Panorama", das einen farbenfrohen Blick auf die Stadt ermöglicht (s. S. 29).

❸ [D4] **Besættelsesmuseet (Besatzungsmuseum):** Die Besatzung Dänemarks in den Jahren des Zweiten Weltkriegs durch Deutschland wird in diesem kleinen Museum mit originalen Gegenständen aus jener Zeit veranschaulicht (s. S. 23).

◁ *Vorseite: Wenn nicht Wikinger die Stadt unsicher machen, dann eben die Römer. Irgendetwas ist in Aarhus immer los.*

⓫ [A4] **Den Gamle By:** Das Freilichtmuseum ist eines der berühmtesten Museen von Aarhus und gilt als Stadt in der Stadt. Zwischen originalen Fachwerkhäusern des 17. Jahrhunderts spaziert man bis in ein nachgebautes Stadtviertel aus dem Jahr 1974 (s. S. 34).

㉝ [S. 138] **Gammel Estrup:** bedeutendes Schloss, in dem in den restaurierten Räumen das Leben und die Wohnkultur der Bewohner und Bediensteten im 18. Jahrhundert gezeigt wird. Zum Komplex gehört auch ein weitläufiger barocker Park (s. S. 55).

❷ [D5] **Kvindemuseet (Frauenmuseum):** Die Frau und der Geschlechterkampf stehen im Mittelpunkt dieser Ausstellung und erzählen vom harten Leben des weiblichen Geschlechts im 19. Jahrhundert (s. S. 22).

㉝ [S. 138] **Landbruksmuseum in Schloss Gammel Estrup:** Die Geschichte der Landwirtschaft wird im Landbruksmuseum anhand historischer Gerätschaften, Tiere und Pflanzen auf dem Gelände des Schlosses Gammel Estrup erläutert (s. S. 55).

㉔ [S. 138] **Moesgaard Museum:** Die Entwicklung der Menschheit und Ethnographie sind die Themen des Museums, das teilweise in einem interessanten Gebäude untergebracht ist und um ein Freilichtmuseum ergänzt wird (s. S. 45).

⓮ [C2] **Naturgeschichtliches Museum:** In verschiedenen Themenräumen werden die Landschaften dieser Welt und Dänemarks sowie die Evolution der Tiere gezeigt (s. S. 38).

㉚ [de] **Museum Ovartaci:** Kunstmuseum in einer psychiatrischen Klinik, in dem Werke von Bewohnern gezeigt werden und auch auf die Geschichte der Klinik eingegangen wird, um Vorurteile gesunder Menschen gegenüber psychisch Erkrankten abzubauen (s. S. 53).

> **Poster- und Plakatmuseum in Den Gamle By:** Eine Vielzahl an Werbeplakaten und Postern zeigt das Museum, das sich innerhalb des Freilichtmuseums Den Gamle By ⑪ befindet (s. S. 36).

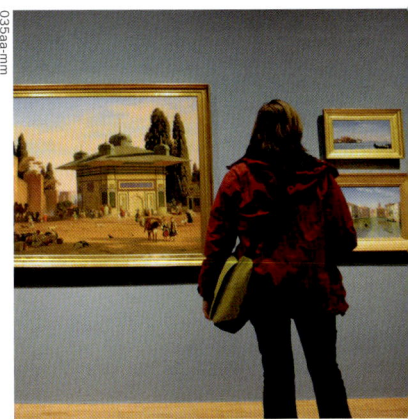

035aa-mm

🚩13 [C4] **Spejdermuseet (Pfadfindermuseum),** Søren Nymarks Vej 19, 8270 Højbjerg, Tel. 86121460, www.spejdermuseetaarhus.dk, geöffnet: Sa 10–13 Uhr und nach Vereinbarung. In der umfangreichen Ausstellung, die erst im Dezember 2016 ihr neues Domizil erhielt, wird die Geschichte der Pfadfinderbewegung erzählt. Eher unerwartet ist die Lage des neuen Standortes: Das Museum befindet sich nicht, wie man es vermutlich erwarten würde, in naturnaher Umgebung, sondern in einem Gewerbegebiet im Ortsteil Højbjerg. Die alten Ausstellungsräume waren zu klein geworden, außerdem gibt es hier nun auch einen Außenbereich, in dem die Geschichte der Pfadfinder nähergebracht wird.

⑬ [C2] **Steno-Museum:** Das Leben und Wirken des Naturforschers Nicolaus Steno wird hier ausgiebig beleuchtet. Dabei kann man an verschiedenen Experimentierstationen selbst Hand anlegen (s. S. 38).

❻ [D5] **Wikingermuseum:** Im Gebäude der Nordea Bank ist diese kleine Ausstellung an einem originalen Fundort untergebracht und informiert über die Ansiedlung der Wikinger in Aarhus (s. S. 26).

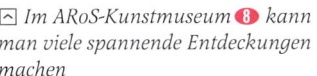

⌂ *Im ARoS-Kunstmuseum* ❽ *kann man viele spannende Entdeckungen machen*

EXTRATIPP

Memphis Mansion

Elvis lebt – zumindest in der Erinnerung zahlreicher Fans des legendären King of Rock 'n' Roll. Henrik Knudsen ist so ein Fan und eröffnete 1993 in Randers rund 40 Autominuten von Aarhus seine erste **Elvis-Ausstellung,** in der eine Vielzahl von Erinnerungsstücken von Elvis Presley gezeigt wird. 2011 zog diese Sammlung in ein Haus, das zumindest von außen eine originalgetreue Kopie von **Graceland in Memphis** darstellt. Im Innern des Gebäudes geht man durch die einzelnen Räume und taucht in die Welt von Elvis Presley ein oder besucht das **Restaurant,** das ebenfalls von Henrik Knudsen betrieben wird. Bis 2015 wurde das Museum als „Graceland Randers" bezeichnet, musste jedoch nach einer Klage aus den USA umbenannt werden und heißt nun Memphis Mansion.

●14 **Memphis Mansion,** Graceland Randers Vej 3, 8960 Randers SØ, Tel. 86429696, www.memphismansion.dk, geöffnet: tägl. 10–21 Uhr (Souvenirshop bis 18 Uhr), Eintritt: Erw. 99 DKK, Kinder 69 DKK, Kinder bis 12 Jahre frei

Kunstgalerien

In Aarhus existieren keine klassischen Galerien, in denen der Schwerpunkt auf einer Ausstellung liegt. Vielmehr gibt es kleine, überschaubare Galerien, die vom Verkauf der Produkte leben. Meist handelt es sich daher eher um Geschäfte, in denen Kunsthandwerk angeboten wird, die sich aber selber als Kunstgalerie bezeichnen.

EXTRATIPP

Hornvarefabrikken

Kunsthandwerk, das in Dänemark aus der Fernsehsendung „Made in Denmark" bekannt ist, findet man in der sogenannten Hornwarenfabrik. Diese entstand im Jahr 1935, ihre Wurzeln liegen aber über 100 weitere Jahre zurück. Im dänisch-englischen Krieg zu Beginn des 19. Jahrhunderts lernte der Soldat Knud Høj in englischer Kriegsgefangenschaft die Kunst der Hornlöffelherstellung kennen und verbreitete sie später in Dänemark. Hans Husted war einer der Dänen, die dieses Handwerk aufgriffen, sein Sohn Peter gründete später die Hornwarenfabrik und konnte bei der Brüsseler Weltausstellung 1935 gleich eine Silbermedaille für seiner Arbeiten erringen. Bereits zweimal wurde die Firma aus Altersgründen an Personen außerhalb der Familie abgegeben. Seit 2008 ist sie im Besitz von Sara Brunn Buch, die im Jahr zuvor beim Bummeln in der Adventszeit nur zufällig in den Laden kam, aber sofort für sich entschied, dass sie den Betrieb übernehmen würde, wenn er denn zum Verkauf stünde. Heute bietet sie zahlreiche dekorative Produkte und Schmuck aus Kuhhorn an.

🝰24 [D5] **Hornvarefabrikken**, Store Torv 6, 8000 Aarhus C, Tel. 98775079, www.hornvarefabrikken.dk, geöffnet: Mo–Fr 11–17, Sa/So 11–15 Uhr

🝰15 [C4] **1+1 Design**, Grønnegade 41, 8000 Aarhus C, Tel. 70201041, www.1x1design.dk, geöffnet: Mo/Di 12–17, Mi/Do 11–17.30, Fr 11–18, Sa 10–15 Uhr. Textilien, Webekunst und Schmuck zeigt hier die Künstlerin Helene Vonsild, die im Jahr 2007 mit dem Formland Design Award ausgezeichnet wurde.

🝰16 [D4] **AMOKSmykker**, Badstuegade 11b, 8000 Aarhus C, Tel. 21415000, www.amoksmykker.dk, geöffnet: Mo–Fr 12–17.30, Sa 11–15 Uhr. Vielfältiger Schmuck in einer kleinen Werkstatt von Rikke Rohde in einer der Gassen des Latinerquartiers.

❯ **ARoS Shop**, Tel. 87306600, http://de.aros.dk. ARoS Shop ist zwar keine klassische Kunstgalerie, doch der Museumsshop im ARoS-Kunstmuseum ❽ bietet auch eine Auswahl an dänischen Designerstücken und Reproduktionen, Postkarten mit Kunstmotiven und eine große Auswahl an Literatur zum Thema Kunst.

🝰17 [D4] **Designer Zoo**, Badstuegade 19, 8000 Aarhus, Tel. 33259493, www.dzoo.dk, geöffnet: Mo–Do 11–17.30, Fr 11–18, Sa 10–15 Uhr. Stilvolle Möbel und Kunsthandwerk, das von mehr als 100 dänischen Künstlern in den Bereichen Textilien, Keramik und Glas hergestellt wird. Der Inhaber von Designer Zoo, Karsten Lauritzen, ist zugleich der Designer der Bohnentische (*Bønnebordet*), die ihren Namen ihrer Form verdanken.

🝰18 [D4] **JEWLSCPH**, Klostergade 3, 8000 Aarhus C, Tel. 53620060, www.jewlscph.com, geöffnet: Mo–Do 11–17.30, Fr 11–18, Sa 10–15 Uhr. Designerschmuckstücke des Juweliers Mai Manniche, der sowohl dieses Geschäft als auch ein weiteres in Kopenhagen führt.

🝰19 [C7] **Kähler and friends**, M.P. Bruuns Gade 41, 8000 Aarhus C, Tel. 86194000, www.kahlerdesign.com, geöffnet: Mo–Do 10–17.30, Fr 10–18, Sa 10–14 Uhr. Flagshipstore von Kähler Design. Traditionelles Keramikdesign mit über 175-jähriger Tradition. Die erste Kähler-Vase wurde im dänischen Næstved getöpfert und war der Grundstein für das heutige Designstudio. Schon früh wurden Werke aus dieser Werkstatt auch auf einer Weltausstellung präsentiert.

🔒 **20** [C5] **KLS Jewelry**, Frederiksgade 31, 8000 Aarhus, Tel. 27505545, geöffnet: Mo–Fr 9.30–17 Uhr. Kreativ und sehenswert ist schon die Gestaltung des Innenraums. Die Schmuckstücke werden prachtvoll in alten Badewannen präsentiert, die wiederum hochkant in die Wand eingelassen wurden und auf diese Weise ein interessantes Regal abgeben.

🔒 **21** [C5] **Meinhardt Art**, Åboulevarden 61, 8000 Aarhus C, Tel. 30610939, www.meinhardt-art.com, geöffnet: Do 11–17, Fr 11–18 Uhr. Keramik, Gläser, Designerlampen und Schmuckstücke aus Silber.

🔒 **22** [B7] **Nr 4**, Jægergårdsgade 51, 8000 Aarhus C, Tel. 21690952, www.nr4.dk, geöffnet: Mo–Do 11–17.30, Fr 11–18, Sa 10–14 Uhr. Kunsthandwerk, Schmuck, Glas, Textilien und Interieur von verschiedenen Designern, die die Galerie gemeinsam führen und wechselweise anzutreffen sind.

🔒 **23** [C5] **Ravsmeden**, Frederiksgade 70, 8000 Aarhus, Tel. 51180020, www.ravsmeden.dk, geöffnet: Mo–Do 10–17.30, Fr 10–18, Sa 10–15 Uhr. Hier wird eine Vielzahl von Schmuckstücken geboten, die aus Bernstein gefertigt wurden.

Kunst unter freiem Himmel

Beinahe an jeder Ecke von Aarhus ist Kunst im öffentlichen Raum zu sehen. Das bekannteste, zwar nur durch Bezahlung zugängliche, aber öffentlich sichtbare Kunstwerk ist das **Rainbow Panorama** von **Olafur Eliasson**. Es befindet sich auf dem Dach des ARoS-Kunstmuseums **❽** und ist über dieses erreichbar. Auch ohne Museumsbesuch ist es ein beeindruckendes und sehenswertes Kunstobjekt.

Weitere Kunstwerke stehen in den zahlreichen Grünanlagen der Stadt. So finden sich beispielsweise im **Mølleparken** (s. S. 82) am westlichen Ende der Møllestien gleich mehrere Skulpturen. Neben einer Reihe von Büsten prominenter Personen fällt

⊡ *In der Stadt trifft man überall auf Skulpturen verschiedener Künstler*

die Bronzeskulptur **Elskovskampen** auf, die der Künstler Johannes C. Bjergs im Jahr 1922 goss. Sie stand ursprünglich auf dem Platz vor dem Kunstmuseum in Kopenhagen. Von Bjergs stammen auch die **Skulptur Agnete og Havmanden** am Rande des Parks am Rathaus ❿, die sich innerhalb eines Springbrunnens befindet, und die **Skulptur Danaide** im **Mindeparken** (s. S. 49) sowie die Figur der **Schwangeren** (**Den Svangere**), die ebenfalls im Rathauspark steht.

Hinter der Nordtribüne des Fußballstadions Ceres Park in Marselisborg [ch], gleich neben der Hauptzufahrt, erhebt sich mit **Fodboldspillere** eine Skulptur, die zwei Fußballspieler zeigt. Sie wurde 1936 enthüllt und stellt den ehemaligen Spieler Frits Tarp dar. In den Jahren zuvor war er Verteidiger in der dänischen Nationalmannschaft, in der er 44 Länderspiele absolvierte und an den Olympischen Sommerspielen 1920 in Antwerpen teilnahm. Bei den Olympischen Spielen 1924 in Paris gab es auch einen Kunstwettbewerb. Bei diesem erhielt der Künstler von Fodboldspillere für sein Werk „Boxer" eine Bronzemedaille. Der Name des Künstlers lautet **Jean René Gauguin**, vierter Sohn des französischen Malers Paul Gauguin. Eine weitere Skulptur, die sich am Stadion mit dem Thema Sport befasst, stammt vom Bildhauer **Viggo Jarl**. Sie zeigt einen **Marathonläufer**, der sich auf zwei weiteren Personen abstützt.

Einen Blick wert ist auch die Skulptur **Grisebrønden**, die eine Sau mit sieben Ferkeln zeigt. Die ursprüngliche Schweinefamilie bestand aus Granit, wurde jedoch in den 1990er-Jahren wegen wiederholtem Vandalismus durch die jetzt zu sehende

Bronzeskulptur ersetzt. Im Innern befindet sich ein Uhrwerk, das die Ferkel in regelmäßigem Abstand sabbern und urinieren lässt.

Darüber hinaus gibt es zahlreiche weitere Skulpturen und Kunstwerke unter freiem Himmel, darunter das **Reiterstandbild** neben der **Aarhuser Domkirche** ❶ und der moderne **Aussichtsturm** ⓴ im neu geschaffenen Wohnviertel am Hafen, der ebenfalls als Kunstwerk gilt. Und wenn man schon einmal dort vor Ort ist, kann man natürlich auch die kunstvolle Architektur im Hafenviertel betrachten, allen voran den **Wohnkomplex Isbjerget** ⓰.

Zu guter Letzt wird man in Aarhus auch immer wieder **Graffitikunst** sehen. Dabei handelt es sich aber nicht um illegal hingeschmierte Tags, sondern um überdimensionale und detailreiche Wandbilder, die an die Seitenwände freistehender Häuser gesprayt wurden. Es werden sogar Führungen durch die Stadt angeboten, die speziell diese Kunstform zum Thema haben (s. S. 115). Das aber wohl berühmteste Wandbild dieser Art befindet sich in der Emil Vetts Passage und hat weltweiten Ruhm erlangt: Es handelt sich dabei um eine rote Sonne in einem gelben Kreis mit der Aufschrift **Atomkraft? – Nej, tak.** Dieser Schriftzug wurde bisher in über 45 Sprachen übersetzt (s. S. 92).

- ●**25** [ch] Skulptur „Fodboldspillere"
- ●**26** [ch] Skulptur „Marathonläufer"
- ●**27** [C6] Skulptur „Grisebrønden"

▣ *„Hyggelig" essen, also auf gemütliche Weise, kann man in Aarhus überall*

Aarhus für Genießer

Essen und Trinken

Für die dänische Küche muss man ein paar dänische Kronen mehr einplanen. Wer ausgeht, wird schnell merken, dass die Preise auf den Speisekarten höher angesetzt sind als im deutschsprachigen Raum. Da kann auch schon ein einfacher, schneller Imbiss mit einem Burger teurer ausfallen. Dennoch sollte man sich das eine oder andere nicht entgehen lassen.

Die Bandbreite an Lokalitäten in Aarhus reicht vom einfachen **Imbiss** bis zum **Top-Gourmetrestaurant**. Drei von ihnen wurden zuletzt im **Guide Michelin** aufgeführt und entsprechend mit einem Stern ausgezeichnet. Eines davon, das **Frederikshøj** (s. S. 69), ist wiederum in Dänemark sehr bekannt, weil der dortige Chefkoch als Fernsehkoch Berühmtheit erlangte.

An zwei Orten in Aarhus wird man sicherlich fündig, wenn man ein Lokal nach seinen Wünschen und Vorlieben sucht: Einerseits wäre da der **Åboulevarden** [C/D5], wo man direkt an dem kleinen Fluss sitzen kann, was allerdings romantischer klingt, als es in Wahrheit ist. Andererseits gibt es da natürlich noch das **Latinerquartier** (s. S. 20) nördlich der Kathedrale ❶. In den Straßen dieses Szeneviertels befinden sich zahlreiche Cafés und Einkehrmöglichkeiten, dennoch liegen diese nicht so eng beieinander, dass deren Außenbestuhlung ineinander übergehen würde.

Doch auch außerhalb dieser beiden Hotspots verteilen sich viele interessante und empfehlenswerte Restaurants über das Stadtgebiet, sei es nun in den Jachthäfen, rund um das Rathaus ❿ oder in der Nähe des ARoS-Kunstmuseums ❽.

Besonders auffällig ist, dass Aarhus über eine **Vielzahl von Cafés** verfügt. Der Übergang von Café zu Imbiss und Bistro ist dabei meist fließend. Hat ein Däne einen kleinen gastronomischen Betrieb in Aarhus eröffnet, wird er ihn meistens als Café bezeichnen, ganz gleich, was angeboten wird. Nur in wenigen Fällen sollte man bei einem Café in Aarhus damit rechnen, ganz klassisch Kaffee und Kuchen zu erhalten.

Womit wir gleich beim nächsten Thema wären: Sehr beliebt und daher beinahe auf jeder Speisekarte zu finden ist das Sandwich. Belegt werden die Sandwiches mit Thunfisch, Hühnchen, Lachs und natürlich Salaten, Tomaten, Gurken. Dabei bestehen sie aus frisch gebackenen Brötchen bzw. Baguettes.

Smørrebrød

Als Unterschied zum gedeckelten Sandwich mit Baguettebrot ist in den letzten Jahren das klassische **Smørrebrød** wieder populär geworden. Hatte es lange Zeit ein Schattendasein geführt und einen Duft von Spießigkeit mit auf den Teller gebracht, so

037aa-mm

Smørrebrød-Sorten

Es gibt eine Vielzahl von Smørrebrød, die alle mit unterschiedlichen Belägen daherkommen und sich teilweise auch regional unterscheiden. Klassiker des dänischen Smørrebrøds sind:

› **Pariserbøf:** ein günstiges und schnell zubereitetes Gericht, bestehend aus einer Hackfleischfrikadelle auf einem Weißbrot, das leicht angebraten wird und mit rohem Eigelb, gehackten Zwiebeln, Kapern, Gurken und wegen der leichten Schärfe mit etwas Meerrettich belegt wird

› **Sol over Gudhjem:** Mit der „Sonne über Gudhjem", einer Ortschaft auf der Insel Bornholm, ist ein Brot mit Hering, Eigelb, Zwiebeln und Schnittlauch gemeint.

› **Leverpostej:** Hierbei handelt es sich um nichts anderes als einen Leberwurst-Aufstrich.

haben es einige Restaurants wieder für sich entdeckt und bieten die dünn geschnittenen und unterschiedlich belegten Schwarzbrotscheiben an. Der Belag kann aus Fisch, Pastete, Wurst, Käse oder Fleisch bestehen. Dazu gibt es Ei, Salat und diverse Saucen.

Hotdog

Ganz typisch für Aarhus und für das gesamte Land ist der dänische **Hotdog**. Er wird an zahlreichen Hotdog-Ständen angeboten und besteht aus **Senf** und **Ketchup** auf jeder Innenseite eines weichen **Brötchens**. Zwischen die beiden Brötchenhälften kommt eine Wurst, die wiederum mit **Remoulade** und **Zwiebeln** belegt wird. Zum Abschluss folgt eine Schicht aus dünn geschnittenen **Gurken**. Der deutlichste Unterschied

zu einem amerikanischen Hotdog oder zu einem Brötchen mit Wurst im deutschsprachigen Raum ist die Wurst an sich. In Dänemark legt man **Rød pølse** zwischen die Brötchenhälften, also rote Wurst. Dabei handelt es sich um eine gewöhnliche Brühwurst, ähnlich dem Wiener Würstchen, nur mit dem Unterschied, dass sie rot eingefärbt ist. Wer sich seinen eigenen dänischen Hotdog zubereiten möchte, wird die Rød pølse auch abgepackt in jedem gut sortierten Supermarkt finden. Ganz klassisch isst man sie allerdings nur an einem Hotdog-Stand.

Fischgerichte

Dänemark ist, abgesehen von der Südseite, vom Meer umschlossen. Daher ist es nicht verwunderlich, dass **Fisch** nicht von den lokalen Speisekarten wegzudenken ist. Eine typische Vorspeisenplatte besteht zum Beispiel immer auch in Teilen aus Fisch. Auch **Stockfisch** *(klipfisk)* ist in Dänemark relativ häufig anzutreffen. Ein klassisches Fischgericht, das zugegebenermaßen aber auch außerhalb Dänemarks auf Speisekarten zu finden ist, besteht aus einem gegrillten Schollenfilet mit Kartoffeln und womöglich etwas Schinken. Zu guter Letzt findet man im Hafen natürlich auch einige Fischräuchereien, in denen man genug Geschmacksrichtungen findet, um den gesamten Dänemarkaufenthalt abwechslungsreich zu gestalten.

Gastro- und Nightlife-Areale

Bläulich hervorgehobene Bereiche in den Karten kennzeichnen Gebiete mit einem dichten Angebot an Restaurants, Bars, Klubs, Discos etc.

Hervorhebenswerte Lokale

Dass die Dänen weltoffen sind, merkt man auch an den zahlreichen Einkehrmöglichkeiten. Die teilweise sehr strikte Unterteilung in einzelne internationale Küchen, wie man sie aus Deutschland kennt, ist in Aarhus deutlich seltener anzutreffen. Natürlich gibt es auch hier und dort „den Chinesen" mit Chop-Suey oder den „original italienische Pizzeria". Aber die klassischen dänischen Restaurants bieten eben auch oft internationale Gerichte an, daher ist eine strenge Trennung in international und typisch dänisch nicht möglich.

28 [D5] **Café Faust** €€€, Åboulevarden 38, Tel. 86190706, www.cafefaust. dk, geöffnet: tägl. ab 10 Uhr. Gelungene Mischung aus Restaurant und Café unweit des Doms und des Theaters. Speisen für den kleinen Hunger (z. B. Salate) gibt es genauso wie ein umfangreiches Abendessen und Cocktails.

29 [E2] **Det Glade Vanvid** €€€, Pakkerivej 2b, am westlichen Anleger im Jachthafen Lystbådehavnen, Tel. 87420123, www. kocherier.dk, geöffnet: Mi–Sa 18.30– 21.30, So 11–13 Uhr (nur Brunch), Mo/ Di geschlossen. Eines von mehreren Restaurants in Aarhus, die von den Brüdern Koch geführt werden. Dieses hier bietet internationale Speisen und klassische Fischgerichte.

30 [D6] **Flammen** €€€€, Toldbodgade 6, zwischen der Polizeistation und der Badeanstalt Spanien, in der Nähe des Busbahnhofs, Tel. 35266364, www.restaurant-flammen.dk, geöffnet: tägl. ab 17 Uhr, Sa ab 10 Uhr (Brunch). Großes Restaurant, das Teil einer Kette ist. 550 Sitzplätze auf zwei Etagen.

31 [ch] **Frederikshøj** €€€€, Oddervej 19, Landgasthof im südlich gelegenen Wald von Marselisborg, Bushaltestelle und Parkplätze befinden sich direkt vor dem Restaurant, Tel. 86142280, www. frederikshoj.com, Mi–Sa 18–24 Uhr, So– Di und in den Kalenderwochen 28–31 geschlossen. Das Gourmetrestaurant wurde 2015 mit einem Michelin-Stern ausgezeichnet. Die Speisen stammen von Starkoch Wassim Hallal, der in Dänemark als Fernsehkoch Berühmtheit erlangte.

32 [D5] **Globen Flakket** €€€, Åboulevarden 18, am östlichen Ende des Åboulevarden, nur wenige Schritte vom Dokk1 entfernt, Tel. 87310333, www.globenflakket.dk, geöffnet: Mo–Fr ab 8.30 Uhr, Sa/So ab 9 Uhr. Großes und beliebtes Restaurant, das vom Brunch bis zum Abendessen beinahe alles anbietet. Abends gemütliche Stimmung.

〉 **Johan r** €€€€, Thomas Jensens Allé 2, direkt im Musikhuset **9**, Tel. 89409000, www.johanr.dk, die Öffnungszeiten sind von den Veranstaltungen im Konzerthaus abhängig. Verschiedene saisonale Menüangebote mit einer Champagner-Karte.

34 [C7] **Kähler Spisesalon** €€€, M. P. Bruunsgade 33, am Hauptbahnhof über die Gleise in Richtung Süden und über die nächste Kreuzung hinweg, Tel. 86122053, www.spisesalon.dk, geöffnet: Mo–Sa 9–22, So 10–22 Uhr. Kleiner Ableger der mehrfach ausgezeichneten Kähler Villa in Risskov (s. S. 69). Im Spisesalon gibt es Smørrebrød, das im Guide Michelin für Nordeuropa aufgenommen wurde. Aber auch die anderen Speisen wie Muscheln oder der umfangreiche Brunch am Wochenende können sich sehen lassen.

35 [ce] **Kähler Villa Dining** €€€€, Grenåvej 127, 8240 Risskov, nördlich von Aarhus, am einfachsten dem Kystvejen [E4] nach Norden folgen, Tel. 86177088, www.villadining.dk, geöffnet: Mo–Sa 18.15–21.30, Fr bis 22 Uhr, So geschl. Gourmetrestaurant in einer Villa in Risskov. Die Speisekarte unterteilt sich in Goldmenü und Silbermenü. Angeboten wird zum Beispiel Kalbsfilet mit Trüffel-sauce. 2015 wurde das Restaurant zum dritten Mal in Folge zum besten der Stadt gewählt.

36 [D5] **KÖD** €€€, Skolegade 21, gleich hinter dem Aarhus Theater in der Skolegade, Tel. 38416050, www.koedaar hus.dk, geöffnet: Mo-Do 17-21, Fr-Sa 17-22 Uhr, So. geschl. Gemütliches und gepflegtes Steakhaus mit Steaks aus Südamerika, Australien und den USA sowie einer umfangreichen Weinkarte.

37 Malling Kro €€€, Stationspladsen 2, 8340 Malling, rund 12 km südlich von Aarhus im Dorf Malling gleich gegenüber vom dortigen Bahnhof gelegen, Tel. 86931025, www.mallingkro.dk, geöffnet: Mi-Sa 12-14 und 17.30-21 Uhr. Dorfgasthof, der wegen seiner Weinkarte eine Erwähnung verdient. Sie wurde bereits von einem renommierten Weinmagazin wegen ihres erlesenen Angebots ausgezeichnet.

38 [D4] Mefisto €€€, Volden 28, in einem schmucken, alten Haus in einer kleinen Seitenstraße des Latinerquartiers, Tel. 86131813, www.mefisto.dk, geöffnet: Mo-Fr 11.30-22, Sa/So 10-22 Uhr. Verschiedene Fischgerichte und eine eigene Hummerkarte. Es gibt aber auch Fleischgerichte.

39 [C7] Nordisk Spishus €€€, M. P. Bruuns Gade 31, am Bahnhof rechts vorbei über die Gleise und über die nächste Straße, gleich neben dem Kähler Spisesalon (s. S. 69), Tel. 86177099, www. nordiskspisehus.dk, geöffnet: Mo-Sa 12-15 Uhr (Frühstück) und 17.30-24 Uhr (Küche schließt um 21.30 Uhr). Von zwei Lokalzeitungen mit fünf Sternen ausgezeichnetes Restaurant. Angeboten werden Heilbutt, Shrimps und norwegischer Hummer.

40 [C6] Raadhuus Kafeen €€€, Sønder Allé 3, schräg gegenüber vom Rathaus, Tel. 86123774, www.raadhuus-kafeen.dk, geöffnet: Mo-Sa 11.30-23,

So 12-21 Uhr (Die Küche schließt um 21.30 bzw. um 20 Uhr.). Sehr umfangreiche Speisekarte mit typischen Klassikern. Erwähnenswert ist die Mittagskarte mit nicht weniger als 20 verschiedenen Smørrebrød-Angeboten.

41 Skovmøllen €€, Skovmøllevej 51, 8270 Højbjerg, rund 500 Meter vom Parkplatz des Moesgaard-Museums in ruhiger Waldlage gelegen. Auf der Straße 451 bis zum Museum Moesgaard, von dort weiter dem Wanderweg zur Küste folgen. Tel. 86271214, http://restau rantunico.dk, geöffnet: Di-So ab 9.30 Uhr. Frühstück, Brunch und Abendessen mit einer umfangreichen Auswahl, unter anderem gibt es klassische dänische Speisen und Fischgerichte.Die Speisekarte mit Steaks, Salaten und dazu passenden Weinen ist umfangreich.

42 [C7] St. Pauls Apothek €€€, Jægergårdsgade 76, südlich des Bahnhofs, nach Überquerung der Gleise rechts abbiegen, Tel. 86120833, www. stpaulsapothek.dk, Di-Sa ab 17.30 Uhr, So/Mo geschl. Es soll schon Menschen gegeben haben, die auf den Apotheken-Schriftzug hereingefallen sind. Statt Medikamenten gibt es aber in gemütlicher Atmosphäre Hecht und Kalbsfilet.

43 [C4] Sota Sushibar €€€, Vestergade 48, nur wenige Gehminuten westlich der Klosterkirche, Tel. 86474788, www.sotasushibar.dk, geöffnet: Mo-Do 16-22, Fr/Sa 12-23 Uhr, So geschlossen. Klassisches Sushi-Restaurant, das auch Speisen zum Mitnehmen anbietet.

44 [C5] Substans €€€€, Frederiksgade 74, nur wenige Gehminuten vom ARoS-Kunstmuseum und vom Rathaus in der dazwischenliegenden Straße entfernt, Tel. 86230401, www.restaurantsubs tans.dk, geöffnet: Mi-Sa 17-24 Uhr, geschl.: So-Di. Mit einem Michelin-Stern gewürdigtes Gourmetrestaurant mit internationalen Grillgerichten.

Cafés, Bistros und Imbisse

⊖45 [C4] **Aarhus Brætspilscafé** €€, Vestergade 58a, im westlichen Teil der Altstadt, wenige Meter hinter der Klosterkirche, Tel. 81119005, www.aarhusbraetspilscafe.dk, geöffnet: Mo–Do 14–23, Fr/Sa 1–23, So 12–22 Uhr. Wer hierhin kommt, der mag Gesellschaft, Brett- oder Kartenspiele. Mit einer riesigen Auswahl an Spielmöglichkeiten sitzt man hier gemütlich und verbringt den Nachmittag oder Abend zusammen, manchmal auch in Begleitung von Livemusik. Ach ja, die klassische Getränkekarte eines Cafés gibt es natürlich auch.

❯ **ART Café** €€, Aros Allé 2, direkt im Gebäude des ARoS-Kunstmuseums **8**, Tel. 87306600, www.aros.dk, geöffnet: Di/Do–So 10–17, Mi 10–22 Uhr, geschl.: Mo. Durch den Besucherstrom des Museums ein belebtes Café, das sich nach einem Besuch der Ausstellung anbietet. Das Café kann auch ohne Museumsvisite betreten werden, sodass man kein Ticket benötigt. Angeboten werden Kleinigkeiten wie Desserts, Kaffee und Sandwiches.

⊖46 [cg] **Bådcafe** €€, Marselisborg Havnevej, das Café befindet sich auf einem alten Schiff im Jachthafen von Marselisborg, Tel. 53538060, www.baadcafe.dk, geöffnet: Mo–Sa 11–21, So 10–21 Uhr. Auf urige Weise ist diese Lokalität auf einem alten Boot untergebracht, das direkt an der Hafenausfahrt angelegt hat. Angeboten werden Frühstück, Brunch und kleine Speisen, der Schwerpunkt liegt auf Fischgerichten.

❶47 [D4] **Bernth & Co** €, Borggade 12, im Latinerviertel, Tel. 86202080, www.bernthogco.dk, geöffnet: Mo, Sa 11–16, Di–Fr 11–19 Uhr, So geschl. Kleine Sandwichbar mit Thunfisch-, Schinken- und vegetarischen Sandwiches.

❶48 [B5] **Byens Burger** €, Thorvaldsensgade 1, nur wenige Gehminuten vom ARoS-Kunstmuseum gegenüber vom Mølleparken gelegen, Tel. 31425161, http://byensburger.danbutikken.dk, geöffnet: tägl. ab 11 Uhr. Einfacher, kleiner Burgerladen, jedoch mit sehr großen Burgern, Sandwiches und Pizzen in vielfältiger Auswahl.

⊖49 [D4] **Café Altura** €, Graven 22, im Latinerviertel, Tel. 86202855, www.altura.dk, geöffnet: Mo–Fr 10–18, Sa 10–17 Uhr, So geschlossen. Kleines Café mit einer großen Auswahl an Bohnensorten und Kaffeearten, Speisen werden jedoch nicht gereicht.

❶50 [D4] **Café Casablanca** €€€, Rosensgade 12, gleich gegenüber vom Besatzungsmuseum bzw. hinter dem Frauenmuseum, Tel. 51518681, www.casablancaaarhus.dk, geöffnet: tägl. ab 9 Uhr. Nettes Bistro mit Außenbestuhlung auf der kopfsteingepflasterten Straße. Umfangreiche Karte für jede Tageszeit, auch für den kleinen Hunger.

⊖51 [B7] **Kaali** €, Frederiks Allé 102, auf der Hauptstraße, die in die Altstadt führt, südlich der Bahngleise, Tel. 86129395, www.kaali.dk, geöffnet: Mo–Do 11–21, Fr–So 9–21 Uhr Uhr. Kleines Café mit gemütlicher, abgetrennter Ecke neben der Theke. Neben kleinen, warmen Speisen liegt der Schwerpunkt auf der Zubereitung von gut belegten Baguettes.

❶52 [C4] **Café Gemmestedet** €€, Gammel Munkegade 1, etwas abseits hinter der Klosterkirche gelegen, Tel. 86135500, Facebook: cafegemmestedet, geöffnet: tägl. ab 10 Uhr. Nettes Eckbistro in ruhiger Lage mit mediterraner Küche und gelegentlicher Livemusik.

⊖53 [B7] **Café Glad** €, Frederiksalle 127, auf der Hauptverkehrsstraße, auf der man die Altstadt in Richtung Süden verlassen kann, Tel. 86187733, www.spisdigglad.dk, geöffnet: tägl. 9.30–21.30 Uhr. Leckere Süßspeisen wie Brownies und andere Backwaren, auch zum Mitnehmen.

> **Café im Frauenmuseum** 2 €€, Dom-
kirkepladsen 5, Tel. 25454510, www.
kvindemuseet.dk, geöffnet: Di und Do–
Sa 11–17, Mi 11–20, So 11–16 Uhr.
Das angebotene Mittagessen und das
Brot bestehen aus Bio-Zutaten. Neben
Tapas gibt es auch ein vegetarisches
Angebot.

> **Café im Prähistorischen Museum Moes-
gaard** €€, Moesgaard Allé 15, Moesgaard Museum 24, 8270 Højbjerg, Tel.
87394000, www.moesgaardmuseum.
dk, geöffnet: Di und Do–So 10–17, Sa
10–21 Uhr, Mo geschlossen. Einfache
kalte und warme Gerichte wie Tapas,
Salate und Suppen sowie Kaffee und
Kuchen. Das Café kann auch unabhängig vom Museum besucht werden.

> **54** [D4] **Café Jorden** €€, Badstuegade
3, im Herzen des Latinerviertels, Tel.
86197222, Facebook: cafejorden,
geöffnet: tägl. ab 9 Uhr. Kleines Bistro mit Außenbereich, der einen großen
Teil des ruhigen Marktplatzes einnimmt.
Kleine, internationale Gerichte.

> **55** [D4] **Café Kaffegal** €€, Nørregade
40, im nördlichen Teil des Latinerviertels direkt an der Hauptstraße, Tel.
50530010, www.cafekaffegal.dk, geöffnet: Di–Do 14–21.30, Fr/Sa 11–21.30
Uhr. Öko-Nachos findet man normalerweise selten auf einer Speisekarte. Im
Café Kaffegal legt man Wert auf 100 %
ökologisch hergestellte Lebensmittel, daher gibt es auch Öko-Burger und
-Omelette.

> **56** [C4] **Café Ministeriet** €€, Klostertor-
vet 5, an der Südseite des Klosterplat-
zes gegenüber der Klosterkirche, Tel.
86171188, Facebook: cafeministe-
riet, geöffnet: tägl. ab 9.30 Uhr. Überschaubares, aber stilvolles Café mit
Frühstücksangeboten und Weinkarte
sowie gelegentlicher Livemusik.

> **57** [C7] **Café Stiften** €€, Banegårdsplad-
sen 11, direkt im Bahnhofsgebäude,
an der Ecke zur Straße über die Gleise,
Tel. 86137494, www.cafestiften.com,
geöffnet: Mo–Fr ab 9, Sa/So ab 10 Uhr.

⊡ *Auch in Dänemark liebt man es,
draußen zu speisen*

Gepflegtes Café, das vor der Abreise mit der Bahn zu einer Einkehr einlädt. Es werden auch Frühstück mit kleinen Speisen wie Bagels und Müsli, später auch Brunch und warme Gerichte angeboten.

58 [D5] **Café Viggo** €€€, Åboulevarden 52, in zentraler Lage auf dem Åboulevarden, Tel. 86190011, http://viggo. jakobsenco.dk, geöffnet: tägl. ab 9 Uhr. Das Café Viggo war eine der ersten Lokalitäten, als in den 1990er-Jahren der Åboulevarden zur heutigen Flaniermeile umgebaut wurde und bezeichnet sich daher gerne als *der* Klassiker von Aarhus. Kleine Speisen, Cocktails und eine geschmackvolle Kaffeeauswahl.

59 [ce] **Café Ziggy** €€, Tordenskjoldsgade 96, im Norden von Aarhus im Ortsteil Trøjborg gelegen, Tel. 86104322, www. cafeziggy.dk, geöffnet: Mo–Fr ab 9, Sa/ So ab 10 Uhr. Nettes Eckbistro mit der Möglichkeit, draußen zu sitzen. Umfangreiche Menüauswahl mit Pasta, Salaten, Burgern und verschiedenen Brunch-Angeboten sowie Omelette. Benannt ist das Café nach Ziggy Stardust, dem legendären Alter Ego des im Jahr 2016 verstorbenen Musikers David Bowie.

60 [D5] **Cross Café** €€€, Åboulevarden 66, gleich gegenüber vom Einkaufszentrum auf dem Åboulevarden und direkt neben der Brücke, die über den Fluss führt und Teil der Fußgängerzone ist, Tel. 87317510, www.crosscafe. dk, geöffnet: Mo–Fr ab 8.30, Sa/So ab 9 Uhr. Ob Pfannkuchen und Rührei auf Brot, umfangreicher Brunch am Morgen oder Whisky, Cocktails und Rotwein am Abend zusammen mit Sandwiches, Tapas, Salaten, hausgemachten Burgern – die Auswahl ist groß und das Ambiente stimmig.

61 [C5] **F-Høj** €€, Grønnegade 2, auf dem Åboulevarden, jedoch nicht im belebten Bereich, sondern weiter westlich nahe dem Mølleparken, wo es schon deutlich ruhiger zugeht, www.fhoj.dk, geöff-

net: Di–Sa 11–16 Uhr, So/Mo und in den Kalenderwochen 28–31 geschlossen. Kleines Mitnahmebistro, das auch 20 Sitzplätze bietet. Sehr gepflegt und gemütlich, das Lokal hat sich bereits eine Erwähnung im Guide Michelin verdient, obwohl es damals erst zwei Jahre existierte. Das Bistro gehört zum stilvollen Restaurant Frederikshøj und bietet neben Kaffee und kleinen Getränken auch das typisch dänische Smørrebrød.

62 [C4] **Fairbar** €, Nørre Allé 66, an der Hauptverkehrsstraße nördlich der Klosterkirche, Tel. 31684466, www.fair bar.dk, geöffnet: tägl. ab 15 Uhr. Die Menüauswahl ist überschaubar. Neben klassischen Getränken gibt es schlichte Speisen wie Brot mit Dip, Sandwiches und Nachos. Doch Nachhaltigkeit wird hier großgeschrieben, denn die Fairbar wird von Ehrenamtlichen betrieben und der Erlös geht an HIV-infizierte Menschen in Indien und kommt weiteren Projekten im asiatischen Raum zu.

63 [D4] **Feinschmecker Café** €€, Guldsmedgade 20b, Tel. 86176000, www.feinschmeckercafe.dk, geöffnet: Mo–Fr 9–23, Sa 9.30–23, So 9.30–17 Uhr. Zwar befindet sich das Café mitten im Latinerviertel, doch durch die Lage in einem Hinterhof ist es hier ruhig und gemütlich. Abgesehen von hausgemachtem Brot dänischer Art liegt der Schwerpunkt auf mediterraner Küche aus Spanien und Italien.

64 [B7] **Forlæns & Baglæns** €€, Jægergårdsgade 23, etwas außerhalb der Altstadt südlich des Bahnhofs gelegen, Tel. 86760070, www.forlaensogbaglaens. dk, geöffnet: Di–Do 12–23, Fr/Sa 12–2 Uhr, Mo geschlossen. Kleine, gemütliche Tapasbar mit der zusätzlichen Möglichkeit, draußen zu sitzen und einen Cocktail zu genießen.

65 [D4] **Ganefryd** €€, Borggade 16, im Latinerquartier, Tel. 86131636, www. cafeganefryd.dk, Mo/Di 11.30–19,

Mi–Fr 11.30–20, Sa 9.30–20 Uhr, So geschlossen. Ausschließlich vegetarische und vegane Speisen werden hier serviert, viele von ihnen sind zudem glutenfrei.

☛66 [C5] **Hos Sofie's Forældre** ᵉᵉ, Frederiksgade 74, im Südwesten der Altstadt, Tel. 86187109, www.hossofies foraeldre.dk, geöffnet: Mo–Fr 9–18, Sa 10–16 Uhr, So geschlossen. Kleines Café, in dem zum Frühstück selbstgebackene Kuchen und später einfache Speisen wie Burger, Pommes und Frikadellen aus Eigenproduktion serviert werden.

☛67 [C7] **Juliette** ᵉᵉ, Jægergårdsgade 54, südlich des Bahnhofs im Ortsteil Frederiksbjerg, Tel. 86215454, www.juliette. dk, geöffnet: tägl. ab 10 Uhr. Nicht ohne Grund heißt es auf der Speisekarte *Petit déjeuner* und *Dîner,* denn das im französischen Stil gehaltene Bistro hat sich auf französische Speisen spezialisiert, darunter Elsässer Flammkuchen.

☛68 [B7] **La Trattoria Sandwich Bar** ᵉ, Frederiks Allé 130, an der südlichen Hauptzufahrtsstraße, die ins Zentrum von Aarhus führt, Tel. 32162752, www.latratto ria.dk, tägl. 11–21 Uhr. Einfache Pizzeria mit Pasta, Salaten, Sandwiches und natürlich diversen Pizzen.

☛69 [D5] **Lava Aarhus** ᵉᵉᵉ, Åboulevarden 22, direkt am Flussufer unweit von Dokk1, Tel. 25533031, www.lavaaarhus.dk, geöffnet: Mo–Fr ab 9, Sa/So ab 10 Uhr. Gepflegtes Restaurant, das bereits seit 1999 besteht, früher jedoch unter einem anderen Namen firmierte. Von 9 bis 12 Uhr wird ein Frühstücksbüffet angeboten, dem von 10 bis 14 Uhr zwei verschiedene Arten von Brunch folgen. Darüber hinaus gibt es ein umfangreiches Tagesmenü mit Sandwiches, Burgern, Smørrebrød, Steaks und Salaten. Dazu werden wahlweise Rot- oder Weißwein, Rosé oder Rum und Cognac serviert.

☛70 [D4] **Løve's Bog & Vin Café** ᵉᵉ, Nørregade 32, im nördlichen Bereich des Latinerviertels, Tel. 27831633,

www.loeves.dk, geöffnet: Mo–Fr 9–24, Sa 10–24, So 10–18 Uhr. Eigentlich ist dies eine Buchhandlung, doch in Zeiten des Onlineversands hat der Besitzer hier auch ein Wohlfühl-Café eingerichtet, in dem neben Getränken auch kleine Speisen angeboten werden. Während im vorderen Bereich des Ladenlokals die Wände mit Bücherregalen beeindrucken, ist im hinteren Bereich eine kleine Weinbar untergebracht, in der man mehr als 100 erlesene Weine findet.

☛71 [C5] **Lynfabrikken** ᵉᵉ, Vestergade 49b, in einem Hinterhof der Vestergade westlich der Klosterkirche, Tel. 87300075, www.lynfabrikken.dk, geöffnet: Mo–Fr 9–17 Uhr, Sa/So geschlossen. Die Sicht reicht nicht besonders weit, doch die Atmosphäre auf der Dachterrasse des kleinen Cafés ist kaum zu schlagen. Es befindet sich auf dem Dach einer ehemaligen Fabrik, in dessen Gebäude heute eine Vielzahl von modernen, jungen Unternehmen und Start-ups untergebracht ist. Bei schlechtem Wetter kann man natürlich auch innen sein Getränk zu sich nehmen, man sollte aber wissen, dass man dort immer von jungen Menschen mit Laptop umgeben ist. Speisen gibt es keine, nur verschiedene Kaffee- und Teevariationen.

☛72 [C4] **Moccacity** ᵉᵉ, Gammel Munkegade 19, nördlich der Klosterkirche in einer kleinen Seitenstraße der Nørre Allé, Tel. 86129060, www.moccacity.dk, geöffnet: Mo–Fr 10–17.30, Sa 10–16 Uhr, So geschlossen. Uriges kleines Café mit gerade einmal zehn Sitzplätzen. Neben Kaffee und Tee gibt es auch hausgemachten Kuchen in freundlicher Atmosphäre. Außerdem werden unterschiedlich belegte Sandwiches angeboten. Alles auch zum Mitnehmen.

☛73 [B7] **Mikuna** ᵉ, Frederiks Allé 96, außerhalb der Altstadt, südwestlich vom Bahnhof auf der Südseite der Bahn-

Preiskategorien
Die Preise gelten für ein Hauptgericht ohne Getränke.

€	bis 20 €
€€	20–30 €
€€€	30–50 €
€€€€	über 50 €

gleise, Tel. 28147545, www.mikuna. dk, geöffnet: Di–Sa 12–20 Uhr, So/ Mo geschlossen. Kleiner Imbiss mit wenigen Sitzplätzen. Angeboten werden ausschließlich vegane Gerichte, die zum großen Teil aus Bio-Lebensmitteln bestehen. Nach eigener Aussage ist dies der einzige vegane Imbiss in Aarhus, in dem man Speisen auf die Hand bzw. für unterwegs erhält.

🔴**74** [D5] **Piccolina** €€, Skolegyde 8, in der kleinen Gasse gleich hinter der Domkirche, Tel. 27397819, www.piccolina.dk, geöffnet: So–Do 16–21, Fr/Sa 12–21 Uhr. Liebevoll geführte Pizzeria. Der Name bedeutet übersetzt „kleines Mädchen" und wurde von dem Besitzerehepaar in Anlehnung an ihre fünf Töchter gewählt.

🔴**75** [D5] **Römer Brunch & Bistro** €€€, Åboulevarden 50, in zentraler Lage am Fluss, gleich neben dem Café Viggo (s. S. 73), das zur gleichen Gesellschaft gehört, Tel. 86123342, http:// romer.jakobsenco.dk. Das Restaurant wurde im März 2015 für umfangreiche Renovierungsmaßnahmen geschlossen. Die Wiedereröffnung als Wein- und Tapasbar ist pünktlich zu Beginn des Kulturhauptstadtjahrs 2017 vorgesehen.

❯ **Spiselauget** €€€, direkt im Gebäude von Godsbanen 🟠, Eingang 3a oder 3h, Tel. 31412022, www.spiselauget.dk, geöffnet: Mo–Do 9–22, Fr/Sa 10–22, So 10–14 Uhr. Im kulinarischen Zentrum von Godsbanen ist man bei den Gerichten bemüht, Bio-Produkte zu verwenden. Geboten werden einfache und schlichte

Speisen sowie ein Frühstücksbüffet unter der Woche und Brunch am Wochenende.

🔴**76** [C7] **Streetcoffee (1)** €, Brammersgade15, südlich vom Bahnhof, Tel. 61690580, www.streetcoffee.dk, geöffnet: Mo–Fr 7.30–18, Sa spätestens von 10 bis 17 Uhr, So spätestens von 12 bis 17 Uhr. Drei kleine Coffeeshops, die von jungen Menschen geführt werden und sich an junge Besucher richten. Das Credo lautet, dass jeder willkommen ist und auch im Morgenmantel erscheinen darf. Gedacht sind die Shops als „heimische Küche außerhalb der eigenen Wohnung", in der man Gleichgesinnte trifft. Die Lokale sind sehr klein und außer Kaffee gibt es praktisch keine weiteren Angebote. Alle drei Filialen befinden sich am Rand der Altstadt.

🔴**77** [C4] **Streetcoffee (2)** €, Vestergade 52, gleich hinter der Klosterkirche

🔴**78** [B7] **Streetcoffee (3)** €, Jægergårdsgade 15, südlich vom Bahnhof

🔴**79** [C5] **Suppestegogis** €€, Åboulevarden 82, im ruhigeren, westlichen Bereich des Åboulevarden zwischen Fußgängerzone und Mølleparken, Tel. 86197755, www.suppestegogis.nu, geöffnet: tägl. 10–21.30 Uhr. Kleines Café und Eisdiele mit Sitzmöglichkeiten direkt am Flussufer in ruhiger Lage. Bei den Produkten wird auf Nachhaltigkeit geachtet, beispielsweise gibt es nur Bio-Fleisch. Außerdem werden vegane Gerichte angeboten, gegen Aufpreis gibt es auch glutenfreies Brot.

❯ **Traktørstedet Simonsens Have** €€, Viborgvej 2. Mitten im Freilichtmuseum Den Gamle By 🟠 gelegenes Café, das nur bei einem Besuch des Museums erreichbar ist, Tel. 86123188, www.den gamleby.dk, geöffnet: tägl. ab 11 Uhr bis 30 Min. vor Schließung des Museums. Neben Kaffee und Kuchen gibt es traditionelle dänische Küche mit kalten und warmen Speisen. Außerdem kann man ein Lunchpaket bestellen und dieses

an einem der Picknickplätze genießen. Es besteht aus Brot mit Aufschnitt und muss gleich morgens bestellt werden.

⚑80 [D4] **Vincaféen** €€€, Borggade 14, im nördlichen Bereich des Latinerviertels, Tel. 52175016, www.loeves.dk, geöffnet: Di–Do ab 16, Fr/Sa ab 15 Uhr, So geschlossen. Überschaubares Feinkostgeschäft mit einer Vielzahl von Weinen, die vor Ort getestet werden können. Dazu werden kleine Speisen gereicht, z. B. eine Käseplatte.

⚑81 [D4] **Vinylrock Café** €, Mejlgade 46, Facebookseite, Di/Mi 12–18, Do/Fr 12–19, Sa 12–17 Uhr. Urige Mischung aus Café und Plattenladen. Eine ausführliche Beschreibung findet sich auf S. 16.

Vegetarische Speisen

⚑82 [C5] **Café Gaya** €€, Vestergade 43, zwischen Mølleparken und Klosterkirche gelegen, Tel. 86181415, www.cafe gaya.dk, geöffnet: Mo–Do 10–21, Fr 10–21.30, Sa 10–21 Uhr, So geschlossen. Vegetarisches Restaurant mit hausgemachter Kost. Ideal für Allergiker, da viele Speisen glutenfrei sind. Es wird sogar zuckerfreier Kuchen angeboten. Hinzu kommt das gemütliche Ambiente mit Livemusik und Kunstausstellungen.

EXTRATIPPS

Der erste Kaffee

⚑84 [D4] **La Cabra** €€, Graven 20, mitten im Szeneviertel Latinerquartier, Tel. 42924925, www.lacabra.dk, geöffnet: Mo–Fr 8–18 Uhr. Kleines Café mit eigener Kaffeerösterei.

Lokale mit Aussicht

⚑85 [bf] **Restaurant V** €€€, Værkmestergade 2, im Comwell-Hotel. Das Hotel befindet sich in der oberen Etage und bietet eine tolle Aussicht, Tel. 86728000, www.comwellaarhus. dk, geöffnet: tägl. ab 6.30 Uhr. Von Muscheln bis Rindfleisch mangelt es auf der Speisekarte an nichts.

Dinner for one

⚑86 [C6] **Café Hollywood** €€€, Ny Banegårdsgade 47, schräg gegenüber vom Hauptbahnhof, Tel. 86130294, www.hollywood.dk, geöffnet: tägl. ab 9 Uhr. Das Café präsentiert sich im Stil der Traumfabrik und erinnert an legendäre Filme. Hier kann man auch ungezwungen alleine essen.

◁ *Das Vinylrock Café ist ein beliebter Treff für Schallplattenfreunde*

Aarhus am Abend

Das Nachtleben von Aarhus verteilt sich auf die gesamte Stadt. Kultur genießt man entweder im **Theater** ❹ in der Altstadt oder im **Musikhuset** ❾. Auch **Godsbanen** ❼ ist ein Ort, den man abends ansteuern sollte. Entweder, um sich dort ein Theaterstück anzusehen oder um die Atmosphäre auf dem Gelände des ehemaligen Güterbahnhofs zu genießen.

Die Klassiker des Nachtlebens sind das **Latinerquartier** (s. S. 20) mit seinen zahlreichen Pubs und Cafés sowie der **Åboulevarden** [C/D5].

Nachtleben

Bars und Kneipen

❷**87** [D4] **Café Drudenfuss** €€, Graven 30, mitten im Latinerquartier, an der Straßenecke mit den Außentischen nicht zu übersehen, Tel. 86128272, www.drudenfuss.dk, geöffnet: tägl. ab 10 Uhr. Beliebtes Eckcafé, abends jedoch nur mit einer kleinen Auswahl an Gerichten.

❷**88** [D4] **Café Englen** €€, Studsgade 3, mitten im Szeneviertel des Latinerviertels, Tel. 86130644, www.cafe-englen.dk, geöffnet: tägl. ab 10 Uhr. Morgens gibt es Frühstück und Brunch, später kleine Gerichte. Gelegentlich Livemusik.

❼**89** [D4] **Gyngen** €€, Mejlgade 53, am nördlichen Rand der Altstadt, einfach der Mejlgade ab der Domkirche folgen, in den Hinterhof gehen und dann die Treppe rauf, Tel. 86192255, www.gyngen.dk, geöffnet: Di 11–16 Uhr (manchmal auch 19–2 Uhr), Mi–Fr ab 11, Sa ab 18 Uhr, So geschlossen. Beinahe täglich wechselnde Livemusik. Die Bandbreite reicht von Salsa über Hip-Hop bis Jazz und Blues. Dazu gibt es kleine Gerichte, unter anderem vegetarische Burger.

❷**90** [C7] **Peter Gift** €€, M. P. Bruuns Gade 28, nach dem Verlassen des Haupt-

Smoker's Guide

In Dänemark gilt in allen öffentlichen Einrichtungen ein Rauchverbot. Ausnahmen bilden kleine Gaststätten mit einer Größe bis zu 40 m².

bahnhofs gleich links um die Ecke, dann über die Brücke, Tel. 86120163, www.petergift.dk, geöffnet: Mo–Sa ab 11, So 14–22 Uhr. Gemütlicher Pub mit mehr als 40 Biersorten und einer kleinen Außenterrasse im Hinterhof.

❷**91** [B5] **Pica Pica** €€€, Vester Allé 15, gegenüber vom Mølleparken an der Konzerthalle Voxhall, Tel. 25667800, www.pica-pica.dk, geöffnet: Di–Sa ab 16 Uhr. Kleine Weinbar mit Tapas, die nicht edel sein will, sondern eher locker daherkommt.

❷**92** [C5] **Sharks Diner** €€€, Frederiksgade 25, zentral gelegen, über die Haltestelle Busgaden, Tel. 86180990, www.sharkspoolhall.dk, geöffnet: Mo–Fr 12–22, Sa/So 11–22 Uhr. Großes amerikanisches Diner mit rund 20 Billardtischen. Jeder einzelne Tisch trägt einen Namen mit US-amerikanischem Bezug. Das Ambiente findet sich auch im dazugehörigen Diner, wo in einem Regal Sneakers stehen und Footballhelme und Miniaturmodelle von amerikanischen Straßenkreuzern an der Wand hängen. Natürlich ist auch die Speisekarte amerikanisch, serviert werden Chicken Wings, Burger, Steaks und Spareribs mit Barbecue-Sauce.

❷**93** [C6] **Sherlock Holmes Pub** €€, Frederiksgade 76a, nur wenige Meter vom Rathaus entfernt, Tel. 86124050, www.sherlock-holmes.dk, geöffnet: Mo–Sa ab 12, So ab 13 Uhr. Klassischer britischer Pub mit einer großen Auswahl an Bieren und Whisky. Außerdem gibt es Livemusik und es werden Pub-Quiz durchgeführt.

94 [D4] **Slap Af** €€, Studsgade 8–10, in einer kleinen Seitengasse des Latinerquartiers, Tel. 86181814, www.slapaf.nu, geöffnet: Mo–Do 17–23, Fr/Sa 17–2 Uhr, So geschlossen. Stilvolle Cocktailbar mit kleinen Gerichten.

95 [C6] **The Golden Lion** €€, Frederiksgade 76, am Rathaus in die Frederiksgade einbiegen und wenige Meter in Richtung Altstadt gehen, Tel. 86126035, www.thegoldenlion.dk, Mo–Fr ab 12.30, Sa ab 11 und So ab 12 Uhr. Nach Aarhus fahren und einen britischen Pub besuchen? Warum nicht. Der nach eigenen Angaben authentischste britische Pub der Stadt lädt zu einem geselligen Abend ein, bei dem ein englisches Fußballspiel, vom Beamer auf die Leinwand geworfen, natürlich nicht fehlen darf.

Klubs und Diskotheken

96 [D5] **Castenskiold** €€€€, Åboulevarden 32, im östlichen Bereich der Straße am Fluss, Tel. 86189090, www.castenskiold.net, geöffnet: Di–Do 12–22, Fr/Sa 12–5 Uhr, So/Mo geschlossen. Stilvolles Restaurant, das auch ein Sieben-Gänge-Menü im Angebot hat. An den Wochenenden verwandelt es sich in den späten Abendstunden in einen exklusiven Nachtklub.

97 [D5] **Herr Bartels**, Åboulevarden 46, mitten im Zentrum, Tel. 86180833, www.herrbartels.dk, geöffnet: Mi–Sa 20–3 Uhr (am Wochenende Altersgrenze bei 21 Jahren). Beliebte Cocktailbar, in der es spät werden kann.

98 [D5] **Shen Mao**, Sankt Clemenstorv 17, zentral gelegen, gleich an der Sankt-Clemens-Brücke über den Fluss, Tel. 86171122, www.shenmao.dk, geöffnet: Do–Sa ab 21.30 Uhr. Disco mit Musik vom DJ und Tischtennisplatten, an denen man sich versuchen kann, was zu vorgerückter Zeit nicht unbedingt einfacher wird.

99 [D6] **Train,** Toldbodgade 6, zwischen der Polizeistation und dem Schwimmbad „Spanien", Tel. 86134722, www.train.dk, geöffnet: ab 24 Uhr. Die Diskothek ist eine der größten des Landes und nicht nur eine Disco, sondern auch Veranstaltungsort für zahlreiche Musiker. Die musikalische Bandbreite reicht von Rock über Pop bis hin zu Metal, Jazz und Hip-Hop. Das Mindestalter beträgt samstags 21 Jahre.

Theater und Konzerte

❯ **Aarhus Teater** ❹: die unangefochtene Nummer 1 der Theaterhäuser in Aarhus. In den fünf Theatersälen finden rund 1200 Zuschauer Platz. Mehr als ein Dutzend Inszenierungen werden pro Jahr in dem von Hack Kampmann entworfenen Gebäude gezeigt.

100 [D4] **Gruppe 38,** Mejlgade 55b, auf der kleinen Mejlgade kurz vor der Ringstraße 01, Tel. 86135311, www.gruppe38.dk. Theater, das bereits seit 1972 besteht und dessen Ensemble auch auf Tour geht. In den letzten Jahren spielte es unter anderem in Nürnberg auf dem Panoptikum Kindertheaterfestival und zeigte Hänsel und Gretel in Frankfurt. Daher steht das Theater auch keinen Grund, warum es sich nicht auch in Aarhus international präsentieren sollte – viele Aufführungen finden auch auf Englisch statt.

040aa-mm

> **Hermans Kulturhus,** Skovbrynet 5, im Freizeitpark Tivoli Friheden **㉗**, Tel. 86147300, www.friheden.dk/hermans. Veranstaltungs- und Kulturhaus im Freizeitpark. Geboten werden Lesungen, Theateraufführungen, Konzerte und Comedy bzw. Kabarett. Das Theater ist über einen Nebeneingang links vom Haupteingang des Freizeitparks zu erreichen. Die Tickets gelten nur für das Theater.

> **Katapult,** Skovgårdsgade 3, Tel. 86202699, www.katapult.dk. Theater in Godsbanen **❼**, die Stücke sind überwiegend auf Dänisch, gelegentlich gibt es aber auch englisch- und sogar deutschsprachige Vorstellungen. Das Theater Katapult bietet auch Kindertheater und zeigt oft Stücke zu aktuellen zeitgenössischen Themen.

> **Musikhuset ❾,** Tel. 89404040, www.musikhusetaarhus.dk. Eine der wichtigsten Anlaufstellen für Musikveranstaltungen. Dänische und bekannte internationale Künstler geben sich hier die Klinke in die Hand. Neben Konzerten gibt es aber auch Tanzveranstaltungen und Opernvorführungen.

○**101** [C5] **Refleksion,** Frederiksgade 72, in einer Seitenstraße, die vom Rathaus in Richtung Altstadt führt, Tel. 86240572, www.reflexion.dk. Kleines, liebevolles Puppentheater, das bei manchen Stücken auch ohne Dänischkenntnisse sehenswert ist. Geboten werden auch Workshops, in denen man zum Beispiel Einblicke in die die Stop-Motion-Technik erhält.

○**102** [C6] **Svalegangen,** Rosenkrantzgade 21, nur wenige Gehminuten vom Bahnhof bzw. vom Rathaus entfernt, Tel. 86191944, www.svalegangen.dk. Kleines Theater mit angrenzendem Café. Hier finden zwar auch Gästevorstellungen anderer Bühnen statt, die Stücke sind jedoch überwiegend auf Dänisch.

Aarhus für Kauflustige

Beim Einkauf in Dänemark verhält es sich ganz ähnlich wie beim abendlichen Ausgehen im Restaurant: Es ist eine Frage des Preises. Das Preisniveau in Dänemark ist etwas höher als bei uns und daher wird man nur wenige Schnäppchen machen können. Wer sparen möchte, sollte auf den Schriftzug „**Udsalg**" in den Schaufensterläden achten, der einen Schlussverkauf bezeichnet. Allerdings hat man manchmal das Gefühl, es herrsche immer Schlussverkauf, weil sich dieser Hinweis in fast jedem Schaufenster findet. Dafür gibt es neben Souvenirs natürlich auch die Möglichkeit, **typisch dänische Produkte** und vor allen Dingen **Designerstücke** zu kaufen. Bei den meisten Geschäften erkennt man sofort, was dort überwiegend angeboten wird, wenn man durch die kleinen Straßen und Gassen der Altstadt, insbesondere des Latinerviertels schlendert.

Hinzu kommen noch **Supermärkte,** in denen man günstig Lebensmittel einkaufen kann, wenn man sich lieber selbst versorgen möchte, und ein halbes Dutzend **Einkaufszentren.**

Geschäfte

🛍**103** [D5] **Bog og Idé (1),** Søndergade 20, Tel. 86131066, www.bog-ide.dk, geöffnet: Mo–Do 10–18, Fr 10–19, Sa 10–17 Uhr. Filiale einer Buchladenkette mit Geschenkartikeln, Spielen, Büchern und wenigen Souvenirs. Weitere Filiale:

🛍**104** [C6] **Bog og Idé (2),** Sønder Allé 4

◁ *Das Aarhus Theater ❹ verfügt über eine prächtige Fassade*

Shoppingareale
Die wichtigsten Shoppingbereiche der Stadt sind im Kartenmaterial mit einer rötlichen Fläche markiert.

🛍**105** [D4] **FF2,** Volden 29, Tel. 86139001, www.ff2.dk, geöffnet: Mo–Do 10–17.30, Fr 10–18, Sa 10–15 Uhr. Markenklamotten und Accessoires im Latinerviertel.

🛍**106** [D4] **Lofina (1),** Volden 12, Tel. 86561812, www.lofina.dk, geöffnet: Mo–Do 8.30–16.30, Fr 8.30–15 Uhr. Bei Lofina handelt es sich um eine typische kleine Boutique im Latinerquartier mit Schuhen, Hüten, Schals und mehr. Weitere Filiale:

🛍**107** [C7 **Lofina (2),** M. P. Bruuns Gade 38

❯ **Magasin** (s. S. 81). Einkaufszentrum mit einer großen Auswahl an Kleidung, Kosmetik und Dingen des täglichen Bedarfs. Mitten im Zentrum, gleich dort, wo der Åboulevarden auf die Frederiksgade trifft.

🛍**109** [D4] **Shoe Chapter,** Badstuegade 18, Tel. 31313573, www.shoechapter.com, geöffnet: Mo–Do 11–17.30, Fr 11–18.30, Sa 10–16 Uhr. Kleines Schuhgeschäft im Latinerviertel, das bei den Einheimischen sehr beliebt ist.

🛍**110** [C6] **Vibholm,** Søndergade 76, Tel. 51434290, geöffnet: Mo–Do 10–18, Fr 10–19, Sa 10–16 Uhr. Nah beim Rathaus findet man im Eckhaus an der Fußgängerzone diesen Juwelier, der Gold, Schmuck und Uhren anbietet.

Märkte

🛍**111** [af] **Bazar Vest,** Edwin Rahrs Vej 32, 8220 Brabrand, im westlich vom Zentrum gelegenen Stadtteil Brabrand, geöffnet: Di–So 10–18 Uhr. Internationaler Markt, der überwiegend von Einwanderern betrieben wird, daher gibt es dort teilweise auch eher exotischere Waren.

🛍**112** [cg] **Ingerslevs Boulevard,** Ingerslevs Boulevard 1, südlich der Altstadt im Stadtviertel Frederiksbjerg, geöffnet: Mi/Sa 8–14 Uhr. Klassischer Wochenmarkt mit Obst, Früchten, Gemüse und Pflanzen.

041aa-mm

Einkaufszentren

113 [C7] **Bruuns Galleri**, M. P. Bruuns Gade 25, mit der Südseite des Hauptbahnhofs verbunden und über diesen direkt erreichbar, Tel. 70208909, www.bruunsgalleri.dk, geöffnet: Mo–Fr 10–20, Sa/So 10–17 Uhr. Klassisches Einkaufszentrum mit Supermarkt, Kleidungsgeschäften, Bücher- und Handygeschäften. Rund 100 Läden auf drei Etagen und ein Kinokomplex mit drei Sälen. Die Bruuns Galleri zählt zu den größten Einkaufszentren Dänemarks.

114 [ag] **City Vest**, Gudrunsvej 7, 8220 Brabrand, westlich von Aarhus im Ortsteil Brabrand, außerhalb der Ringstraße O2 über den Silkeborgvej zu erreichen, Tel. 86253688, www.cityvest.dk, Geschäfte: tägl. 10–19 Uhr, føtex: 8–21 Uhr, Lidl: 8–21 Uhr. Großes Einkaufszentrum auf einer grünen Wiese mit zahlreichen Parkplätzen, einer Tankstelle und einer Filiale des deutschen Discounters Lidl.

115 [C5] **Magasin**, Immervad 2–8, direkt am Åboulevarden an der Sankt-Clemens-Fußgängerbrücke, Tel. 86123300, www.magasin.dk, geöffnet: tägl. 10–20 Uhr. Man muss schon zugeben, dass das Gebäude von außen sehr bieder und uncharmant wirkt. Kein Wunder, wurde es doch in den 1960er-Jahren gebaut und seither außen nicht mehr erneuert. Das Magasin du Nord ist eine Kaufhauskette, die 1868 an genau dieser Stelle in Aarhus gegründet wurde und mittlerweile auch in anderen dänischen Städten Filialen unterhält.

116 [A1] **Salling**, Søndergade 27, in der Fußgängerzone zwischen Åboulevarden und Bahnhof, Tel. 87786000, www.salling.dk, geöffnet: Mo–Fr 10–20, Sa/

◁ *Vom Bahnhof gelangt man trockenen Fußes direkt in das angeschlossene Einkaufszentrum Bruuns Galleri*

KLEINE PAUSE

Café in der Buchhandlung
Im Løve's Bog & Vin Café (s. S. 74) in der Nørregade 32 kann man nicht nur Bücher kaufen, sondern auch Platz nehmen, schmökern und ganz entspannt einen Kaffee trinken. Im hinteren Bereich wartet sogar noch eine kleine Vinothek auf Gäste.

So 10–18 Uhr. Großes Einkaufszentrum, das durch das angrenzende Parkhaus auch gut mit dem Pkw erreichbar ist. Im Innern befinden sich neben einigen einheimischen Läden auch die üblichen Geschäfte bekannter internationaler Marken.

117 [A1] **Storcenter Nord**, Finlandsgade 17, im Nordwesten der Stadt in einem Gewerbegebiet außerhalb der Ringstraße O1, Tel. 87394220, www.storcenternord.dk, Geschäfte: Mo–Fr 10–19, Sa/So 10–16 Uhr, føtex: tägl. 8–21 Uhr, Netto: tägl. 8–22 Uhr. Großes Einkaufszentrum auf einer grünen Wiese mit über 1000 Parkplätzen. Neben den klassischen Geschäften sind im Storcenter auch die beiden Supermärkte Netto und føtex untergebracht.

Supermärkte

Klassische Supermarktketten sind **Super Brugsen, Kiwi** und **Rema1000**, wobei letztere als Discounter zu bezeichnen sind. Die Kette Rema1000 nahm sich bei ihrer Gründung den deutschen Discounter Aldi zum Vorbild. Ferner gibt es **føtex**, das als Warenhaus von Hermann Salling gegründet wurde. Sein Vater Ferdinand rief das heutige Einkaufszentrum Salling in der Søndergade ins Leben. Bei føtex gibt es sowohl Lebensmittel *(fødevarer)* als auch Textilien, woraus sich der Name, ein Kofferwort, ableitet.

Aarhus zum Träumen und Entspannen

Zum Ausspannen und für die Erholung der Füße nach langen Stadtspaziergängen und Museumsbesuchen bieten sich innerhalb der Stadt eine Menge **Grünanlagen** und im Osten natürlich die **Küste** an.

Besonders erholsam ist die weitläufige und leicht hügelige Landschaft des **Botanischen Gartens** ⑫. Entweder man genießt in Ruhe die einzelnen Beete neben den Gewächshäusern oder man geht in das **Arboretum** nordwestlich der markanten Kuppel, wenn man es noch ein wenig einsamer bevorzugt. Entlang der Wege durch die Grünanlage findet man immer wieder eine Sitzgelegenheit oder kann auf einer kleinen Fußgängerbrücke dem Lauf des kleinen Flusses hinterherblicken.

Ähnlich schön und ruhig, allerdings nicht zwangsläufig zu jeder Tageszeit, ist es im **Park des Universitätsviertels**. Zwischen den einzelnen Universitätsgebäuden und dem Naturgeschichtlichen Museum ⑭ erstreckt sich ebenfalls eine angenehme Parklandschaft, die zudem mit einem kleinen See zum Verweilen einlädt.

Deutlich kleiner ist das **Biotop** im südlich davon gelegenen **Vennelystparken**. Der Park trägt zwar einen eigenen Namen, ist aber gefühlt noch ein Teil des Universitätsparks, der durch den Vennelyst Boulevard von diesem getrennt ist.

Deutlich kleiner sind die **Grünanlagen direkt in der Altstadt**. Da wäre zum Beispiel die kleine **Grünanlage an der Südfassade der Klosterkirche** (s. S. 17), die von der Fußgängerzone und dem Latinerquartier schnell zu Fuß zu erreichen ist.

Eine Mischung aus Natur und Kultur bietet der **Mølleparken**, den man

auf dem **Åboulevarden** ganz automatisch erreicht, wenn man am Flussufer in Richtung Westen geht oder am **ARoS-Kunstmuseum** ⑧ der Straße hinab folgt.

- ●**118** [C1] **Park des Universitätsviertels,** Victor Albecks Vej
- ●**119** [D2] **Vennelystparken,** Vennelyst Boulevard
- ●**120** [B5] **Mølleparken,** Møllegade 1

Vor dem **Musikhuset** ⑨ erstreckt sich eine weitere Grünanlage mit gepflegten Hecken. Hier lohnt auch ein Blick in die südöstliche Ecke der Grünfläche: Unter hohen Bäumen erkennt man einen alten **Jüdischen Friedhof**, der von 1824 bis zum Jahr 1905 genutzt wurde.

Gleich gegenüber erstreckt sich auf der anderen Seite der Frederiks Allé zu guter Letzt noch der **Rathauspark** ⑩ mit einer ringförmig angelegten Baumgruppe im Zentrum.

In Aarhus gibt es aber auch einige Orte, an denen man zur Ruhe kommt und Entspannen kann, ohne dass es der Natur bedarf. Da wäre zum Beispiel das **Dach von Godsbanen** ⑦, wo man besonders in den frühen Morgenstunden Ruhe findet – ab dem Nachmittag gilt dann eher das Gegenteil. Besonders im neuen Stadtviertel **Aarhus Ø** (s. S. 40) gibt es allerlei Gelegenheiten zu entspannen und dabei den Blick über das Meer in die Ferne schweifen zu lassen. Am östlichsten Punkt des Hafenviertels, wo sich die Kleingärten der Bewohner befinden (s. S. 41), hat man die modernen Fassaden der Stadt, wie zum Beispiel von **Isbjerget** ⑯, im Rücken und das Meer vor sich. Sehr schön ist aber auch der Ort, den man erreicht, wenn man sich dort nach

042aa-mm

links wendet und zum nördlichsten Punkt bewegt: Über die Promenade gelangt man nach wenigen Gehminuten zur **Hafeneinfahrt vom Lystbådehavnen** ⑲. Außerdem sollte natürlich nicht das südliche Pendant zum Jachthafen fehlen, der **Hafen in Marselisborg**. Auch hier kann man sich niederlassen und den Schiffen in der Aarhusbucht hinterherblicken, während die Möwen kreischen und die Seile an den Masten der Segelschiffe ihr charakteristisches Klimpern erklingen lassen.

Vom Jachthafen ist es natürlich nur ein Katzensprung bis zum zentralen Punkt in Marselisborg, dem **Schloss** ㉕, das sich westlich des **Mindeparken** (s. S. 49) erhebt. Der Mindeparken in Marselisborg bedeutet für Städter den Inbegriff von Erholung. Hier wird auf der Wiese gelegen, Sport getrieben, aufs Meer hinausgeblickt und im großen, kreisförmigen **Marselisborg Monument** der Toten aus dem Ersten Weltkrieg gedacht.

Am östlichen Ende des Parks kann man den Strandvejen überqueren, sich rechts halten und einen gemütlichen **Strandspaziergang** genießen, der erst im kleinen Hafen von Norsminde sein Ende finden würde – immerhin 12 Kilometer Wegstrecke. Genug Gelegenheiten also, um ein wenig Ruhe vom städtischen Treiben zu finden.

EXTRATIPP

Strandurlaub

Um es gleich vorweg zu nehmen: Einen Altstadtbummel mit einem Strandbesuch zu verbinden, fällt in Aarhus leider aus, weil sich an das Stadtzentrum der umfangreiche Hafenkomplex anschließt. Doch sowohl nördlich als auch südlich des Hafens gibt es weite Sandstrände, die zu Spaziergängen und zum Sonnenbaden einladen. Im Norden ist der Strand von einem Wald begrenzt und verläuft an Risskov vorbei bis zur Egå Marina. Einsamer, aber auch schöner ist der südlich gelegene Strandabschnitt, der in Marselisborg ㉕ beginnt und ohne angrenzende Siedlungen bis Norsminde reicht. Da die Sonne bekanntlich im Westen untergeht und man an den Stränden in Richtung Osten blickt, sieht man unser Zentralgestirn nur am frühen Morgen knapp über dem Horizont. Auf einen romantischen Sonnenuntergang im Meer muss man daher verzichten.

🔼 *Strandspaziergänge sind nördlich und südlich des Hafens möglich*

Zur richtigen Zeit am richtigen Ort

Aarhus ist nicht ohne Grund zur Europäischen Kulturhauptstadt 2017 gewählt worden. Zahlreiche kulturelle Veranstaltungen finden das ganze Jahr über statt, doch auch im Bereich Sport lockt Aarhus dank verschiedener Events Besucher an.

März bis Mai

› **Århundredets Festival (Festival des Jahrhunderts):** Das Wissen steht im Mittelpunkt dieses Festivals, das in den ersten Märzwochen stattfindet. Hier treffen Künstler und Kreative auf Wissenschaftler und Institutionen, die gemeinsam Lesungen, Filmvorführungen und Ausstellungen organisieren. In ungeraden Kalenderjahren steht ein bestimmtes Motto zum Thema Wissen im Mittelpunkt der Veranstaltung, während in geraden Jahren eine Epoche oder ein Jahrhundert beleuchtet werden (www.aarhundredetsfestival.dk).

› **SPOT Festival:** An einem verlängerten Wochenende Ende April oder Anfang Mai kommen Rockmusikfans nach Aarhus, wenn sich junge Bands in den Konzerthäusern wie Godsbanen **❼**, VoxHall [B5] oder im Musikhuset **❾** präsentieren (www.spotfestival.dk).

› **SPOR Festival:** Gleich nach dem SPOT-Festival folgt das Wochenende mit dem SPOR-Festival, bei dem moderne Musik und Tonkunst im Mittelpunkt stehen (www.sporfestival.dk).

› **Aarhus Kræmmermarked:** Mitte Mai bauen Krämer ihre Stände in Marselisborg **㉕** auf und veranstalten einen großen Floh- und Trödelmarkt. Hinzu kommt eine Vielzahl an kulinarischen Angeboten, die den Krämermarkt zu einem beliebten Ziel für die ganze Familie macht (www.tangkrogen.dk).

› **Aarhus Classic Race:** An einem Wochenende im Mai sind weite Teile der Straßen von Marselisborg gesperrt. Dann drehen Old- und Youngtimer dort ihre Runden und machen aus einem Autorennen ein Volksfest. Kinder können am Freitag beispielsweise an einem Seifenkistenrennen teilnehmen, außerdem gibt es verschiedene Ausstellungen rund um das Thema Automobil zu bewundern (www.craa.dk).

☒ Spannende Veranstaltungen wie hier beim Moesgaard Museum **㉔** *finden das ganze Jahr über statt*

043aa-mm

Juni und Juli

> **Explore the World with Aarhus:** Aarhus als Tor zur weiten Welt. Jedes Jahr Anfang Juni gibt es in den Fußgängerzonen der Stadt Konzerte, Unterhaltung, Tanz und vor allen Dingen Reiseausstellungen, denn die Veranstaltung ist ein Reise- und Kulturfestival, auf dem jedes Jahr ein anderes Reiseland im Mittelpunkt steht und mit all seinen Facetten präsentiert wird.

> **Aarhus Pride:** Mit einem Umzug durch die Stadt und einer Party vor dem ARoS-Kunstmuseum **8** wird Anfang Juni ein buntes Fest begangen, das eine kleine Ausfertigung des Christopher Street Days ist und als Gedenk- und Demonstrationszug von Lesben, Schwulen, Bisexuellen und Transgendern gilt (www.aarhuspride.dk).

> **NorthSide:** Jedes Jahr Mitte Juni wird eines der größten Musikfestivals Dänemarks in Aarhus abgehalten, das internationale Künstler anzieht. Im Jahr 2016 standen unter anderem The Chemical Brothers, Iggy Pop und Duran Duran auf der Bühne. Die Tickets hierfür sind jedoch schnell vergriffen (www.north side.dk).

> **Aarhus Vocal Festival:** Jedes Jahr zu Pfingsten treffen sich 1000 Künstler der rhythmischen Vokalmusik, die auf über 60 Konzerten auftreten. Eine Vielzahl davon ist kostenlos (www.aavf.dk).

> **Aarhus Jazz Festival:** 200 Jazzkonzerte finden an acht Tagen regelmäßig Mitte Juli in den Aarhuser Konzerthallen statt (www.jazzfest.dk).

> **Moesgaard Vikingetræf (Wikingertreffen am Moesgaard):** Ende Juli ist das Moesgaard Museum **24** fest in der Hand der Wikinger. Ein ganzes Wochenende lang belagern diese mit Zelten den nahe gelegenen Strand und bieten abenteuerliche Shows am Museumsgebäude (www.moesgaardmuseum.dk).

August bis September

> **Sommer.Chillout.Aarhus:** Jedes Jahr wechselt der Veranstaltungsort dieses eintägigen Festivals, das Mitte August stattfindet. Mit guter Laune und relaxter Musik wird ganz entspannt unter freiem Himmel gefeiert (www.sommerchill outaarhus.dk).

> **Cyklo:** Mitte August dreht sich alles um das Fahrrad. Beim Cyklo-Festival treffen sich Radfahrer zu gemeinsamen Ausfahrten und Gesprächen (www.cyklo.dk).

> **Aarhus Festuge (Aarhus Festwoche):** Von Ende August bis Anfang September wird bereits seit 1965 alljährlich die Festwoche begangen. Es handelt sich um eines der größten Kulturfestivals Europas und steht jedes Jahr unter einem anderen Motto. In der gesamten Stadt finden dann kleine, familienfreundliche Veranstaltungen statt und es gibt an zahlreichen Orten auch Livemusik, Bühnenkunst, Straßenorchester und Märkte (www.aarhus festuge.dk).

> **Foodfestival:** Drei Tage Anfang September stehen ganz im Zeichen des Essens, wenn kulinarische Düfte durch Marselisborg ziehen. Das erst im Jahr 2012 ins Leben gerufene Festival lockt pro Jahr rund 30.000 Menschen an und beschäftigt sich mit allem, was zum Thema Lebensmittel gehört. Keine Frage, dass man an den meisten Ständen natürlich auch probieren darf (www. foodfestival.dk).

> **Aarhus Halvmarathon (Aarhus Halbmarathon):** Der Audi-Challenge-Aarhus-Halbmarathon Anfang September wird vom lokalen Sportverein Aarhus 1900 veranstaltet und startet im südwestlichen Stadtviertel Viby. Auf der Strecke umrundet man den Brabrand-See **28** und läuft einmal in die Altstadt und zurück (www.1900am.dk/ aarhushalvmarathon).

Oktober bis Dezember

> **Nordiske Nätter:** Als Einstieg in den nahenden Winter und die dunklen Tage finden Anfang November die **Nordischen Nächte** statt, die von der Volkshochschule im Moesgaard Museum ㉔ veranstaltet werden. An einem Wochenende wird die nordische Geschichte mitsamt ihrer Mythologie, den Wikingern und dem Sternenhimmel musikalisch und erzählerisch dargestellt (http://nordiskenaetter.fuau.dk).

> **Jul i Den Gamle By** (Weihnachtsmarkt in Den Gamle By ⑪): Ab Mitte November wird die Adventszeit begangen. Die Häuser im Museum sind passend zu ihrer Geschichte dekoriert. Zu sehen gibt es daher Weihnachtsschmuck aus dem 17. Jahrhundert bis zum Jahr 1974, während in den historischen Läden interessante Geschenke zum Verkauf stehen. Außerdem gibt es zahlreiche Veranstaltungen rund um den Weihnachtsmarkt, die auf die Tradition und Geschichte des Weihnachtsfestes eingehen (www.dengamleby.dk).

Feiertage

> **Nytår:** Neujahrstag (1. Januar)
> **Skærtorsdag:** Gründonnerstag
> **Langfredag:** Karfreitag
> **Påskesøndag:** Ostersonntag
> **2. Påskedag:** Ostermontag
> **Grundlovsdag:** Tag der dänischen Verfassung (5. Juni, nicht arbeitsfrei, trotzdem haben viele Behörden und Geschäfte geschlossen)
> **Store Bededag:** Buß- und Bettag (vierter Freitag nach Ostersonntag)
> **Kristi Himmelfartsdag:** Christi Himmelfahrt
> **Pinsedag:** Pfingstsonntag
> **2. Pinsedag:** Pfingstmontag
> **1. Juledag:** 1. Weihnachtsfeiertag (25. Dezember)
> **2. Juledag:** 2. Weihnachtsfeiertag (26. Dezember)

AARHUS VERSTEHEN

Das Antlitz der Stadt

Aarhus wirkt auf den ersten Blick ein wenig unspektakulär. Erreicht man die Stadt mit dem Pkw, dann fallen einem zuerst die langen, breiten Straßen auf. Später werden diese zu Straßenschluchten inmitten von monoton wirkenden Wohnhäusern. Kurzum: Die Stadt verbirgt ein wenig ihre Schönheit wie ein schüchternes Mauerblümchen. Daher sollte man sich geduldig mit ihr befassen und ein wenig Zeit mitbringen.

KURZ & KNAPP

Die Stadt in Zahlen
> **Gegründet:** im 8. Jahrhundert
> **Einwohner:** 264.000
> **Einwohner je km²:** 2.900
> **Fläche:** 91 km²
> **Höhe über dem Meeresspiegel:** 0–8 Meter
> **Nord-Süd-Ausdehnung entlang der Küste:** 6 km

Aarhus ist mit etwas über 260.000 Einwohnern nach Kopenhagen die zweitgrößte Stadt Dänemarks. Damit hat sie wenige Tausend Einwohner mehr als die deutsche Ostseestadt Kiel, mit der sie wegen ihrer Lage zumindest ein wenig vergleichbar ist. Während Kiel jedoch am Endpunkt der Kieler Förde liegt, breitet sich Aarhus in voller Gänze an der Küste aus und blickt auf die deutlich breitere **Aarhus-Bucht.** Diesem Umstand verdankt die Stadt den größten Containerhafen des Landes und den zweitgrößten Hafen Dänemarks überhaupt.

Genau wie weite Teile Dänemarks ist auch Aarhus weitgehend **flach** und bietet keine Landschaft mit sanften Hügeln, von denen man auf die Stadt hinabblicken könnte. Der einzige nennenswerte Fluss, der **Aarhus Å,** mündet völlig unauffällig in eines der Hafenbecken. Zuvor durchquert er die Altstadt, allerdings erst seit wenigen Jahren wieder oberirdisch. Zwischen den Weltkriegen wurde der Fluss überbaut und erst gegen Ende des letzten Jahrhunderts begann man damit, ihn wieder freizulegen. Heute wirkt er in der Altstadt wie ein Kanal und wurde Teil des neu angelegten **Åboulevarden,** der sich zu einer Amüsier- und Flaniermeile entwickelt hat.

Ähnlich verhielt es sich in jüngerer Zeit auch mit anderen Teilen der Stadt. Ein herausragendes Beispiel ist das **Hafenviertel Aarhus Ø** (s. S. 40), das sich in wenigen Jahren von einer industriellen Brachlandschaft mit trostlosen Hafenbecken zu einem beliebten Wohnviertel wandelte, wo ein Gebäude architektonisch interessanter ist als das nächste.

Dass die Stadt scheinbar in den 1990er-Jahren aus einem Dornröschenschlaf erwachte und sich den modernen Zeiten stellte, macht sich auch im Namen bemerkbar. Der Stadtrat beschloss im Jahr 2010, dass aus dem einstigen Århus das heutige Aarhus werden sollte. Damit wollte man international mithalten können, denn welcher Nicht-Däne hat schon ein Å auf der Tastatur? Daher wurde die Internet-Domain ohnehin schon mit Doppel-a geschrieben.

◁ *Vorseite: Beim Urban Gardening (s. S. 41) entstehen die wohl kleinsten Grünanlagen der Stadt*

▷ *Diese historische Stabkirche mit frei stehendem Glockenturm kann man auf dem Gelände des Moesgaard Museums* **㉔** *besichtigen*

Von den Anfängen bis zur Gegenwart

Aarhus wurde bereits im 8. Jahrhundert von den Wikingern gegründet und gehört heute mit Ribe und Hedeby zu den ältesten Städten Dänemarks. Im Mittelalter wurde die Stadt zu einem Bistum und zu einer lebendigen Handelsstadt. Letzteres war natürlich der Lage direkt am Meer geschuldet. Hatte Aarhus anfangs noch einen kleinen Flusshafen, so wurde dieser im Laufe der Zeit direkt an die Küste verlagert und immer weiter ausgebaut.

In der Zeit der Industrialisierung wurden in Aarhus zahlreiche Unternehmen gegründet, sei es nun die Ceres-Brauerei oder die erste dänische Margarinefabrik. Das führte dazu, dass sich die Bevölkerungszahl in den letzten drei Jahrzehnten des 19. Jahrhunderts mehr als verdreifachte. Zur gleichen Zeit entstanden auch die heute noch vorhandenen kulturellen Einrichtungen wie das **Aarhus Teater** ❹. Ab den 1980er-Jahren wandelte sich die Stadt von einem Industriezentrum zu einem Ort, in dem der Dienstleistungssektor eine immer größere Rolle spielte. Gleichzeitig nahm die Zahl der Studierenden zu und Aarhus wurde zu einer sehr jungen, lebendigen Stadt mit kreativen Köpfen. Man hat sich für die ersten Jahrzehnte des 21. Jahrhunderts ein weiteres deutliches Wachstum vorgenommen und mit dem Umbau der einstigen Industrieflächen in angesagte Wohnviertel begonnen.

8. Jh.: Besiedelung des heutigen Stadtgebietes und damit einhergehende Gründung von Aarhus durch die Wikinger

9.–10. Jh.: Aarhus erhält eine Befestigung, die unter Harald Blauzahn verstärkt und ausgebaut wird.

948: Auf der Universalsynode von Ingelheim wird Reginbrand als erster Bischof von Aarhus eingesetzt.

11. Jh.: Die ersten Münzen mit der Aufschrift „Aros" werden geprägt.

1043: König Magnus I. von Norwegen und Sven Estridsson kämpften um die Krone von Dänemark, unter anderem bei einem Seegefecht in der Bucht von Aarhus.

Ende des 12. Jh.: Beginn des Baus der Kathedrale ❶

1350: Auch Aarhus leidet unter den Auswirkungen der Pest, die in Dänemark grassiert.

047aa-mm

1400: Das erste Rathaus von Aarhus wird gebaut.

1441: Christoph III. verleiht Aarhus die Stadtrechte.

1477: Die Stadtmauern aus der Wikingerzeit werden geschleift.

1483–1505: Unter König Johann I. erhalten die Einwohner von Aarhus Fischereirechte, Handelsrechte und werden von Zöllen befreit.

1542: Der erste Markt findet in Aarhus statt.

1542–1556: Mehrere Brände zerstören weite Teile der heutigen Innenstadt.

1644: Ole Rømer (s. S. 50) wird in Aarhus geboren.

1687: Zum letzten Mal findet ein Hexenprozess in Aarhus statt. Er endet mit einem Freispruch.

1794: Die erste lokale Zeitung, die Aarhus Stiftstidende, erscheint erstmals in der Stadt.

1813: Dänemark muss den Staatsbankrott erklären.

1830: Erstmals verbindet eine regelmäßige Schiffsverbindung Aarhus mit der Hauptstadt Kopenhagen.

1838: Das Hotel Royal (s. S. 120) wird eröffnet.

1864: Preußen annektiert im Deutsch-Dänischen Krieg für wenige Monate Aarhus. Der Krieg endet noch im selben Jahr.

1873: Über 200 Menschen verlieren bei einer Choleraepidemie ihr Leben.

1873: Der Botanische Garten ⑫ wird angelegt.

1909: Die Dänische Nationalausstellung (Landsudstillingen) findet in Aarhus statt und zeigt zahlreiche architektonische Visionen.

1929: Fertigstellung des Bahnhofs

1937: Der erste Hotdog-Stand der Stadt wird eröffnet.

10. April 1940: Deutsche Truppen besetzen im Zuge des Zweiten Weltkriegs die Stadt.

4. Juli 1944: Ein deutsches, mit Munition beladenes Schiff explodiert im Hafen der Stadt, 38 Menschen sterben. Trümmerteile regnen auf weite Teile der Stadt nieder.

31. Oktober 1944: Die Royal Air Force bombardiert die Universität und zerstört dabei das Hauptquartier der Gestapo.

8. Mai 1945: Befreiung der Stadt durch britische Truppen. Noch drei Tage zuvor kam es zu Kämpfen mit über einem Dutzend Toten.

1975: Das Logo der Anti-Atomkraft-Bewegung wird in Aarhus entworfen und startet seinen Siegeszug um die Welt (s. S. 92).

1990er-Jahre: Umgestaltung der Innenstadt und Freilegung des Flusses Aarhus Å

2000: Dänemark spricht sich bei einem Referendum gegen die Einführung des Euro aus.

2007: Baubeginn des neuen Wohnviertels Aarhus Ø (s. S. 40)

2009: Die öffentliche Ausstellung „Sculpture by the Sea" findet in Aarhus statt, normalerweise wird sie nur in Australien durchgeführt. Sie soll fortan alle zwei Jahre stattfinden.

2010: Der Stadtrat beschließt die Umbenennung der Stadt von Århus in Aarhus.

2012: Aarhus wird zur Europäischen Kulturhauptstadt für das Jahr 2017 gewählt.

2015: Dokk1 ㉓ wird fertiggestellt. Der Komplex Isbjerget ⑯ wird mit einem Architekturpreis ausgezeichnet.

2016: Die Pläne für das neu zu bauende Freibad im Hafenbecken werden vorgestellt. Die ersten Gäste sollen 2018 ihre Bahnen schwimmen können.

2017: Aarhus ist zusammen mit Paphos auf Zypern Europäische Kulturhauptstadt.

▷ *Bei schönem Wetter verweilen die Aarhuser gerne am Ufer des Flusses Å*

046aa-fo © Antony McAulay

Leben in der Stadt

Aarhus ist dank seiner **Universität** eine sehr junge Stadt. Durch die kulturellen Angebote und die verschiedenen **Kreativeinrichtungen** ist sie zudem auch sehr lebendig. Außerdem ist sie die zweitgrößte Stadt des Landes und dadurch so etwas wie die kleine Schwester von Kopenhagen. Doch in touristischer Hinsicht ist Aarhus erst in den letzten Jahren im Kommen. Bis zum Ende des letzten Jahrhunderts war die Stadt von **Industrie und dem Hafen** geprägt und wandelte sich seither zu einer Stadt, die auf den Dienstleistungssektor setzt und in der zahlreiche Sehenswürdigkeiten und Attraktionen geschaffen wurden. Damit erinnert Aarhus an den Wandel im Ruhrgebiet, das sich nach dem Zechensterben ebenfalls neu ausrichten musste. Der Hafen ist zwar geblieben, doch auch er ist im Vergleich zu früher nicht mehr wiederzuerkennen. Wo noch vor wenigen Jahren die Ladungen von Schiffen gelöscht wurden, wuchs mittlerweile ein Wohnviertel, das neuesten Ansprüchen gerecht wird. Schon beim Spaziergang zwischen den teilweise kurios gebauten Häusern wird einem schnell klar, dass man bei der Anmietung oder dem Kauf eines der neuen Appartements schon eine Kleinigkeit angespart haben sollte.

Diese Wohnungen stehen im krassen Gegensatz zu den Wohnblocks weiter im Landesinneren. In den Ortsteilen **Viby**, **Hasle** und vor allen Dingen in **Brabrand** stehen Wohnkomplexe auf engem Raum, die überwiegend von Menschen mit Migrationshintergrund bewohnt werden. Aarhus weist nach Kopenhagen die zweithöchste **Migrationsrate** des Landes auf, Brabrand wird zu zwei Dritteln von Menschen mit Migrationshintergrund bewohnt. Die meisten Migranten in Aarhus stammen aus dem Libanon, Somalia, der Türkei, dem Irak, Vietnam und dem Iran.

Sag Nein zur Atomkraft

Anne Lund war im März 1975 gerade einmal 22 Jahre jung und ein aktives Mitglied in der gerade aufkeimenden Anti-Atomkraft-Bewegung. Ausgerechnet in Dänemark, wo niemals ein Kernkraftwerk zur Energieerzeugung gebaut wurde, entwarf Anne Lund das berühmte Logo einer roten, lachenden Sonne auf einem gelben Kreis umkreist von dem Schriftzug „Atomkraft? Nej, tak". Zum damaligen Zeitpunkt war auch in Dänemark darüber diskutiert worden, Atomkraftwerke zu bauen. Hintergrund hierfür war die gerade herrschende Energiekrise. Während einer Kundgebung am Mai-Feiertag wurden die ersten 500 Anstecker mit dem Emblem verteilt und nur zwei Jahre später steckten über eine Million Buttons an T-Shirts, Hemden, Jacken und Taschen in ganz Europa. Heute ist das Logo weltweit bekannt und als Marke geschützt. Naturschutzverbände, die es nutzen wollen, müssen eine Lizenz beantragen, deren Gebühren weiterhin in Projekte der Anti-Atomkraft-Bewegung fließen. In der Vestergade 7 in Aarhus leuchtet die Sonne bereits seit dem Jahr 1975 von der Außenwand des Gebäudes. Es handelt sich um das berühmteste der Aarhuser Wandbilder.

● **121** *[C4] Wandbild „Atomkraft? Nej, tak", Vestergade 7*

Danach folgen Zuwanderer aus Polen und Deutschland. Das führt zu Problemen, die man auch aus anderen Städten Europas kennt. Der Ortsteil Viby ist zugleich Sitz der **Zeitung Jyllands-Posten**, die 2005 weltweite Berühmtheit erlangte, weil sie die Mohammed-Karikaturen abdruckte, durch die es in islamisch geprägten Ländern zu Gewalttaten kam.

Auch wenn das Thema heute kaum noch durch die Medien geistert, so hallt das Abdrucken der Karikaturen immer noch nach. 2013 gab es beispielsweise einen Attentatsversuch auf Lars Hedegaard, einen Journalisten, der sich öffentlich hinter die Karikaturen stellte.

Neben der Weltoffenheit der Dänen und Aarhuser ist man auch im Bereich **Umweltschutz** sehr bemüht. So hat man sich zum Ziel gesetzt, bis zum Jahr 2030 keine fossilen Brennstoffe mehr zum Heizen zu benutzen. Darüber hinaus entstanden mehrere unterirdische **Regenrückhaltebecken** und die beiden **Seen Årslev Engsø** und **Egå Engsø**. Zu guter Letzt sind auch einige Wälder rund um Aarhus von Menschenhand geschaffen und wurden in den vergangenen Jahrzehnten aufgeforstet.

048aa-mm

Aarhus: Kulturhauptstadt 2017

Im Jahr 2012 wurde offiziell verkündet, dass Aarhus im Jahr 2017 den Titel Europäische Kulturhauptstadt tragen darf. Zahlreiche Veranstaltungen aus den Bereichen Kunst, Theater, Literatur, Musik und Tanz finden das ganze Jahr über statt. Das Motto lautet dabei „Let's Rethink", mit dem zum Hinterfragen des Bestehenden aufgefordert wird, um Veränderungen und Innovationen zu bewirken.

Aarhus feiert aber nicht alleine, denn **in der gesamten Region Midtjylland** wird es **Veranstaltungen** geben.

Das komplette Programm ist im Internet unter www.aarhus2017.dk einsehbar. Zu den Highlights gehören die Theatervorstellung Røde Orm im **Moesgaard Museum** ㉔, das dezentrale **Kunstprojekt „The Garden"** des **ARoS-Kunstmuseums** ❽, das moderne **Ballet Tree of Codes** im **Musikhuset** ❾, eine erste umfassende **Ausstellung über die Geschichte von Aarhus** im Freilichtmuseum **Den Gamle By** ⓫ und die **Bier-Trilogie**. Bei Letzterer werden drei international gefeierte Filme der Regisseurin Susanne Bier als Theaterstück vorgetragen. Weiter gibt es Kultur durch das Aarhus Symfoniorkester (s. S. 32), eine Opernpremiere und ein Kinderliteraturfestival.

◁ *Auch auf diese Weise wird die Umwelt geschont*

▷ *Die Balkone des Eisbergs* ⓰*, der sicher auch mit dafür verantwortlich ist, dass sich Aarhus den Titel der Europäischen Kulturhauptstadt sichern konnte, wirken wie Eiskristalle*

Mit der Ernennung zur Kulturhauptstadt erwarten die Stadtoberen natürlich einen deutlichen Anstieg an Besuchern. Die Rede ist von rund einem Drittel mehr Touristen als sonst. Aber dieses Mehr an Besuchern soll natürlich nicht nur 2017 zu verzeichnen sein, vielmehr hofft man auf einen **Langzeiteffekt** und darauf, dass die Gäste zu einem späteren Zeitpunkt wiederkommen werden. Eine Tatsache, die nicht von der Hand zu weisen ist, besteht nämlich darin, dass Aarhus gewissermaßen die kleine Schwester von Kopenhagen ist und mit der Hauptstadt naturgemäß einen bedeutenden Konkurrenten in

049aa-mm

Sachen Besucherinteresse im eigenen Land hat. Kurz gesagt: **Aarhus steht ein wenig im Schatten von Kopenhagen** und aus diesem will man natürlich heraustreten.

Was heute schon fast überrascht, ist die Tatsache, dass die Bevölkerung zum großen Teil hinter dem Projekt Kulturhauptstadtjahr steht und sich auf das Ereignis freut. Die Gründe hierfür könnten in der Altersstruktur der Einwohner liegen, immerhin hat Aarhus die durchschnittlich jüngste Bevölkerung Dänemarks und bringt allein dadurch schon frischen Wind in kulturelle Planungen bzw. ist offen für Innovationen und Veränderungen. Und so war es eigentlich nur eine Frage der Zeit, bis Aarhus mit dem Titel „Europäische Kulturhauptstadt" geadelt wurde.

Schon sehr früh begann man mit den Planungen und hat beim Bau des Kulturzentrums Dokk1 **㉓** gleich ein Büro für die Kulturhauptstadt eingerichtet. Bereits lange vor dem Jahr 2017 konnten Einwohner dort einsehen, wie der aktuelle Planungsstand ist und Besucher wurden mittels einer Informationstafel darüber unterrichtet, welche Städte zuvor mit diesem kontinentalen Titel ausgezeichnet wurden. Sowohl die Stadt als auch das zu feiernde Jahr ergänzen sich. Ohne Kuturhauptstadttitel würde es vermutlich das eine oder andere Bauwerk nicht geben, insbesondere im Hafenviertel. Aber ohne die Bauwerke, wie zum Beispiel das Dokk1 oder Isbjerget **⑯**, würde es vielleicht auch den Titel nicht geben. Gerade das **Hafenviertel profitiert** natürlich sehr von der Veranstaltung und wurde in den letzten Jahren sichtbar aufgehübscht. Umstrukturierungen hätte es aber in dem einstigen Brachland sicherlich auch so gegeben, nur eben in architektonischer Hinsicht wahrscheinlich nicht ganz so aufregend.

Die Bevölkerung steht dem Thema auch dadurch positiv gegenüber, dass die Stadt nicht für negative Schlagzeilen im Hinblick auf das Kulturhauptstadtjahr gesorgt hat und nicht durch Skandale auffiel. So bleibt den Aarhusern und ihren Besuchern nur ein erfolgreiches Jahr mit vielen spannenden Veranstaltungen zu wünschen.

PRAKTISCHE REISETIPPS

050aa-mm

An- und Rückreise

Mit dem Auto

Die **Anreise** mit dem Auto oder dem Wohnmobil stellt sich als **überaus einfach** dar, wenn man von diversen Staumöglichkeiten auf deutscher Seite, genauer gesagt vor dem Elbtunnel, absieht. Nördlich von Hamburg verlässt man die deutsche Autobahn 7 bei Flensburg, die auf dänischer Seite als **Europastraße 45** weiter Richtung Norden führt. Sie verläuft nur wenige Kilometer westlich von Aarhus, sodass man auf direktem Weg dorthin gelangt. Je nachdem, welchen Aufenthaltsort man in Aarhus wählt bzw. welches Hotel man bucht, hat man die Auswahl zwischen mehreren Ausfahrten. Die üblichste ist jedoch die **Ausfahrt Aarhus Syd**, auf der man auf die **Straße 501** wechselt und wenig später die **Ringstraße O2** erreicht.

Wer aus **Berlin, Brandenburg, Sachsen** oder **Mecklenburg-Vorpommern** anreist, spart sich den Elbtunnel und wird entweder über die A24 oder die A20 an Hamburg vorbeifahren und nach einigen Landstraßenkilometern auf die A7 wechseln.

Mit dem Flugzeug

Direktflüge nach Aarhus werden **von keiner Stadt im deutschsprachigen Raum** angeboten. Der viertgrößte Flughafen Dänemarks ist auf direktem Weg nur von **Kopenhagen, Göteborg, Stockholm, Oslo** und als einzigem nicht skandinavischem Abflugort **London** erreichbar. Kein Wunder, der *Lufthaven Aarhus* mit der Kennung AAR bewegt sich gemessen an der Anzahl der jährlichen Flugpassagiere zwischen den Flughäfen Friedrichshafen und Saarbrücken.

Weitaus größer sind in Dänemark die Flughäfen **Aalborg** und **Billund**, die beispielsweise von der Lufthansa bzw. von Sun-Air of Scandinavia (British Airways) **ab Düsseldorf und München** angeflogen werden. Weiter muss man dann jedoch die 100 bzw. 130 Kilometer von den beiden Flughäfen mit der Bahn oder dem Mietwagen nach Aarhus. Von Aalborg aus startet der Zug rund zwei Dutzend Mal am Tag. Die einfache Fahrt für die eineinhalbstündige Strecke liegt bei umgerechnet knapp 30 €.

Man kann natürlich auch mit dem Flieger in die dänische Hauptstadt **Kopenhagen** reisen und von dort mit dem Zug oder dem sehr günstigen Bus nach Aarhus gelangen. Doch muss man für die Strecke zwischen Kopenhagen und Aarhus rund drei Stunden reine Fahrzeit einplanen. Preislich und zeitlich ist die Strecke ab Billund ähnlich, allerdings muss man hier nach einer kurzen Busfahrt in Vejle noch umsteigen.

> ❯ **Lufthaven Aarhus,** www.aar.dk, Tel. 87757000. Mit dem Shuttle-Service vom *Lufthavnbus* kann man direkt vom Flughafen in das Stadtzentrum von Aarhus gebracht werden. Für Erwachsene kostet die Fahrt 115 DKK.

> ❯ **Sun-Air of Scandinavia,** www.sun-air.dk, Tel. 76500100. Die Chartergesellschaft fliegt Maschinen der British Airways nach Billund und Aalborg.

> ❯ **Lufthansa,** www.lufthansa.com, Tel. 069 86799799. Direktflüge nach Billund.

◁ *Vorseite: Auch Segler können die Stadt Aarhus direkt erreichen*

▷ *Der Bahnhof von Aarhus befindet sich am Rand der Altstadt*

Mit der Bahn

Ab dem Hamburger Hauptbahnhof ist Aarhus täglich auf direktem Weg erreichbar. Die Fahrt mit einem Kurswagen des **Intercity** dauert rund 4 Stunden und 20 Minuten. Weitere Zugverbindungen erfordern immer mindestens einen Umstieg, der in der dänischen Stadt **Fredericia** stattfindet. Eine weitere Direktverbindung gibt es **ab Flensburg** ebenfalls mit einem Kurswagen im Intercity. Die Fahrt dauert keine zweieinhalb Stunden und wer schon morgens den Zug um 6.50 Uhr erwischt, kann bereits ab 9.15 Uhr durch die Innenstadt von Aarhus bummeln. Der **Bahnhof** von Aarhus befindet sich am südlichen Rand der Fußgängerzone Ryesgade.

› Deutsche Bahn, www.bahn.de,
  Tel. 0180 6101111
› Danske Statsbaner (Dänische
  Staatsbahnen, DSB), www.dsb.dk

Mit dem Schiff

Der **Hafen** von Aarhus ist jedes Jahr das Ziel von rund **30 Kreuzfahrtschiffen.** Im Vergleich zu anderen Ostseehäfen ist das nicht viel, dafür werden die Gäste musikalisch begrüßt. In der Regel kommen die Schiffe von Costa, Aida und Co. morgens zwischen 7.30 Uhr und 10 Uhr an und legen zwischen 18 Uhr und 19.30 Uhr wieder ab. Bei der Einfahrt in den Hafen sieht man bereits steuerbordseitig die markante Architektur des Eisbergs ⑯ und blickt beim Anlegen auf das Kulturzentrum Dokk1 ㉓. Von der Gangway bis zum Dokk1 sind es keine zehn Minuten Fußweg. Bis zum Dom ❶ ist es gerade einmal etwas über einen Kilometer, also rund eine Viertelstunde. Und wer gut zu Fuß ist, hat sogar ausreichend Zeit, das zweieinhalb Kilometer entfernte Freilichtmuseum Den Gamle By ⑪ zu erreichen.

Außergewöhnlicher, aber ebenfalls möglich ist die **Anreise auf einem Frachtschiff.** Es existieren reguläre Verbindungen von Containerschiffen zwischen den Ost- und Nordseehäfen. So pendeln zum Beispiel Schiffe von CMA von Hamburg nach Aarhus und die Reederei Maersk fährt unter anderem nach Bremerhaven. Übrigens ist Maersk als dänische Reederei die größte weltweit. Die Buchung einer Frachtschiffreise erfolgt am einfachsten über ein hierauf spezialisiertes Reisebüro wie zum Beispiel www.globoship.ch.

●**122** [F5] **Kreuzfahrtanleger,** Polensgade

Mit dem eigenen Boot

Auch Skipper auf der Ostsee haben natürlich beste Möglichkeiten, Aarhus zu erreichen. Sowohl im Norden als auch im Süden gibt es Marinas, die an den Industrie- und Fährhafen angrenzen. Darüber hinaus gibt es einen weiteren Jachthafen in der nördlich gelegenen Ortschaft Egå.

●**123** **Egå Marina,** www.egaa-marina.dk, GPS: 56.209576, 10.292606. Der Hafen befindet sich rund 7,5 Kilometer nördlich von Aarhus und ist über eine Buslinie mit der Stadt verbunden. Mit 650 Liegeplätzen gilt die Marina als größter Segelhafen an der Ostküste Jütlands. Die Anlage umfasst ein Sanitärgebäude, WLAN, ein Restaurant, ein Café und zahlreiche Einkaufsmöglichkeiten. In fünf Minuten Fußweg gelangt man zu einem Einkaufszentrum.

●**124** [cg] **Jachthafen Marselisborg,** www.marselisborghavn.dk, GPS: 56.137455, 10.215115. Der Jachthafen ist eine moderne Marina ohne Hafenmeister und mit 490 Anlegestellen. Bezahlt wird am Automaten. Legt man direkt an der Hafeneinfahrt an, so sind es rund 600 Meter bis zum Automaten und zu den dort befindlichen Duschen. Bei der nächtlichen Ansteuerung ist die Hafeneinfahrt an Steuerbord grün befeuert.

●**125** [cg] **Lystbådehavn,** www.aarhus lystbaadehavn.dk, GPS: 56.169400, 10.225019. Der Hafen im Norden von Aarhus ist durch das betonnte Großschifffahrtswasser gut zu erreichen. Angelegt werden kann in der Regel an den Stegen der Segelclubs am Ostkai. Bei der Anfahrt hat man bereits einen schönen Blick auf das neue Wohnviertel Eisberg **16** .

052aa-mm

Autofahren

Verkehrsregeln

Jeder Kraftfahrer muss das ganze Jahr hindurch mit **Abblendlicht** fahren. Anstelle des Abblendlichts ist auch die Nutzung von Tagfahrleuchten gestattet. Auf Autobahnauffahrten gilt das Reißverschlussprinzip, was man auch gut an den aufgestellten Schildern erkennt, bei dem sich zwei Pfeile zu einem vereinen. An Straßeneinmündungen und Kreuzungen sieht man in der Regel auf den Boden aufgemalte **weiße Dreiecke.** Diese sogenannten Haifischzähne bedeuten, dass Vorfahrt zu gewähren ist. Die Alkoholgrenze liegt bei **0,5 Promille.** Mit einer Zwangsversteigerung und Enteignung des Fahrzeugs muss man ab einem Alkoholwert von 2 Promille rechnen. Auch andere Verstöße ziehen empfindliche **Strafen** nach sich. Dazu zählen zum Beispiel das Telefonieren ohne Freisprecheinrichtung oder die Nutzung von Radarwarngeräten.

Innerhalb von Ortschaften gilt ein **Tempolimit von 50 km/h** für alle Fahrzeuge. Außerorts darf 80 km/h gefahren werden. Lediglich Gespanne und Wohnmobile über 3,5 Tonnen zGG dürfen nur 70 km/h fahren. Auch auf Schnellstraßen gilt das Tempolimit von 80 km/h. Hier dürfen auch Wohnmobile mit über 3,5 Tonnen Gewicht 80 km/h fahren, Gespanne weiterhin nur 70 km/h. Auf den Autobahnen ist für Pkw grundsätzlich 130 km/h erlaubt. Für Gespanne und Wohnmobile über 3,5 Tonnen gilt ein Tempolimit von 80 km/h auf Autobahnen.

◁ *Die Küste bei Aarhus bietet gleich mehrere Jachthäfen*

Super bleifrei wird an den Tankstellen oft mit der Oktanzahl 95 beschriftet, ansonsten ist die Bezeichnung *blyfri* aber auch ohne Dänischkenntnisse leicht zu verstehen.

Parken

Wer nicht ohnehin einen Parkplatz beim Hotel hat, der findet in Aarhus zahlreiche Parkmöglichkeiten. Am Straßenrand gilt in den meisten Fällen jedoch eine **Zeitbeschränkung** von zwei Stunden. Daher ist es sinnvoll, direkt eines der **Parkhäuser** anzusteuern. Die Firma **Q-Park** betreibt alleine elf Parkplätze und Parkhäuser mit über 900 Stellplätzen. Ein weiteres großes Parkhaus befindet sich unter dem **Scandinavian Center** gleich neben dem Musikhuset ❾ und dem **Radisson Blu Hotel** (s. S. 120) und bietet über 1000 Abstellmöglichkeiten, Hotelgäste erhalten Rabatt. Verhältnismäßig teuer sind die Parkhäuser in Aarhus. Das wohl kostspieligste ist aber auch das sicherste und bezeichnet sich selbst als das **größte automatische Parkhaus Europas.** Es befindet sich unter dem modernen, im Jahr 2015 fertiggestellten Dokk1 ㉓, in dem unter anderem das Kulturzentrum und die Bibliothek untergebracht sind. Man fährt sein Fahrzeug in einen Fahrstuhl, verlässt diesen zu Fuß und um alles Weitere kümmert sich ein Automatismus, der das Fahrzeug unterirdisch und unzugänglich für andere sicher einparkt. Eine halbe Stunde kostet 11 Dänische Kronen, ein ganzer Tag liegt bei 250 Kronen Parkgebühr. Es existieren 20 Einfahrtbuchten, sodass 540 Fahrzeugbewegungen pro Stunde durchgeschleust werden können. Das Menü auf einem Touchdisplay führt einen sicher auf Englisch

oder Dänisch durch das Einparkprogramm. Rund zwei Minuten muss man am Parkende maximal auf sein Fahrzeug warten. **Tipp:** Wer einmal sehen möchte, wie sein Fahrzeug unterirdisch weitertransportiert wird, sollte seine eventuell vorhandene Dashcam eingeschaltet lassen.
› **Q-Park,** www.q-park.dk

Parkhäuser (Auswahl)
› **Parkhaus von Dokk1** ㉓, Hack Kampmanns Plads 2. Das größte vollautomatische Parkhaus Europas mit über 1000 Plätzen ist rund um die Uhr geöffnet.
🅿126 [C5] **Q-Park (1),** Hans Hartvig Seedorffs Stræde 1C. 92 Stellflächen unter dem Hotel Scandic Aarhus City, maximale Höhe: 2,05 m, rund um die Uhr geöffnet.
🅿127 [C5] **Q-Park (2),** Åboulevarden 80. 400 Stellflächen auf sechs Etagen, maximale Höhe 1,95 m, rund um die Uhr geöffnet.

Mit dem Wohnmobil nach Aarhus

Wohnmobilreisende können wegen gelegentlicher Höhen- und Größenbeschränkungen nur einige Parkplätze ansteuern. Dazu zählt zum Beispiel:
🅿128 [D6] **Parkplatz Onepark A/S,** Ny Banegårdsgade 42, an der Ostseite des Bahnhofs. Zum Übernachten bietet sich der Platz jedoch nicht an. Für Wohnmobilstellplätze siehe S. 122.

Unfälle und Pannen

Bei einem Unfall sollte immer die **Polizei** hinzugerufen werden, bei Nutzung eines Mietwagens ist das ohnehin vom Vermieter vorgeschrieben.

Im Pannenfall lässt sich der heimische **Automobilclub** über die Service-Hotline erreichen. Dieser organisiert Hilfe vor Ort und beauftragt den dänischen Automobilclub bzw. einen dänischen Abschleppunternehmer.
› **ADAC,** www.adac.de,
Tel. 0049 892222222
› **AvD,** www.avd.de,
Tel. 0049 696606600
› **ÖAMTC,** www.oeamtc.at,
Tel. 0043 12512000
› **TCS,** www.tcs.ch,
Tel. 0041 224172220

053aa-mm

◁ *Für das Abstellen von Pkws auf Parkplätzen muss man meist bezahlen, aber nicht rund um die Uhr*

Barrierefreies Reisen

Dänemark ist grundsätzlich ein **gut zu bereisendes Land für Menschen mit Behinderung**. Zahlreiche **Ferienhausanbieter** haben ihre Domizile umgebaut, um auch Rollstuhlfahrern einen Bleibe im Urlaub anbieten zu können. Darüber hinaus werden **öffentliche Einrichtungen** hinsichtlich ihrer Barrierefreiheit klassifiziert. Der dänische Verein Foreningen god Adgang, zu Deutsch „Verein für guten Zugang", hat die Webseite **www.godadgang.dk** ins Leben gerufen, auf der man nachlesen kann, ob die gewünschte Sehenswürdigkeit, das Hotel oder das Restaurant einen behindertenfreundlichen Zutritt ermöglicht. Diese sogenannte Zugänglichkeitsmarke wird in sieben verschiedenen Kategorien verliehen: Rollstuhlfahrer, Geh-, Arm- und Handbehinderte, Sehbehinderte, Hörbehinderte, Asthmatiker und Allergiker, geistig Behinderte und Legastheniker bzw. Leseschwache. Die Auswahl der in Aarhus befindlichen Einrichtungen mit entsprechender Klassifizierung ist allerdings überschaubar und es ist wichtig, einen Blick auf die **Unterschiede** zu werfen. So ist das Freilichtmuseum **Den Gamle By** ⓫ zwar mit einem leichten Zugang ausgestattet, doch einige der historischen Gebäude sind nur über schmale Holzstufen erreichbar und denkbar ungeeignet für Rollstuhlfahrer. Für Neubauten in der Stadt wie das Kulturzentrum **Dokk1** ㉓ gilt das natürlich nicht. Es ist gesetzlich vorgeschrieben, bei Neubauten auch die Interessen von Rollstuhlfahrern zu berücksichtigen. Grundsätzlich wird einem in Dänemark meist schnell geholfen, wenn es zu Problemen kommt.

Übrigens, der deutsche **Behindertenausweis** wird natürlich auch in Dänemark anerkannt, sodass man damit auch in Aarhus Behindertenparkplätze nutzen kann.

Diplomatische Vertretungen

❯ **Botschaft der Bundesrepublik Deutschland,** Stockholmsgade 57, 2100 Kopenhagen, Tel. 0045 35459900, www.kopenhagen.diplo.de. In Aarhus gibt es keine Vertretung der Bundesrepublik Deutschland. Der nächstgelegene Ansprechpartner befindet sich im nahegelegenen Risskov nördlich von Aarhus:

❯ **Botschaft der Republik Österreich,** Sølundsvej 1, 2100 Kopenhagen, Tel. 0045 39294141, www.aussenministerium.at/kopenhagen

●129 [cg] **Österreichisches Honorarkonsulat,** Hans Broges Gade 2, 8000 Aarhus C, Tel. 0045 89340000. Hier erhält man auch Ersatzreisedokumente.

❯ **Botschaft der Schweiz,** Richelieus Allé 14, 2900 Hellerup, Tel. 0045 33141796, www.eda.admin.ch/copenhagen

Geldfragen

Die Währung Dänemarks ist die **Dänische Krone,** abgekürzt **DKK.** Unterteilt wird eine Krone in 100 Øre. In den 1990er-Jahren stimmte Dänemark dem Vertrag von Maastricht nur unter verschiedenen Bedingungen zu, dazu zählte unter anderem der Erhalt der Dänischen Krone. Momentan ist Dänemark das einzige Land, das am Wechselkursmechanismus II teilnimmt und theoretisch jederzeit den Euro einführen könnte. Dieses Vorhaben wurde jedoch im Sommer 2013 auf unbestimmte Zeit verschoben.

Im Umlauf sind fünf verschiedene Banknoten mit den Werten **50, 100, 200, 500 und 1000 Kronen.** Auf der Vorderseite sind jeweils dänische Brücken abgebildet, während die Rückseite der Banknoten von prähistorischen Motiven geprägt ist. Im Münzfach der Geldbörse findet man **1-, 2-, 5-, 10- und 20-Kronenstücke.** Die beiden letztgenannten sind goldfarben, während die drei Münzen mit dem geringsten Wert silberfarben sind. Unterhalb der 1-Kronen-Münze existiert nur noch eine bronzefarbene **50-Øre-Münze.** Münzen mit noch kleinerem Wert wurden seit den 1970er-Jahren sukzessive abgeschafft. Zuletzt verschwand im Jahr 2008 die 25-Øre-Münze aus den Portemonnaies. In der Praxis stellt es sich so dar, dass die Beträge auf den nächsten durch 50 Øre teilbaren Betrag gerundet werden. So zahlt man im Geschäft mal mehr oder weniger. Dabei

Aarhus preiswert

450 City-Fahrräder stehen an rund 50 Orten in der gesamten Stadt. Sie können ohne Anmeldung ganz leicht und kostenlos genutzt werden. Notwendig ist lediglich eine 20-Kronen-Münze, die man einwerfen muss, um das Fahrrad von der Halterung lösen zu können. Das Prinzip kennt man von den Einkaufswagen im Supermarkt, denn die 20 Kronen erhält man zurück, wenn man das Fahrrad wieder an einem Parkplatz anschließt. Dabei muss es nicht derselbe Fahrradparkplatz sein. Die spartanisch ausgestatteten Fahrräder können in der Zeit von April bis Oktober rund um die Uhr ausgeliehen werden. Für einen Helm und Beleuchtung in der Nacht muss man jedoch selbst sorgen.

*Auch wenn Dänemark zu den teureren Reiseländern zählt, muss eine Reise nach Aarhus nicht teuer sein. So sind die **Übernachtungspreise** beispielsweise im Cabinn Hotel (s. S. 118) moderat und das trotz der sehr zentralen Lage in der Altstadt zwischen Domkirche und Åboulevarden. Wer sich zudem **selbst versorgt** und teure Restaurants meidet, schont na-* *türlich auch seinen Geldbeutel. Hilfreich sind da zum Beispiel die günstigen Supermärkte Rema1000 in der Frederiksgade 82 [C5], Kiwi am Vesterbro Torv [B4] oder Aldi im Paludan Müllers Vej 26 [A2] sowie in der Grønnegade 53 [B3].*

*Sparen kann man auch mit der **AarhusCard.** Diese ist für 24 Stunden (129 DKK) oder für 48 Stunden (179 DKK) erhältlich und bietet freien Eintritt im Tivoli Friheden ㉗, dem Wikingermuseum ❺, dem Steno-Museum ⑬, dem Naturgeschichtlichen Museum ⑭, dem Besatzungsmuseum ❸, dem Museum Ovartaci ㉚, der Kunsthalle ❻ und einigen Schwimmbädern. Außerdem ist das Parken im Parkhaus unter Navitas sowie die Nutzung der Busse im Stadtzentrum kostenlos. Für andere Sehenswürdigkeiten gibt es meistens Rabatte. Noch günstiger wird es, wenn man die AarhusCard online auf der Seite www.visitaarhus.dk bestellt (103,20 DKK bzw. 143,20 DKK). Ansonsten ist sie in vielen Hotels und an den bedeutendsten Sehenswürdigkeiten (ARoS ❽, Den Gamle By ⑪) erhältlich.*

handelt es sich umgerechnet jedoch nur um Cent-Beträge, genauer gesagt, um maximal 3-Euro-Cent, was 24 Øre entspricht.

Der **Umrechnungskurs** ist an den Euro gebunden und beträgt:

› 1 Euro = 7,43 DKK
› 1 DKK = 0,134 Euro
› 1 Sfr = 6,91 DKK
› 1 DKK = 0,14 Sfr

(Stand: Dezember 2016)

Geld abheben am Automaten und Umrechnungskurs

Bankautomaten sind natürlich auch in Dänemark weit verbreitet und funktionieren sehr einfach, meist in mehreren Sprachen. Das Abheben am Automaten ist in der Regel die **günstigste Möglichkeit**, an Dänische Kronen zu gelangen. Allerdings sollte man beachten, dass man gleich ausreichend Bargeld abhebt, denn für jede einzelne Transaktion am Automaten wird unter Umständen eine Gebühr erhoben. Daher kann es besser sein, einmal etwas mehr abzuheben, als viele kleine Stückelungen vorzunehmen. Gerne wird am Automaten auch angeboten, die Abrechnung mit dem eigenen Konto in Euro durchzuführen. Was auf den ersten Blick hilfreich erscheint, ist meistens jedoch ein Zuschussgeschäft, da dann ein **ungünstigerer Wechselkurs** zugrunde gelegt wird. Daher sollte man immer in der Landeswährung vom heimischen Konto abbuchen lassen.

Preise und Kosten

Ein Aufenthalt in Dänemark ist in der Regel teurer als in Deutschland. Die Unterschiede können bis zu 30 % ausmachen, wie der Preisvergleich des Statistischen Amtes der Europäischen Union (Eurostat) zeigt. Besonders das abendliche **Restaurant**, die **Übernachtung** im Hotel und das **Benzin** im Tank schlagen deutlich zu Buche. Für Diesel und Benzin muss man zum Beispiel umgerechnet 10–15 Cent mehr zahlen. Auch alkoholische Getränke belasten die Geldbörse mehr als im heimischen Getränkemarkt.

Informationsquellen

Infostellen zu Hause

Das **Dänische Fremdenverkehrsamt** bietet im Internet und über soziale Netzwerke zahlreiche Informationen und die Möglichkeit, Broschüren zu bestellen:

› **VisitDenmark**, Glockengießerwall 2, 20095 Hamburg, Tel. 01805 326463 (0,14 € je Minute aus dem deutschen Festnetz, 0,42 € bei Anruf aus dem Mobilfunknetz), www.visitdenmark.de

Im gleichen Stil wie das Land präsentiert sich auch die Stadt **Aarhus** im Netz und bietet die Möglichkeit, sich vor der Reise zu informieren:

› www.visitaarhus.de
› Anlässlich des **Kulturhauptstadtjahres** existiert zudem die Informationsseite **www.aarhus2017.dk** mit den entsprechenden Kanälen im Social Network Facebook: aarhus2017, twitter.com/aarhus2017. Sowohl hier als auch bei Instagram lautet der Hashtag #aarhus2017.

Auch der Autor dieses Buches bietet ein **werbefreies und kostenloses Reiseforum**, in dem man sich über Aarhus und andere Reisethemen austauschen kann: www.molls-reiseforum.de.

Infostellen in der Stadt

Die **Tourismusinformation** von Aarhus befindet sich im modernen Kulturzentrum Dokk1 ㉓, ist aber von der Ausstattung her überschaubar. Vielmehr setzt man in Aarhus auf moderne Informationsmöglichkeiten mittels Touchscreen, auf denen man Tipps, Hinweise und Inspirationen erhält. Rund 20 dieser Bildschirme gibt es an verschiedenen Stellen im Zentrum von Aarhus und der näheren Umgebung, zum Beispiel in diversen Hotels, der Bruuns Galleri (s. S. 81), dem Wikingermuseum ❺ oder dem Musikhaus ❾.

ℹ **130** [E6] **VisitAarhus,** Dokk1, Hack Kampmanns Plads 2, 8000 Aarhus C, Tel. +45 87315010, www.visitaarhus.de

Im gleichen Gebäude erreicht man auch das zuständige Büro für die Kulturhauptstadt:

❯ **Fonden Aarhus 2017,** Dokk1, Hack Kampmanns Plads 2, 8000 Aarhus C, Tel. +45 20170099, www.aarhus2017.dk

Aarhus im Internet

❯ **www.visitaarhus.de:** die erste Anlaufstelle für Informationen über Aarhus von der offiziellen Tourismusinformation, auch auf Deutsch

❯ **www.aarhus2017.dk:** alles, was man zum Kulturhauptstadtjahr wissen muss. Mit zahlreichen Informationen, Höhepunkten und Terminen der vielen Veranstaltungen, auch auf Deutsch.

❯ **www.aarhus.dk:** kommerzielles Portal, das jedoch in Zusammenarbeit mit der Stadt Aarhus entstanden ist und viele Informationen auch auf Deutsch präsentiert

❯ **www.aarhusfestuge.dk:** alles, was man zur jährlich stattfindenden Festwoche (s. S. 85) Ende August/Anfang September wissen und erfahren muss, auf Englisch

Smartphone-Apps

❯ **Visit Aarhus:** Die Tourismusinformation kommt mittels App für Android und iOS auf Dänisch, Englisch und Deutsch auch auf das eigene Smartphone. Sie

054aa-mm

Meine Literaturtipps

> *Egholm, Elsebeth:* **Dicte.** *Beste Einstimmung auf Aarhus durch eine Krimiserie. Die Autorin ist selbst in der Nähe von Aarhus aufgewachsen und versprüht in ihren Krimis viel Lokalkolorit. Dicte ist der Vorname einer weiblichen Journalistin, die in zahlreichen Fällen zusammen mit einem Polizisten auf Ermittlungstour geht. Diese Bücher dienten als Vorlage für die gleichnamige Fernsehserie, von der mittlerweile zwei Staffeln produziert wurden. Im Frühjahr 2016 wurde sie auch im ZDF gezeigt.*

> *Adler-Olsen, Jussi:* **Sonderdezernat Q: Carl-Mørck-Reihe.** *Zwar spielen die spannenden, mit einer Pri-*

se Humor gespickten Krimis des dänischen Autors nicht in Aarhus, sie bilden jedoch eine gute Einstimmung auf das Land.

> *Høeg, Peter:* **Fräulein Smillas Gespür für Schnee.** *Zwar auch ohne Bezug zu Aarhus, aber dieser Roman des dänischen Schriftstellers wurde unter dem gleichen Namen verfilmt und lockte 1997 rund 1,7 Millionen Zuschauer in die deutschen Kinos.*

> *Moll, Michael:* **Die schönsten Routen durch Dänemark.** *Vom Autor dieses Buchs ist im* Reise Know-How *Verlag auch ein Reiseführer für Wohnmobiltouristen mit Tourenvorschlägen durch das gesamte Land erschienen.*

zeigt alles Wissenswerte über Unterkünfte und Sehenswürdigkeiten und deren Entfernungen zum eigenen Standort, vorausgesetzt, man hat GPS aktiviert.

> **Den Gamle By:** sehr schöne, aber auch veraltete App für das bekannteste Museum der Stadt ⑪. Sowohl für iOS und Android erhältlich, die Informationen gibt es jedoch nur auf Dänisch.

> **ARoS ArtAdvisor:** Die kostenlose App für das ARoS-Aarhus-Kunstmuseum ❽ bietet auf Englisch zahlreiche Informationen über die Ausstellungsstücke im Museum. Nur für iOS erhältlich.

> **Cycling Aarhus:** wenig verbreitete App, die nicht unbedingt nur für Radler interessant sein könnte. Auf einer Karte erkennt man seinen Standort und kann sich zu den Highlights der Stadt navigieren lassen, Informationen zu den Orten inklusive. Sowohl für iOS als auch für Android erhältlich.

Internet

Das **Mobilfunknetz** ist in Dänemark gut und schnell, besonders in den Städten. Wer mit seinem Smartphone online unterwegs ist, wird nur selten auf Probleme stoßen. **Roaming-Gebühren** fallen ab Sommer 2017 ganz weg, jedoch ist es denkbar, dass man im Ausland nur über einen begrenzten Datentarif verfügen kann bzw. das Surfen im mobilen Internet teuer werden kann. Hier sollte man vorher mit seinem heimischen Netzanbieter Kontakt aufnehmen.

◁ *In der Stadt findet man immer wieder Orientierungshilfen*

WLAN bzw. **Wi-Fi,** wie es im internationalen Jargon heißt, findet man innerhalb von Aarhus an zahlreichen Orten. Viele **Cafés** und **Restaurants** bieten ihren Gästen einen kostenfreien Internetzugriff an, die Hotels sowieso. Aber auch in öffentlichen Gebäuden kann man sich in ein Netzwerk namens **Smart Aarhus** einloggen. Beim Einloggen hat man die Wahl zwischen einem Gästelogin, das man an der Rezeption erfragen muss, der Angabe der örtlichen Bibliotheksausweisnummer oder dem Erhalt einer SMS, mit der die erforderlichen Login-Daten übertragen werden. Danach kann man in allen öffentlichen Bauwerken das Smart Aarhus nutzen. Dazu zählen nicht nur das Rathaus ❿, sondern beispielsweise auch Godsbanen ❼, das Musikhaus ❾, die Musikschule, Dokk1 ㉓ und viele andere. Eine Übersicht über alle Einrichtungen befindet sich unter wifi.aarhuskommune.dk. Weitere Informationen zu Smart Aarhus gibt es unter www.smartaarhus.eu.

Im Kulturzentrum bzw. der Stadtbibliothek Dokk1 existieren darüber hinaus zahlreiche Computer, an denen man **kostenfrei ins Internet** kann.

Klassische kommerzielle **Internetcafés** sind mittlerweile auch in Aarhus kaum noch vorhanden.

Medizinische Versorgung

Die medizinische Versorgungslage in Dänemark kann als gut bis sehr gut bezeichnet werden. Als EU-Bürger hat man dank der **Europäischen Versicherungskarte** Anspruch auf Leistungen nach dänischem Recht. Dennoch wird empfohlen, vor der Fahrt nach Dänemark eine **Auslandskrankenversicherung** abzuschließen, um nicht im Anschluss auf mögliche Kosten sitzenzubleiben, die nicht von der gesetzlichen Krankenversicherung übernommen werden. Dazu zählt zum Beispiel der notwendige Rücktransport nach Deutschland. Die **Notrufnummer** lautet europaweit **112.**

✚131 [D2] **Aarhus Universitetshospital,** Nørrebrogade 44, 8000 Aarhus C, Tel. 78450000, www.auh.dk. Nahezu jeder Arzt spricht Englisch, selbst die Webseite des Krankenhauses ist auch auf Englisch verfügbar. Das Krankenhaus wird seit 2012 umfangreich modernisiert und erweitert. Nach dem Umbau, bei dem bis 2019 drei Krankenhäuser zusammengelegt werden, gilt das Krankenhaus mit 9000 Mitarbeitern als das größte und modernste in Nordeuropa.

✚132 [D5] **Tandklinik Aarhus,** v. Tandlæge Jan Kerstein, Sankt Clemens Torv 152, 8000 Aarhus C, Tel. 0045 70882041. Moderne Zahnklinik mit mehreren Zahnärzten und zentraler Lage in der Innenstadt.

✚133 [B6] **Zahnklinik/Tandklinik Aarhus,** Brobjergskolen, Frederiks Allé 20, außerhalb der regulären Öffnungszeiten (Notdienst), 8000 Aarhus C. Tel. 0045 40515162

Apotheken

Apotheken haben meist von 9.30 Uhr bis 17.30 Uhr geöffnet, freitags manchmal länger und am Samstag nur bis 13 Uhr. Die Notdienstapotheke *(Vagtapotek)* Løve Apotek ist täglich auch von 20 Uhr bis 8.30 Uhr und am Samstag ab 17 Uhr erreichbar. Die Gebühr für den Notdienst beträgt 20,65 DKK.

✚134 [D5] **Løve Apotek,** Store Torv 5, Tel. 0045 86120022

Mit Kindern unterwegs

Grundsätzlich sei gesagt, dass in Dänemark die Kinder an erster Stelle stehen. So sind fast alle Institutionen und Sehenswürdigkeiten auch auf den Besuch von kleinen Zweibeinern eingestellt. Selbst das **ARoS-Kunstmuseum** ❽, bei dem man meinen könnte, die dortigen Kunstgegenstände dürften Kinder eher langweilen, hat spezielle Angebote für Kinder im Programm. So können Kinder zwischen 6 und 12 Jahren Mitglied im ARoS Junior werden. Dafür erhalten die Kleinen einen Mitgliedsausweis, einen Gutschein für einen Junior-Workshop, einen Aufkleber von der Boy-Skulptur sowie eine kleine Überraschung. Im Junior-Workshop können die Kinder dann unter Aufsicht mit Pinsel, Schere, Kleber ihre eigenen Kunstwerke gestalten, während die Eltern in Ruhe die Ausstellung besichtigen. Es wird jedoch Wert darauf gelegt, dass es sich nicht um eine reine Kinderbetreuung handelt, sondern dass auch die Eltern an der Kreativwerkstatt teilnehmen können.

Die Kinderfreundlichkeit der Dänen erkennt man auch an den Preisen des Freilichtmuseums **Den Gamle By** ⓫. Personen unter 18 Jahren haben nämlich grundsätzlich freien Eintritt. Wer will, kann sich zudem einen Handkarren leihen, in dem sich kleine Kinder natürlich gerne durch das Gelände ziehen lassen. Während der Schulferien gibt es darüber hinaus verschiedene Themenangebote für Kinder. Unter anderem kann man im Schulgebäude eine der strengen Schulstunden erleben, wie sie im 19. Jahrhundert üblich waren. Beim Schuhmacher erhält das Kind Kleidung der damaligen Zeit und hilft dem Handwerker bei seiner harten Arbeit oder bekommt interessante Geschichten von früher erzählt.

☑ *Kunstgegenstände und Skulpturen sind über das gesamte Stadtgebiet verteilt und dürften auch bei Kindern für große Augen sorgen*

055aa-mm

070aa-ds ©Jurga85

Auch im **Steno-Museum** 🔞 ist der Eintritt für Kinder bis 18 Jahre frei. Außerdem verrät schon das Motto des Museums „spiele und lerne", worum es in der Wissenschaftsausstellung geht und dass Kinder hier genau richtig sind.

Das **Naturgeschichtliche Museum** 🔟 wurde sogar mehrfach als das beste Museum für Kinder in Aarhus ausgezeichnet. Nach dem freien Eintritt für Kinder bis 17 Jahre können diese hier ihre körperlichen Fähigkeiten mit denen verschiedener Tiere messen, ein Schafsskelett zusammenbauen und natürlich Wissenswertes aus der Natur erfahren.

Außerhalb der Stadt wartet im Süden noch das **Moesgaard Museum** 🕑, das ebenfalls nicht nur freien Eintritt für Kinder unter 17 Jahren bietet, sondern auch die Ausstellung für Kinder verständlich und interessant gestaltet hat. Daneben lassen aber auch zwei weitere Ereig-

nisse Kinderherzen höherschlagen. Im Sommer findet alljährlich ein **Wikingertreffen** statt (s. S. 85), bei dem vom Museum bis zur Küste Zelte aufgeschlagen werden und man sich kleidet wie einst die nordischen Krieger. Dabei wird dann gegrillt, gelacht, gefeiert und mit nachgestellten Schlachten gezeigt, wie die Wikinger gekämpft haben. Wenn im Winter hingegen Schnee gefallen ist, dient das **schräge Dach vom Moesgaard Museum** als beliebte **Rodelpiste** für Jung und Alt.

Rund eine halbe Autostunde Fahrt ist es vom Zentrum in Aarhus bis zum **Freizeitpark Djurs Sommerland** auf der gleichnamigen **Halbinsel Djursland** nordöstlich von Aarhus. Der Ver-

△ *Im Legoland* 🗿 *kann man Dänemark im Miniaturformat erkunden*

gnügungspark umfasst acht Themengebiete, darunter eine **Piraten-** und eine **Wikingerwelt** sowie eine **Westernstadt**. Für den separaten Bereich der **Wasserwelt** sollte man seine Badehose mit im Gepäck haben. Hierbei handelt es sich um ein Freibad mit zahlreichen Wasserrutschen, Liegen und allem, was eine Badelandschaft hergeben kann.

● **135** Djurs Sommerland, Randersvej 17, 8581 Nimtofte, Tel. 86398400, www. djurssommerland.dk, geöffnet: Ende April bis Mitte September, wobei ab Ende August nur noch an den Wochenenden geöffnet ist. Auch im Mai und Juni ist nicht an allen Tagen geöffnet. Im Oktober findet dafür eine einwöchige Halloween-Party statt. In der Regel ist das Areal zwischen 10 und 18 Uhr geöffnet, in den Sommerferien bis 20 Uhr. Die Badelandschaft schließt ein bis zwei Stunden früher als der Park. Ein Tagesticket kostet zwischen 250 und 270 DKK. Kinder bis zwei Jahre haben freien Eintritt.

Aarhus von der Seeseite aus genießt man mit den sogenannten **SeaRangers** (s. S. 116). Für Kinder ist es natürlich besonders spannend, eine Rettungsweste anzuziehen und in der Aarhusbucht Interessantes zu erfahren. Leider ist der nicht ganz günstige Spaß nur auf Englisch und Dänisch verfügbar. Aber um beim Thema Wasser zu bleiben, kann man natürlich auch mit der **Surfschule Surf Agency** Kontakt aufnehmen. Dort wird neben dem klassischen Surfen auch das **Stand-up-Paddeln** angeboten, bei dem man mit einem Paddel stehend auf einem Board durch das Wasser gleitet.

● **136** [E3] Surfschule Surf Agency, Fiskerivej 2, Tel. 60890515, www.surfagency.dk

Spaß haben Kinder auch im **Legelandet** östlich von Aarhus. Diese **Spielhalle** bietet neben Rutschen und Hüpfburgen auch noch einen Minigolfplatz, Computerspiele und vieles mehr.

● **137** [af] Legelandet, Holmstrupgårdvej 18, 8220 Brabrand, Tel. 0045 86241122, Do–So 9–19 Uhr, www.legelandet.dk

Auch das **Dokk1** ㉓ bietet einen Spielplatz sowie die Möglichkeit, an virtuellen Spielen teilzunehmen, bei denen die Kinder auch physisch auf Trab gehalten werden. Spektakulärer geht es im **Tivoli Friheden** ㉗ zu. Der Freizeitpark ist natürlich ein Eldorado für Kinder und bietet bei frischer Luft alles, was Vergnügen und Kurzweile bereitet.

Südlich von Aarhus werden sich Kinder in **Marselisborg** ㉕ ebenfalls nicht langweilen. Zunächst wäre da natürlich der Küstenstreifen mit Bademöglichkeiten am Strand, aber auch der sogenannte Gedächtnispark mit seinen Spiel- und Freizeitmöglichkeiten und mit Blick auf das Schloss. Bei einem Spaziergang entlang der Küste gelangt man zum bewaldeten nahen **Wildpark**, wo Damwild und Rotwild gefüttert und Wildschweine beobachtet werden können.

Und wenn das alles noch nicht ausreicht, dann kann man auf dem Rückweg noch eine Zwischenübernachtung bei Billund einplanen. Nur 30 Kilometer von der E45 bei Vejle entfernt, lockt das älteste **Legoland** ㊲ mit mehreren Themenwelten. Noch ein paar Kilometer weniger sind es zum **Givskud Zoo** ㊱ nordöstlich von Billund bzw. nordwestlich von Vejle, durch den man in bester Safarimanier mit dem eigenen Fahrzeug fahren kann.

Notfälle

Die europaweit einheitliche Notrufnummer lautet **112**. In Dänemark erreicht man unter dieser Nummer sowohl die Polizei als auch die Feuerwehr und den Rettungsdienst. In der Regel hat man auch einen Englisch sprechenden Diensthabenden am Ohr.

138 [D6] **Hauptpolizeiwache**, Ridderstræde 1, schräg gegenüber vom Dokk1. Dort ist man auch für verlorengegangene Gegenstände *(Hittegods)* zuständig.

Kartensperrung

Bei Verlust der Debit-(EC-) oder der Kreditkarte gibt es für Kartensperrungen eine deutsche Zentralnummer (unbedingt vor der Reise klären, ob die eigene Bank diesem Notrufsystem angeschlossen ist). Aber Achtung: Mit der telefonischen Sperrung sind die Karten zwar für die Bezahlung/Geldabhebung mit der PIN gesperrt, nicht jedoch für das Lastschriftverfahren mit Unterschrift. Man sollte daher auf jeden Fall den Verlust zusätzlich bei der Polizei zur Anzeige bringen, um gegebenenfalls auftretende Ansprüche zurückweisen zu können. In Österreich und der Schweiz gibt es keine zentrale Sperrnummer, daher sollten sich Besitzer von in diesen Ländern ausgestellten Debit-(EC-) oder Kreditkarten vor der Abreise bei ihrem Kreditinstitut über den zuständigen Sperrnotruf informieren. Generell sollte man sich immer die wichtigsten Daten wie Kartennummer und Ausstellungsdatum separat notieren, da diese unter Umständen abgefragt werden.

❭ **Deutscher Sperrnotruf:** Tel. +49116116 oder Tel. +493040504050. Unter dieser Nummer lässt sich übrigens auch die elektronische Identitätsfunktion des neuen Personalausweises sperren.

❭ **Weitere Infos:** www.kartensicherheit.de, www.sperr-notruf.de

Öffnungszeiten

Die Öffnungszeiten bei öffentlichen Einrichtungen wie **Postämtern** und **Banken** liegen in der Regel zwischen 10 und 16 Uhr, donnerstags meist bis 17.30 Uhr.

Bei **Geschäften und Supermärkten** variieren die Öffnungszeiten sehr stark und hängen von vielen Faktoren ab, zum Beispiel ob Sie sich in einer touristischen Region befinden oder auch von der Höhe des Jahresumsatzes. Denn Supermärkte mit einem Umsatz von weniger als 31 Millionen Dänischen Kronen dürfen das ganze Jahr hindurch geöffnet haben. Daher können kleinere Geschäfte und Bäckereien, Kioske und Blumenläden auch sonntags geöffnet haben. Letztendlich entscheidet das aber der Inhaber, gleiches gilt auch für Feiertage. Es ist daher nicht ungewöhnlich, dass zum Beispiel an Pfingsten ein Geschäft geschlossen ist, der auf der anderen Straßenseite gelegene Supermarkt jedoch geöffnet hat. Generell gilt jedoch, dass die Geschäfte Mo–Do mindestens 10–18 Uhr, freitags bis 19 Uhr und samstags bis 16 Uhr geöffnet haben.

▷ *Zum charakteristischen Eingang der Kunsthalle* ❻ *führt eine Tartanbahn*

Museen

Bei der Planung für einen **Museumsbesuch** ist ein Blick in den Kalender hilfreich. Viele Museen und Ausstellungen sind montags geschlossen. Das gilt zum Beispiel für das Frauenmuseum ❷, das Steno-Museum ⓭, das Besatzungsmuseum ❸, das Moesgaard Museum ㉔, das ARoS-Kunstmuseum ❽ und einige andere. Dafür gibt es im Gegenzug dann aber je nach Museum verlängerte Öffnungszeiten am Dienstag oder Mittwoch. Diese Praxis ist so weit verbreitet, dass das Naturgeschichtliche Museum ⓮ extra darauf hinweist, dass es sogar am Montag geöffnet hat. Das Antikemuseum ⓯ hat zwar ebenfalls am Montag geöffnet, dafür jedoch freitags und samstags geschlossen. Üblicherweise haben die Museen von 10 bis 17 Uhr geöffnet, Ausnahmen bestätigen aber auch hier die Regel.

058aa-mm

Post

Das **Porto** nach Deutschland und in andere Länder Europas beträgt 25 Dänische Kronen für einen üblichen Brief bzw. eine Postkarte. Der Versand dauert in der Regel drei Tage. Einen schönen und ungewöhnlichen Urlaubsgruß kann man mit dem Service der dänischen Post nach Hause senden: Auf der Seite http://post kortet.postdanmark.dk lässt sich ein eigenes Foto hochladen und gegen eine geringe Gebühr direkt als Postkarte drucken und versenden lassen. Der Urlaubsgruß wird natürlich aufgedruckt. Für das Smartphone gibt es sowohl für iOS, Android als auch für Windows Phone eine kostenlose App namens **Postkortet** von Postnord.

Als **Empfängerland** reicht üblicherweise das jeweilige Landeskürzel. Wer es ausschreiben möchte, der schreibt *Tyskland* für Deutschland und *Østrig* für Österreich. Nur die Schweiz schreibt sich im Dänischen genauso wie im Deutschen.

057aa-mm

△ *Auch im 21. Jahrhundert gibt es noch klassische Briefkästen*

Die dänische Post heißt **Postnord.** Eine **klassische Postfiliale** sucht man in Aarhus vergebens. Sämtliche Postangelegenheiten, inklusive Bankgeschäft und Paketdienst, erledigt man in den beiden Supermärkten Superbrugsen am Vesterbro Torv [B4] und im føtex-Markt in der Frederiks Allé 22. Letzteres hat von Montag bis Freitag 10–18 Uhr und am Samstag von 10–13 Uhr geöffnet.

Außerdem kann man in mehreren Geschäften (meist føtex oder Coop) sowie im Freilichtmuseum Den Gamle By **❶** **Briefmarken** erwerben.

Radfahren

Radfahren ist in Dänemark bekanntlich sehr weit verbreitet. Das gilt nicht nur für touristische Regionen, in denen kleine Dörfer mit gut ausgebauten Radwegen verbunden sind, sondern gerade auch für die Städte. Es gibt kaum eine Straße in Aarhus, in der es keinen **Radweg** gibt bzw. in die man nicht entspannt mit dem Fahrrad gelangt. So sind zum Beispiel **Einbahnstraßen** oftmals nicht nur für den Gegenverkehr mit dem Fahrrad freigegeben, sondern haben hierfür einen eigenen Radweg. Fahrbahnmarkierungen und Beschilderungen für Radfahrer gehören genauso zum Stadtbild wie die vielen Radfahrer selbst. Eine besondere Rücksichtnahme als Autofahrer wird daher vorausgesetzt, doch auch als Fußgänger gilt es darauf zu achten, wo man entlanggeht, insbesondere bei Radwegen ist Vorsicht geboten.

Eine hilfreiche, jedoch nur auf Dänisch verfügbare Webseite mit allen Informationen zum Radeln in Aarhus findet man unter http://aarhuscykel by.dk.

Fahrradparkhäuser

Im Stadtgebiet gibt es 320 Parkhäuser und Parkplätze mit über 8000 Abstellmöglichkeiten für Fahrräder. Dazu zählen zum Beispiel der nicht überdachte **Parkplatz am Hauptbahnhof,** wo man sicherlich nicht sein teuerstes Rad abstellen will, und das in der Nähe gelegene Fahrradparkhaus (Cykelparkering) in der Ny Banegårdsgade 44.

Die neuste Idee ist derzeit die **Errichtung mehrerer unterirdischer Fahrradparkhäuser**, die vollautomatisch eingeparkt werden. Die Technik hierfür entspricht der des modernen Parkhauses unter dem Kulturzentrum Dokk1 ㉓.

Fahrradverleih

In Aarhus gibt es eine einfache und kostenlose Möglichkeit, ein Fahrrad zu leihen. An 50 Orten kann man nach Einwurf einer 20-Kronen-Münze ein Fahrrad ausleihen und es später an jeder beliebigen Ausleihstation wieder anzuschließen. Die Münze erhält man zurück, sie dient daher nur als Pfandmarke. Die Abstellplätze befinden sich an exponierten Stellen wie dem Rathaus ⑩, dem Museum Den Gamle By ⑪, an der Vor Frue Kirke (s. S. 22) oder dem Jachthafen Marselisborg.

Neben dieser städtischen Dienstleistung gibt es auch einen **kommerziellen Fahrradverleih**. Ein klassisches Fahrrad kostet bei Cycling Aarhus 110 DKK pro Tag, ein E-Bike liegt bei 250 Kronen.

● **139** [C6] **Fahrradverleih Cycling Aarhus**, Frederiksgade 78, 8000 Aarhus C, Tel. 27290690, www.cycling-aarhus.dk

Geführte Touren

Die Firma **Cycling Aarhus** verleiht nicht nur Fahrräder, sondern bietet auch geführte Touren durch die Stadt an. Im Programm stehen:

◁ *Fahrradstadt Aarhus:*
Über 300 Fahrradparkhäuser
und -parkplätze sprechen Bände

❭ **Städtetour (Urban Tour)** – In zweieinhalb Stunden radelt man acht Kilometer durch die Stadt und erhält einige Geheimtipps in diversen Hinterhöfen und kleinen Gassen.

❭ **„Muss-man-gesehen-haben-Tour" (The Must See Tour)** – Mit drei Stunden und 12 Kilometern ist man bei dieser Tour etwas länger unterwegs und verlässt Aarhus in Richtung Süden, um auch Wald und Küste zu erleben.

❭ **Die kleine „Muss-man-gesehen-haben-Tour" (The Small Must See Tour)** – Vergleichbar mit der obigen Tour, aber mit acht Kilometern in zwei Stunden etwas kürzer gefasst.

❭ **Hafen-Radtour (The Harbour Tour)** – zweistündige Radtour, bei der acht Kilometer durch das maritime Aarhus zurückgelegt werden. Besichtigt werden dabei der Hafen und die moderne Architektur des Eisberg-Wohnblocks ⑯ an der Küste.

❭ **Auf architektonischen Spuren (The Architect's Tour)** – Der Eisberg ⑯ spielt natürlich auch hier eine große Rolle. Weiter geht es bei der Tour zu ebenfalls markanten Bauwerken inklusive Ausblick vom Dach des Godsbanen ❼ (2,5 Std./8 km).

❭ **Street Art Tour** – Graffitikunst auf acht Kilometern erlebt man in zweieinhalb Stunden bei dieser innerstädtischen Tour.

Schwule und Lesben

In Dänemark ist man Homosexuellen gegenüber sehr liberal eingestellt und man hat mit der **Organisation LGBT** (Lesbisch, Gay, Bisexuell, Transsexuell) einen hilfreichen Ansprechpartner, so natürlich auch in Aarhus, wo es zudem eine unterschiedliche Auswahl an Clubs gibt, die sich speziell an Homosexuelle richten.

○**140** [E3] **Cafe Sappho**, Mejlgade 71, 8000 Aarhus C, Tel. 86120769, www.cafesappho.dk, Fr und am 1. und 3. Sa im Monat 19–23 Uhr. Café nur für Frauen.

❭ **Danish D-Lite**, LGBT, www.danishdlite.dk. Organisation für Homosexuelle.

❶**141** [E3] **Rådgivning Aarhus**, Mejlgade 71, 8000 Aarhus C, Tel. 86131948. Beratungsstelle bei Problemen im Bereich der Homosexualität.

Sprache

In Dänemark kommt man sehr gut mit **Englisch** zurecht, gelegentlich wird auch Deutsch verstanden. Wer bereits ein paar Worte Schwedisch oder Norwegisch versteht, wird auch in Dänemark keine Probleme haben. Umgekehrt ist es ähnlich: Wer einige Brocken **Dänisch** lernt, der kann bei einem späteren Aufenthalt in Norwegen oder Schweden auf diesen Erfahrungsschatz zurückgreifen. Im Anhang befindet sich eine kleine dänische Sprachhilfe mit den wichtigsten Begriffen für den Alltag (s. S. 128). Darüber hinaus werden die Sprachführer „Dänisch – Wort für Wort" oder „Dänisch – Wort für Wort plus Sprachführer" aus dem REISE KNOW-HOW Verlag und der Dänisch-Aussprachetrainer empfohlen, die es auch in digitaler Form zum Download gibt.

▷ *Eine Rundfahrt durch den Hafen der Stadt (s. S. 116) ist nicht nur im Schlauchboot möglich, es liegen auch Schiffe vor Anker*

Stadttouren

Fahrradtouren

Die geführten Radtouren werden in der Rubrik Radfahren ausführlich vorgestellt (s. S. 113).

Stadtrundfahrt mit dem Bus

Aarhus ist im touristischen Sektor nicht vergleichbar mit der dänischen Hauptstadt Kopenhagen. Daher werden keine klassischen Hop-on-Hop-off-Bustouren angeboten. Dennoch kann man Aarhus bequem aus dem Bus heraus kennenlernen. Das Unternehmen **Service & Co.** arbeitet mit dem örtlichen Tourismusbüro zusammen, hat sich auf Reiseleitungen spezialisiert und bildet in ganz Dänemark Reiseleiter aus. Über diesen Weg kann man eine Bustour durch Aarhus buchen:

❭ **Service & Co. A/S**, Mjølnersvej 4, 8230 Åbyhøj, Tel. 70211222, www.service-co.dk

Touren zu Fuß

Ohne Anmeldung kann man an einer der geführten Thementouren des Unternehmens **Aarhus Guiderne** (www.aarhusguiderne.dk) teilnehmen, das seit mehr als 60 Jahren Touren anbietet.

❭ **1000 Jahre Aarhus:** Mo um 11 und Fr um 15 Uhr startet die eineinhalbstündige Führung, auf der über die Stadtgeschichte von Aarhus informiert wird. Treffpunkt ist der Haupteingang der Kathedrale ❶, mit der die Tour durch die Altstadt eröffnet wird.

❭ **Schlosspark von Marselisborg** ㉕: Di um 11 Uhr und Sa um 15 Uhr startet eine 90-minütige Führung durch den Park von Schloss Marselisborg und zu den dort zu

060aa-mm

sehenden Kunstwerken. Treffpunkt ist direkt am Schlosseingang.

> **Kultur-Tour 1 (Byen mod Syd & Film-byen):** Mi um 11 Uhr trifft man sich an der Südseite des Ridehuset zwischen Rathaus ⑩ und Musikhaus ⑨ zu dieser Stadttour. Nach einem ersten Exkurs in die Geschichte des ehemaligen Kasernengebäudes geht es zur Bruuns Galleri (s. S. 81) bis zum Film- und Medienzentrum, wo ein Blick in die Produktionsgebäude geworfen wird. Die Führung endet am Kulturzentrum Dokk1 ㉓.

> **Kultur-Tour 2 (Byens Kulturelle Centrum):** Die Tour, die Do um 15 Uhr nach einer kurzen Einführung in die Geschichte der Region am Café vom Musikhaus ⑨ bzw. der Konzerthalle startet, führt vorbei am ARoS-Kunstmuseum ⑧ zum ehemaligen Archivgebäude sowie zum Gerichtsgebäude. Danach geht es zum Rathaus ⑩, wo es noch einige abschließende Infos zu Arne Jacobsen (s. S. 33) gibt.

> **Das Aarhus der Wikinger:** Standesgemäß startet diese Tour am Wikingermuseum ⑤ in der Altstadt, und zwar jeden Donnerstag um 11 Uhr. Von dort geht es entlang des Flusses Aarhus Å bis zur Vor Frue Kirke, wo die älteste Krypta Skandinaviens besichtigt wird.

> **Kig op i Aarhus:** Für die einen sind es Schmierereien, für die anderen ist es Kunst. **Graffiti** und Wandbilder, die über die Stadt verteilt sind und nicht nur aus lieblosen Tags bestehen, sondern interessante Bildmotive zeigen, werden auf dieser Führung gezeigt und erläutert. Startpunkt ist an jedem Freitag um 11 Uhr und an jedem Sonntag um 15 Uhr der Haupteingang des Doms ❶.

> **Aarhus Ø** (s. S. 40): Treffpunkt zu dieser Tour ist der Jette Tikjøbs Plads [G2], wo Bus Nr. 33 hält. Damit befindet man sich direkt im modernen Hafenviertel, um das es bei dieser Führung geht. Der Wohnblock namens Eisberg ⑯, der angrenzende Garten und die Hafenanla-

gen von Aarhus werden vorgestellt. Start ist jeden Samstag um 11.15 Uhr.

❯ **Rathausführung** ⑩: Ratssaal und Hochzeitszimmer sind normalerweise nicht öffentlich zugänglich, eine Ausnahme bildet diese Führung. Natürlich werden auch die übrigen Räume des funktionalen Gebäudes von Arne Jacobsen vorgestellt. Treffpunkt ist dienstags und donnerstags um 14 Uhr am Haupteingang des Rathauses.

❯ **Tårnopstigning:** Auch eine Turmbesteigung ist im Rathaus ⑩ im Rahmen einer Führung möglich. Diese finden wegen Renovierungsarbeiten aber erst frühestens wieder ab Mai 2017 statt. Treffpunkt ist auch hier am Haupteingang des Rathauses.

Bei den **Aarhus Explorers** handelt es sich um eine Handvoll Menschen, die ebenfalls Touren anbietet, zum Teil auch auf Deutsch. Die Themen reichen von kurzen Stadtführungen entlang der Fußgängerzone über die Tour „Aarhus für Anfänger" bis zu Touren über das Universitätsgelände. Grundsätzlich starten alle Touren an den jeweiligen Tagen um 11 Uhr an Dokk1 ㉓ oder am Rathaus ⑩, es wird jedoch gebeten, sich vorab auf der Webseite und der Facebook-Seite zu erkundigen bzw. sich dort oder per SMS (Tel. 53613672) anzumelden (Infos: www.aarhusexplorers.dk bzw. Facebook: aarhusexplorers).

Auch die **Aarhus Free Walking Tours** besteht aus nichtprofessionellen Guides, die auf Spendenbasis gerne ihre Stadt zeigen. In der Regel finden die Touren um 11 Uhr statt; sie befassen sich überwiegend mit der Altstadt von Aarhus. Genaue Termine und Treffpunkte sind auf der Facebook-Seite aarhusfreewalkingtours einsehbar.

Bei **Food Walks** ist der Name Programm. Es wird mehr gegessen als gelaufen. Vier verschiedene Gastronomieführungen werden angeboten, die zwischen zwei und vier Stunden dauern. Die 2-Stunden-Tour findet zweimal pro Woche statt (Mi und Sa um 14.30 Uhr) und erfordert nur einen Zwei-Kilometer-Marsch, bei dem man unter anderem die nordische Küche kennenlernt. Bei der doppelt so langen Tour legt man vier Kilometer zurück. Sie startet mittwochs und samstags um 10 Uhr am kleinen Marktplatz vor dem Ingerslevs Plads 1 [cg]. Von dort geht es weiter über Godsbanen ❼ in die Altstadt. Bei der dritten Gastro-Wanderung ist man nur einen Kilometer unterwegs, was nicht weiter verwundert, denn die Tour trägt den Titel Latin District und befasst sich ausschließlich mit den Lokalitäten im Latinerviertel. Ein letztes Tourangebot kann man sich als größere Gruppe individuell zusammenstellen lassen.

❯ **Food Walk,** Ingerslev Plads 1, 8000 Aarhus, Tel. 31109944, www.foodwalk.dk

Touren auf dem Wasser

Die Möglichkeit einer klassischen Hafenrundfahrt existiert in Aarhus nur in geringem Umfang, dafür wäre der Hafen auch zu klein. Doch die **Aarhus SeaRangers** haben es sich zur Aufgabe gemacht, geführte Touren im Schlauchboot anzubieten und die Stadt mit ihrer Bucht vom Meer aus zu zeigen. An mehreren Stellen in der Aarhusbucht wird angehalten, um über die maritime Welt zu berichten. Entsprechende Kleidung gegen Nässe wird gestellt.

❯ **Aarhus SeaRangers,** Toldkammeret ㉒, Hack Kampmanns Plads 1, 8000 Arhus, Tel. 72161995, www.searangers.dk

Telefonieren

Die meisten Reisenden werden ihre Gespräche mit dem eigenen **Smartphone** führen. Die Roaming-Gebühren sind dank EU-Regulierung in den letzten Jahren ohnehin auf ein geringes Niveau gesunken; 2017 fallen diese aber sogar komplett weg. Die Netzabdeckung kann in Dänemark grundsätzlich als sehr gut bezeichnet werden. In Aarhus ist man normalerweise im schnellen LTE-Netz unterwegs. Auf der Webseite www.mastedatabasen.dk kann man sich die Standorte sämtlicher Handymasten und die jeweils verwendete Technologie (LTE, GSM, UMTS) anzeigen lassen.

Innerhalb Dänemarks wählt man eine achtstellige Telefonnummer ohne Vorwahl. Bei einem Anruf nach Dänemark wählt man zuvor die **Landesvorwahl 0045.**

Die **Vorwahlnummern** von Dänemark ins Ausland lauten:
> Deutschland: 0049
> Österreich: 0043
> Schweiz: 0041

Unterkunft

Die Auswahl an Unterkünften ist hoch, die Preise sind es allerdings meist auch. Es gibt im gesamten Stadtgebiet eine Vielzahl von Hotels, die in Sachen Lage, Komfort und Preis recht unterschiedlich ausfallen. Wer mit dem Auto anreist und daher mobil ist, sollte auch mal einen Blick in das ländliche Umfeld werfen, wo es auch gemütliche Gästehäuser, Ferienwohnungen und vor allen Dingen die typisch-dänischen Ferienhäuser zu mieten gibt. Letzteres lohnt sich natürlich besonders, wenn man seinen Besuch in Aarhus mit einem Urlaub in Dänemark verbindet.

Buchungsportale

Fast alle Hotels der Stadt und viele Unterkünfte in der näheren Umgebung findet man auch über die einschlägigen **Buchungsportale** wie www.booking.com oder www.holidaycheck.de. Hier kann man sich dank zahlreicher Bilder vorab schon einen guten Eindruck machen. Auch die Bewertungen anderer Gäste sind meist hilfreich, wobei es natürlich immer die Möglichkeit gibt, dass die eine oder andere Bewertung fingiert sein könnte. Andererseits sollte man auch nicht jeden pingeligen Negativ-Kommentar überbewerten.

Neben den Buchungsportalen für Hotels (weitere sind www.hrs.de oder www.trivago.de) bzw. für Hostels (z. B. www.hostelworld.de oder www.hostelbookers.de) gibt es auch Anbieter, bei denen man Privatunterkünfte buchen kann. Portale wie www.airbnb.de, www.wimdu.de oder www.9flats.com vermitteln Wohnungen oder auch nur einen Schlafplatz auf einer Couch. Diese oft recht günstigen Übernachtungsmöglichkeiten sind nicht unumstritten, weil manchmal normale Wohnungen gewerblich missbraucht werden. Wenn die Stadt regulierend eingreift, kann das zu kurzfristigen **Schließungen** führen. Eine Buchung unterliegt also einem gewissen **Restrisiko.**

Wer neben einer preisgünstigen Unterkunft auch noch gastfreundliche Menschen kennenlernen und einen Einblick in das Alltagsleben der Aarhuser Bevölkerung bekommen möchte, für den ist eventuell das sogenannte **Couchsurfing** eine schöne Alternative. Privatpersonen laden dazu ein, bei sich zu übernachten, was oft zu netten Begegnungen und abendlichen Gesprächen führt. Auf diese Weise erhält man auch noch persönliche Geheimtipps der Gastgeber und wenn diese Zeit haben, führen sie einen sicherlich auch noch gerne durch die Stadt oder zu angesagten Orten. Für die Übernachtung revanchiert man sich üblicherweise mit einer Einladung zu einem Essen oder dergleichen. Jedoch sollte man immer berücksichtigen, dass man bei fremden Personen nächtigt (www.couchsurfing.com oder www.hospitalityclub.org).

Hotels

🏨**142** [cg] **Aarhus Havnehotellet** €€, Marselisborg Havnevej 20, im Jachthafen von Marselisborg. Die Bushaltestelle Dalgas Avenue v. Tangkrogen befindet sich an der Hauptstraße Strandvejen und ist rund 600 Meter Fußweg entlang des Parkplatzes entfernt, Tel. 70225530, www.bbhotels.dk. **Schöne Lage direkt im Jachthafen:** zahlreiche Parkplätze in der Umgebung. Einfache, zweckmäßige Zimmer. Bei der Buchung sollte man um ein Zimmer in den oberen Etagen mit Blick auf den Hafen bitten, damit vorbeilaufende Personen nicht in das Zimmer

Preiskategorien

Die Kategorien umfassen den Preis für ein Doppelzimmer (DZ) in der Hauptsaison und beinhalten in der Regel auch das Frühstück. Davon ausgenommen sind die Pensionen ohne Frühstück.

€	bis 520 DKK (bis ca. 70 €)
€€	520–750 DKK (ca. 70–100 €)
€€€	750–1050 DKK (ca. 100–140 €)
€€€€	1050–1270 DKK (ca. 140–170 €)
€€€€€	ab 1270 DKK (ab ca. 170 €)

blicken können und man keinen Ausblick auf den Industriehafen hat. Man sollte bedenken, dass die Seile an den Masten der Jachten rund um die Uhr zu Geräuschen führen.

🏨**143** [B6] **ApartHotel Faber** €€€, Eckersbergsgade 17, nur 700 Meter vom Hauptbahnhof entfernt, Tel. 70267011, www.hotel-faber.dk. **Hotel mit Selbstbedienung:** technisch modernes Hotel in einem kleinen Gebäude, das an einen Plattenbau erinnert. Die Rezeption ist nur von Montag bis Freitag von 8.30 Uhr bis 20 Uhr besetzt. Außerhalb dieser Zeiten ist kein Mitarbeiter anzutreffen, der Zugang und auch die Anreise sind jedoch rund um die Uhr möglich. Benötigt wird bei der Anreise eine Kreditkarte, die durch das Lesegerät gezogen werden muss. Auf der linken Seite des Gerätes wird die Schlüsselkarte ausgegeben. Die vorherige Buchung eines Parkplatzes ist sinnvoll.

🏨**144** [C6] **Best Western The Mayor Hotel** €€€€, Banegårdspladsen 14, schräg gegenüber vom Hauptbahnhof, zwischen Bahnhof und Rathaus. Tel. 87320100, www.themayor.dk. **Gut ausgestattetes Hotel:** Wegen der Lage kann es verkehrsbedingt etwas laut sein. Der hoteleigene Parkplatz im Hof kostet 99 Dänische Kronen pro Tag und sollte vorab gebucht werden.

🏨**145** [D5] **Cabinn Hotel** €€, Kannikegade 14, gleich gegenüber vom Theaterhaus am südlichen Rand vom Bispetorvet, vom Hauptbahnhof aus durch die gegenüberliegende Fußgängerzone bis der Dom sichtbar ist und dann rechts zum Theater, Tel. 86757000, www.cabinn.com. **Günstig übernachten:** Das Konzept hinter den Cabinn Hotels, von denen es in Dänemark mittlerweile neun Stück gibt, entstand durch Niels Fennet. Als dieser auf einer Fähre nach Oslo unterwegs war, kam er auf die Idee, die beengten Räumlichkeiten auf einem

Schiff (daher Cabinn) auf ein Hotel zu übertragen. Sein erstes Hotel eröffnete er 1990 in Frederiksberg in Kopenhagen. Die Zimmer sind mit Klapp- und Hochbetten spartanisch eingerichtet und teilweise sehr klein, aber trotz der sehr zentralen Lage sehr günstig.

146 [C7] **City Hotel Oasia** €€€, Kriegersvej 27–31, zwei Straßen vom Hauptbahnhof entfernt. Aus dem Bahnhof kommend muss man nach links und an der zweiten Straße erneut nach links abbiegen. Tel. 87323715, www.hoteloasia.dk. **Sehr zentral gelegen:** Hotel mit wenig Parkmöglichkeiten, weshalb ein Parkplatz bei der Buchung mitreserviert werden sollte. Die Zimmer und die Lobby sind funktional und im typischen dänischen Design gestaltet.

147 [D6] **Comwell Hotel** €€€€€, Værkmestergade 2, südlich vom Busbahnhof und unweit des Hauptbahnhofs, jedoch nur nach Unterquerung der Bahngleise erreichbar. Tel. 86728000, www.com wellaarhus.dk. **Hotel mit Ausblick:** Das Hotel ist im fünftgrößten Gebäude Dänemarks untergebracht. Der 94 Meter hohe Aarhus City Tower wird in Aarhus nur von dem zwei Meter höheren Dom übertrumpft und bietet daher seit seiner Fertigstellung im Jahr 2014 einen wunderbaren Ausblick auf die Bucht von Aarhus. Das modern eingerichtete Hotel bietet gleich zwei Fitnesscenter.

148 [D5] **Ferdinand Hotel** €€€, Åboulevarden 28, direkt am Åboulevarden in der Altstadt. Vom Hauptbahnhof aus in gut zehn Minuten durch die Fußgängerzone zu erreichen. Tel. 87321444, www. hotelferdinand.dk. **Günstig, aber nichts für Ruhesuchende:** für diese zentrale Lage ein günstiges Hotel, jedoch ohne Parkmöglichkeit, außerdem muss mit Lärmbelästigung durch die benachbarten gastronomischen Einrichtungen und durch das hauseigene Restaurant im Erdgeschoss gerechnet werden.

061aa-fo © Antony McAulay

149 [D6] **First Atlantic Hotel** €€€€, Europa Plads 10–14, den Hauptbahnhof verlassen und nach rechts gehen, dann hinter dem Busbahnhof nach links. Nach insgesamt 600 Metern hat man das Hotel erreicht, es befindet sich gleich gegenüber von Dokk1. Tel. 86131111, www.firsthotels.dk. **Modern gestaltetes Hotel in Hafennähe:** Die Übernachtung sollte man hier unbedingt mit Frühstück buchen, da man dieses im zehnten Stock des Gebäudes einnimmt und dabei eine fantastische Aussicht hat. Ähnliches gilt für die modernen Zimmer, entweder mit Blick auf die Aarhus Bucht und Dokk1 oder auf das Stadtzentrum.

An Unterkünften mangelt es der Stadt nicht

🏨**150** [D4] **Guldsmeden** €€€€€, Guldsmedgade 40, in einer Seitenstraße vom Latinerquartier. Die Bushaltestellen Nørre Allé und Nørregade sind gleich um die Ecke. Allerdings kann man auch die 1,2 km zum Hauptbahnhof einmal quer durch die Altstadt gehen. Tel. 86134550, www.guldsmedenhotels.com. **Nettes und gepflegtes Hotel inmitten des Geschehens:** nur öffentliche Parkplätze in der Umgebung, die tagsüber kostenpflichtig sind. Geschmackvoll eingerichtete Zimmer und ein gemütlicher Innenhof. Durch die Lage kann es abends aber auch schon mal etwas lauter sein.

🏨**151** [C6] **Hotel Ritz** €€€, Banegårdspladsen 12, gegenüber vom Hauptbahnhof ums Eck, schräg gegenüber vom Rathaus. Tel. 86134444, www.hotelritz.dk. **Sehr gut ausgestattetes Hotel:** Die zentrale Lage muss allerdings kein Vorteil sein, da bei geöffnetem Fenster der Straßenverkehr deutlich zu hören ist.

🏨**152** [D4] **Hotel Royal** €€€€€, Store Torv 4, mitten in der Altstadt und in direkter Nachbarschaft des Doms. Tel. 86120011, www.hotelroyal.dk. **Elegantes Hotel mit Stuck und detailreichen Wandbemalungen:** Beachtenswert ist der „Reception desk", bestehend aus einem überdimensionalen Aquarium. Das Hotel ist das älteste der Stadt und befindet sich in einem neoklassizistischen Gebäude aus dem Jahr 1838. Nicht ganz so alt ist der Fahrstuhl, der trotzdem als ältester Lift in Nordeuropa angepriesen wird und sogar eine Sitzmöglichkeit bietet. Da sich das Hotel am Rande der Fußgängerzone befindet, ist die Parkplatzsituation als eher schwierig zu bezeichnen. Empfohlen wird das vollautomatische, aber nicht günstige Parkhaus im Dokk1 (s. S. 100).

🏨**153** **Koldkærgård Konferencecenter** €€€, Agro Food Park 10, nördlich und außerhalb von Aarhus. Mit dem Bus bis Haltestelle Agro Food Park zu erreichen. Tel. 70208810, www.koldkaergaard.dk. **Für Geschäftsreisende:** Wie der Name schon sagt, ist diese Unterkunft auf Konferenzen ausgerichtet, jedoch kann man hier auch als Privatperson unterkommen. Die Lage ist zwar abgelegen, dafür ist die Umgebung ländlich geprägt und man ist trotzdem mit dem Auto in einer Viertelstunde im Zentrum.

🏨**154** [ch] **Marselis Hotel** €€€€€, Strandvejen 25, direkt am Strand von Marselisborg. Mit dem Bus zur Haltestelle Strandvejen. Tel. 86144411, www.helnan.dk. **Luxuriöses Hotel mit Traumlage direkt am Strand:** Im Zimmer mit Meerblick kann man die Fähren und Schiffe, aber auch den Hafen beobachten. Direkter Zugang zum Strand, in der unteren Etage mancherorts direkt vom Zimmer aus.

🏨**155** [B6] **Radisson Blu Scandinavia** €€€€€, Margrethepladsen 1, 500 Meter Fußweg durch eine Grünanlage vom Hauptbahnhof entfernt. Tel. 86128665, www.radissonblu.com. **Luxuriöses Hotel am Konzerthaus, nur wenige Meter vom ARoS-Kunstmuseum entfernt:** über 200 Zimmer über dem Kongresszentrum. Das Hotel wurde 1995 von Königin Margrethe II. feierlich eröffnet und beherbergte seither Persönlichkeiten und Bands wie David Bowie, Michel Platini, Peter Ustinov, Deep Purple, Liza Minelli, Kofi Annan, Joe Cocker und viele andere. Geparkt werden kann nur in dem dunklen und verwinkelten Parkhaus am Konzerthaus, für das vom Hotel ein Rabatt angeboten wird.

🏨**156** [C5] **Scandic Aarhus City** €€€€€, Østergade 10, nur 500 Meter vom Hauptbahnhof entfernt. Gegenüber vom Bahnhof in die Fußgängerzone und an der zweiten Möglichkeit nach links. Tel. 89318100, www.scandichotels.dk. **Auf dem neuesten Stand:** sehr zentral gelegenes und modern eingerichtetes Hotel.

🏨**157** [af] **Scandic Aarhus Vest** €€€€€, Rytoften 3, am westlichen Rand von Aarhus, direkt an der Ringstraße O2. Mit dem Bus zur Haltestelle Åby Ringvej/Bautavej. Tel. 86156844, www.scandichotels.dk. **Für Autofahrer auf der Durchreise:** modernes Hotel, das gerne auch von Durchreisenden auf dem Weg nach Norden genutzt wird. Trotz der abseitigen Lage ist man mit dem Auto sehr einfach in sieben und mit dem Bus in zwölf Minuten am Freilichtmuseum Den Gamle By ⑪.

🏠**158** [D5] **Villa Provence** €€€€€, Fredens Torv, zentral in der Altstadt gelegen. Ab dem Hauptbahnhof nach rechts abbiegen und der Vorfahrtsstraße 500 Meter bis zum Hotel auf der linken Seite folgen. Tel. 86182400, www.villaprovence. dk. **Kleines, sehr gepflegtes und stilvolles Hotel:** Die Hotelzimmer in der oberen Etage sollten vorgezogen werden, da man sonst auf Straßenhöhe residiert.

🏠**159** [bh] **Zleep Hotel** €€, Viby RIngvej 4, am südwestlichen Rand von Aarhus, unmittelbar an der Ringstraße O2. Mit dem Bus bis zur Haltestelle Viby Torv. Mit dem Auto ab der E45 über die Straße 501 und der O2 sehr leicht zu erreichen. Tel. 70235635, www.zleephotels.com. **Günstiges Hotel in ästhetisch nicht sehr schönem Betonhochhaus:** Die Zimmer sind im dänischen Design gehalten und teilweise sehr ungewöhnlich gestaltet. Manchmal sind die Wände unverputzt, was zwar so gewollt ist, aber an eine Baustelle erinnert.

Pensionen

☎**160** [D5] **City Apartement** €€€, Fredensgade 18, zentrale Lage in der Altstadt, gleich neben dem Hotel Villa Provence. Tel. 86275130, www.hotelaca.dk. **Zentral gelegen:** nette Ferienwohnungen in verschiedenen Größen.

☎**161** **Gästehaus AB Centrum** €, sehr abseits gelegen. In 800 Meter Entfernung befindet sich die Haltestelle Randersvej v. Motorvejen. Von dort dau-

ert die Fahrt in die Innenstadt rund 20 Minuten. Der Fußweg ist nicht beleuchtet, das Gästehaus nicht ausgeschildert. Tel. 61359035, www.abcentrum. dk. **Gästehaus für Abenteurer:** Die Zimmer sind gut und modern eingerichtet, allerdings ist die Dusche nur mit einer durchsichtigen Glasschiebewand vom Rest des Zimmers abgetrennt. Ungewöhnlich ist der Service, denn den Besitzer bekommt man üblicherweise nicht zu Gesicht. Bei der Ankunft findet man seinen Namen mit der Zimmernummer am Desk. Der Schlüssel steckt in der Tür. Bezahlt wird durch Zurücklassen von Bargeld auf dem Bett. Durch diese Eigenschaften und da das Haus zudem von außen einen abschreckenden Eindruck macht, wird von den Gästen gerne die Beschreibung „spooky" genutzt.

☎**162** [bh] **Holiday Home Fredensvang** €€€, Rosenvangs Alle 79, im südlich gelegenen Ortsteil Fredensvang, weniger als eineinhalb Kilometer Fußweg vom Schloss Marselisborg entfernt. Direkt vor dem Haus befindet sich die Bushaltestelle Rosenvangs Allé/Fredensvang Runddel. **Sehr beliebtes Ferienhaus:** erreichbar nur über die klassischen Web-Portale. In der Regel muss man lange im Voraus buchen.

☎**163** [ch] **Marselis** €€, Ellemarksvej 1, in einer ruhigen Wohnstraße von Marselisborg, nur 250 Meter vom Freizeitpark Tivoli Friheden entfernt. Die Bushaltestelle Marselis Boulevard/Stadion Allé ist gleich ums Eck. Tel. 26243394, bb-marselis.dk. **Nur für Frühbucher:** Wegen der Freundlichkeit und der stilvollen Ausstattung ein sehr beliebtes B&B in guter Lage. Zwar etwas abseits vom Stadtzentrum, aber das wird durch das Haus selbst wieder wettgemacht. Parkplatz direkt vor der Tür. Nachteil: Oft ausgebucht, eine frühe Reservierung ist notwendig.

Hostels und Jugendherberge

🛏**164** [de] **Danhostel** €€, Marienlundsvej 10, ruhige Lage mitten in einem Wald am nördlichen Stadtrand von Aarhus. Zur Bushaltestelle Marienlund. Dronning Margrethes Vej sind es rund 500 Meter Fußweg. Tel. 86212120, www.aarhus-danhostel.dk, Mitte Dezember bis Anfang Januar geschlossen. **Übernachten in idyllischer Lage:** klassische Jugendherberge mit einfacher Einrichtung und Etagenbetten. Daher ist der Check-in nur in einem schmalen Zeitfenster von drei bis vier Stunden ab 16 Uhr möglich. Bettwäsche kann man mieten, eigene Schlafsäcke werden nicht erlaubt. Hunde verboten. Es gibt 35 Zimmer mit insgesamt 151 Betten. Nur ein Doppelzimmer hat ein eigenes Bad. Ansonsten gibt es Familienzimmer mit 3, 4 oder 6 Betten mit eigenem Bad oder einem Bad auf dem Flur.

🛏**165** [D5] **Hostel City Sleep-In** €, Havnegade 20, am Rand der Altstadt, direkt gegenüber vom Hafenbecken und zwischen den Bushaltestellen Skolebakken und Europaplads. Vom Hauptbahnhof sind es aber ohnehin nur 800 Meter nach rechts zum Dokk1 und dann nach links. Tel. 86192055, www.citysleep-in.dk. **Hostel mit Blick auf das Meer:** sehr einfaches Hostel, das nur die Grundbedürfnisse erfüllt. Parkplätze gibt es nur im Dokk1 (s. S. 100), wo diese fast so teuer sind wie die Übernachtung im Hostel. Daher sollte man überlegen, für ein bisschen mehr Komfort ein etwas höheres Budget für die Übernachtung einzuplanen.

> ▷ *Mit dem Wohnmobil kann man im Jachthafen zwischen aufgebockten Schiffen übernachten*

🛏**166** [C5] **Simple Bed Hostel** €, Åboulevarden 86, direkt am Fluss Aarhus Å, in Richtung ARoS-Kunstmuseum und Mølleparken unweit der Kunsthalle. Tel. 53232189, www.simplebedhostel.com. **Der Name ist Programm:** Für den günstigen Preis erhält man nicht viel mehr als ein Bett in einem Sechserzimmer. Das Bad ist teilweise unverputzt. Nur für den sehr kleinen Geldbeutel empfehlenswert.

Camping- und Wohnmobilstellplätze

⚠**167** **Aarhus Camping** €, Randersvej 400, nördlich von Aarhus an der Straße 180 in Richtung Randers. Waldlage. Tel. 86231133, www.aarhuscamping.dk, Erw. 82–87 DKK, Kinder 42–49 DKK, Strom 3,75 DKK, Hund 10 DKK, Stellplatzgebühr 25–40 DKK. Der Campingplatz bietet auch Quickstop an. Wer mit dem Wohnmobil nach 20 Uhr an- und vor 10 Uhr abreist. zahlt pauschal 100 DKK. geöffnet: ganzjährig. Ruhig in der Natur gelegener Campingplatz mit kleinem Swimmingpool, Zeltwiese, parzellierten Stellflächen und 21 Campinghütten. WLAN, Cafeteria, Spielplatz, Freizeitmöglichkeiten, Waschküche, Kochmöglichkeiten und Shop vorhanden.

⚠**168** [di] **Camping Blommehaven** €, Ørneredevej 35, 8270 Højbjerg, südlich von Aarhus in ruhiger Waldlage direkt an der Küste. Vor der Rezeption befindet sich die Bushaltestelle Ørneredevej/Blommehaven. Mit dem Fahrrad erreicht man gemütlich durch den Wald und entlang der Küste das Kulturzentrum Dokk1. Tel. 86270207, www.camping-blommehaven.dk, Erwachsene 78–82 DKK, Kinder bis 11 Jahre 41–51 DKK, Hund 23 DKK, Stellfläche 30–75 DKK je nach Saison und Lage, Strom 3,75 DKK je kWh, geöffnet: Mitte März bis Mitte Okt. Mitglieder im dänischen Campingverband (DCU) erhalten deutliche Rabatte. Der Platz verfügt über sämtliche Einrichtungen, die man von einem Campingplatz erwartet. Die Möglichkeit, direkt am Strand zu stehen, sollte jedoch nicht überbewertet werden; nur sehr wenige Plätze haben Meerblick. Der Platz reicht bis zu 300 Meter in einen Wald hinein und ist durch eine kleine Straße zweigeteilt.

⚠**169 Dancamp** €, Ajstrup Strandvej 81, 8340 Malling, südlich von Aarhus in kleiner, überschaubarer Ortschaft direkt an der Küste. Die Bushaltestelle Ajstrup Strandvej/Ørnevænget befindet sich vor der Rezeption. Mit dem Fahrrad entlang der Küste und durch Wald ist man in weniger als einer halben Stunde am Moesgaard Museum ㉔ und in einer Stunde im Zentrum von Aarhus. Tel. 86933535, www.dancamps.dk, Erwachsene 87–92 DKK, Kinder bis 11 Jahre 43–54 DKK, Hunde 20 DKK, Müllgebühr 13 DKK, Platzgebühr 25–55 DKK, geöffnet: Mitte März bis Ende Sept. Großer Campingplatz mit allen Ausstattungen, die ein Campingplatz erfordert. In Reihe angelegte und durch Bäume getrennte Wiesenplätze.

⚠**170 Wohnmobilstellplatz Egå Marina** €, Egå Havvej 31, 8250 Egå, nördlich von Aarhus über die Straße 505 zu erreichen, GPS: 56.210658, 10.288250. An der Marina befindet sich die Bushaltestelle Egå Strandvej v. Egå Marina mit Ziel Aarhus (7,5 km entfernt). 150 DKK je Wohnmobil, geöffnet: ganzjährig. Einfacher Stellplatz direkt zwischen den Jachten der großen Marina. Alle Einrichtungen des täglichen Bedarfs sind vorhanden.

⚠**171** [cg] **Wohnmobilstellplatz Jachthafen Marselisborg** €, Marselisborg Havnevej 62, direkt am südlich gelegenen Jachthafen Marselisborg. Rund 800 Meter zur Bushaltestelle Dalgas Avenue v. Tangkrogen an der Straße Strandvejen. 140 DKK je Wohnmobil, geöffnet: ganzjährig. Kleiner Bereich für ein halbes Dutzend Wohnmobile am Ostrand des Jachthafens. Durch eine Schranke abgesperrt. Im Preis ist auch die Nutzung der Sanitäreinrichtung enthalten.

Naturlagerplätze (Shelter)

Eine ungewöhnliche Übernachtungsmöglichkeit bieten sogenannte Shelter. Hierbei handelt es sich um frei zugängliche Holzhütten ohne jeglichen Komfort, die für Wanderer gedacht sind, um ihnen ein Dach über dem Kopf zu bieten. Grundsätzlich sind diese Unterkünfte an drei Seiten geschlossen, aber an einer Seite immer offen. Viele von ihnen sind Teil eines Picknickplatzes und haben auch die Möglichkeit für ein Lagerfeuer. Ein Zelt dort aufzuschlagen, ist jedoch nicht erlaubt und in der Regel müssen die Plätze im Vorfeld gebucht werden. In ganz Dänemark gibt es ca. 450 Shelter und ein halbes Dutzend von ihnen befindet sich im Umfeld von Aarhus. Eine bebilderte Übersicht mit Karte aller Naturlagerplätze und Buchungsmöglichkeit gibt es unter www.friluftslivaarhus.dk.

☑ *In Dänemark zeigt man gerne Flagge*

Verhaltenstipps

Am besten so

Bei der Begrüßung gibt man sich in Dänemark die Hand. Außerdem duzt man sich in der Regel und spricht sich mit dem Vornamen an. Lediglich ältere Personen (ab etwa 75 Jahren) werden aus Respekt gesiezt. Und falls man, aus welchen Gründen auch immer, von ihr eingeladen wird: Die Königin wird auch gesiezt.

So besser nicht

Beim Betreten eines Hauses oder einer Wohnung lässt man nicht die Schuhe an, sondern stellt diese vor der Tür ab. Großen Respekt hat man in Dänemark vor der dänischen Flagge, die vor fast jedem Ferienhaus gehisst wird. Ein sehr großer Fauxpas wäre es, diese abzunehmen oder gar durch eine andere Fahne zu ersetzen bzw. sie um die Fahne des heimischen Bundesligavereins zu ergänzen.

063aa-mm

064aa-mm

Verkehrsmittel

Aarhus lässt sich sehr gut zu Fuß erkunden. Die Wege zwischen den einzelnen Sehenswürdigkeiten sind kurz. Ein beliebtes und sehr gut akzeptiertes Verkehrsmittel ist das **Fahrrad**, für das auch eine gute Infrastruktur besteht.

Darüber hinaus fahren in der Stadt und zu Zielen außerhalb von Aarhus Busse. Diese werden unterschieden in gelbe *Bybusse* (Stadtbusse) und rote *A-Busse*. Von letzteren gibt es sechs Linien, die mit einem A gekennzeichnet sind. Es handelt sich um eine Art Schnellbus, für den es keinen festen Fahrplan gibt, er verkehrt aber alle sieben bis zehn Minuten, in den Abendstunden etwa alle 15 Minuten. Darüber hinaus verkehren *X-Busse* in die Region rund um Aarhus. Der **Busbahnhof** *(Rutebilstation)* befindet sich zwischen dem Hauptbahnhof und dem Kulturzentrum Dokk1 **❷❸** an der Ny Banegårdsgade [C/D6].

● **172** [D6] **Rutebilstation,**
  Fredensgade 45, 8000 Aarhus

Das **Tarifsystem** ist in Zonen unterteilt. Das gesamte Stadtzentrum von Aarhus befindet sich in der **Zone 301**. Nordwestlich davon liegt die Zone 302, südwestlich die Zone 303. Zone 301 endet ungefähr in der Mitte zwischen den beiden Ringstraßen O1 und O2.

Im Jahr 2017 soll die **Aarhus Letbane** fertiggestellt werden. Aarhus Letbane ist eine Art **Überlandstraßenbahn**, die im südlich gelegenen Odder startet und nach Grenaa fährt. Dabei passiert sie den Hauptbahnhof und Dokk1 **❷❸**, von wo aus sie an der Küste nordwärts fahren wird. In einem späteren Schritt wird Letbane an der Haltestelle Skolebakken eine Abzweigung zur Universität und zum Hospital erhalten.

Wer sich innerhalb von einer bis zwei Zonen bewegt, zahlt 20 DKK. Für jede weitere Zone werden zusätzliche

⌂ *Wer gut zu Fuß ist, wird die Busse nur sehr selten in Anspruch nehmen müssen*

10 DKK fällig. Ein **Travelpass** lohnt sich, diesen gibt es für 24 Std. (80 DKK), 48 Std. (120 DKK) und 72 Std. (160 DKK) zu erwerben. Dieser kann online bezahlt und ausgedruckt werden oder man benutzt die entsprechende App für Android oder iOS. Allerdings sollte man sich zuvor überlegen, ob sich nicht doch vielleicht die AarhusCard (s. S. 102) lohnt, mit der man kostenlos die innerstädtischen Busse nutzen kann. Für aktuelle Preise und Fahrpläne empfiehlt sich ein Blick auf die Webseite des Verkehrsunternehmens oder der Gang zum Midtraffik Kundecenter, wo man die Tickets am Schalter und am Automaten erwerben kann.

❭ **Midttrafik,** im Busbahnhof/
Rutebilstation (s. S. 125),
www.midttrafik.dk

Aarhus Taxa ist das größte Taxiunternehmen in Jütland und erreichbar unter Tel. 89484848. Dort kann man eines von 250 Fahrzeugen ordern.

Wetter und Reisezeit

Besonders starke Abweichungen von den deutschen Städten an der Ostseeküste gibt es beim Klimavergleich nicht. Der wärmste Monat ist der Juli mit einer Durchschnittstemperatur von rund 17 °C, der kälteste ist der Februar. Die Winter sind meist feucht und kalt, während es in den warmen Sommermonaten durchaus auch den einen oder anderen eher kühlen Tag geben kann. Besonders für die Abendstunden, die man vielleicht draußen im Café verbringen möchte, kann die Mitnahme eines dünnen langärmeligen Pullovers sinnvoll sein.

Dänemark befindet sich zwar im Vergleich zu den anderen skandinavischen Ländern nicht sehr weit im Norden, dennoch macht sich auch hier schon bemerkbar, dass die Tage im Sommer etwas länger hell sind als zum Beispiel im süddeutschen Raum.

Durch-schnitt	Wetter in Aarhus											
Maximale Temperatur	2°	2°	5°	10°	16°	19°	21°	20°	17°	12°	7°	4°
Minimale Temperatur	–3°	–3°	–1°	1°	6°	9°	11°	11°	8°	6°	2°	–1°
Regentage	18	13	15	13	12	11	13	13	15	16	18	17
	Jan	Febr	März	Apr	Mai	Juni	Juli	Aug	Sept	Okt	Nov	Dez

ANHANG

065aa-mm

Kleine Sprachhilfe

In Dänemark kommt man sehr gut mit Englisch weiter, mancherorts wird auch Deutsch verstanden. Aber höflicher ist es nun einmal, sich zumindest in der Landessprache zu versuchen. Und wer sich ein paar Brocken **Dänisch** aneignet, der wird auch in seinem nächsten Urlaub in Norwegen oder Schweden weniger Sprachprobleme haben, weil sich die Sprachen dieser drei Länder ähneln. Nicht zu vergessen: Auch auf den Färöer-Inseln und in Grönland wird Dänisch verstanden, genauso wie in Südschleswig auf deutscher Seite.

Einen bedeutenden Unterschied zum deutschen Alphabet zeigen drei dänische **Sonderzeichen**. Æ bzw. æ ist ein Buchstabenverbund, der dem deutschen Umlaut Ä entspricht. Ø bzw. ø kann mit dem deutschen Umlaut Ö verglichen werden. Å bzw. å wird wie eine Mischung aus a und o gesprochen, jedoch mehr zum O hin und dabei mit langer Aussprache. Mit dem Å wird das Doppel-A ersetzt, jedoch ist gerade bei Ortsnamen auch wieder das Aa zulässig. Besonders im Fall von Aarhus kann man das beobachten. Die Stadt besteht darauf, mit Doppel-A geschrieben zu werden, bis 2011 war Århus die richtige Schreibweise.

Häufig gebrauchte Wörter und Redewendungen

Ja	ja
Nein	Nej
Danke	tak
Tausend Dank	tusind tak
Bitte	Værsgo
Hallo	Hej
Tschüss	Hej hej
Guten Tag	Goddag
Entschuldigung	Undskyld
Ich	jeg
Du	du
Er/sie	han/de
Wir	vi
Ihr	deres
Sie	du

Zahlen

0	nul
1	en
2	to
3	tre
4	fire
5	fem
6	seks
7	syv
8	otte
9	ni
10	ti
11	elleve
12	tolv
13	tretten
14	fjorten
15	femten
16	seksten
17	sytten
18	atten
19	nitten
20	tyve
21	enogtyve
30	tredive
40	fyrre
50	halvtreds
60	tres
70	halvfjerds
80	firs
90	halvfems
100	hundrede
200	to hundrede
1000	tusinde

Die wichtigsten Richtungsangaben

Links	venstre
Nach links	til venstre
Rechts	højre
Nach rechts	til højre
Geradeaus	lige
Hier	her
Dort	der
Nah	tæt
Neben	næste
Vor	før
Dahinter	bag

Fragewörter

Was?	hvad?
Wer?	hvem?
Wem?	hvem?
Wo?	hvor?
Wie?	hvordan?
Warum?	hvorfor?
Wann?	hvornår?
Welcher?	hvilken?

Die wichtigsten Zeitangaben

Gestern	i går
Heute	i dag
Morgen	i morgen
Morgens	om morgenen
Abends	i aften
Nachmittags	om eftermiddagen
Nachts	om natten
Täglich	daglig
Früher	tidligere
Später	senere
Jetzt	nu
Früh	tidlig
Uhr	ur

Die wichtigsten Floskeln und Begriffe

Herzlich willkommen	Velkommen
Wie geht's?	Hvordan har du det?
Danke, gut	Tak, jeg har det godt
Schlecht	dårlig
Ich heiße ...	Jeg hedder ...
Ich wohne in ...	Jeg bor i ...
Deutschland	Tyskland
Österreich	Østrig
Schweiz	Schweiz
Dänemark	Danmark
Ich brauche ...	Jeg har brug for ...
Hast du ...?	Vidste du ...?
Was kostet das?	Hvad det koster?
Wo ist ...?	Hvor er ...?
... der Bahnhof?	... stationen?
... die Haltestelle?	... stop?
... der Hafen?	... havnen?
... das Hotel?	... hotellet?
... der Campingplatz?	... campingpladsen?
Ich will nach ...	Jeg ønsker at gå ...
Wie spät ist es?	Hvad er klokken?
Ich bin krank.	Jeg er syg.
Hilf mir!	Hjælp mig!

AusspracheTrainers auf PC oder Smartphone lernen (siehe Umschlag hinten) +++

Ich spreche nur ein bisschen Dänisch.	Jeg taler kun lidt dansk.
Wie bitte?	hvad behager?
Ich verstehe nicht.	Jeg forstår det ikke.
Bitte langsam sprechen.	Tal langsomt.

Wochentage

Montag	mandag
Dienstag	tirsdag
Mittwoch	onsdag
Donnerstag	torsdag
Freitag	fredag
Samstag	lørdag
Sonntag	søndag

Im Restaurant und im Supermarkt

Fisch	Fisk
Fleisch	Kød
Pute	Kalkun
Huhn	Kylling
Schwein	Gris
Rindfleisch	Oksekød
Milch	Mælk
Zwiebel	Løg
Käse	Ost

Wurst	pølse
Brot	brød
Wasser	vand
Bier	øl
Mit Kohlensäure	Kulsyreholdig
Ohne Kohlensäure	Ikke-kulsyreholdig
Wein	vin
Obst	frugt
Gemüse	vegetabilsk
Apfel	æble
Birne	pære

Beim Arzt

Notfall	nødsituation
Arzt	læge
Zahn	tand
Schmerzen	ondt
Krankenhaus	hospital
Apotheke	apotek
Medikament	medicin

Kauderwelsch bei REISE KNOW-HOW
Die praktischen Sprachführer

Dänisch – Wort für Wort
Roland Hoffmann
978-3-8317-6419-8
128 Seiten | Band 43
Umschlagklappen mit Aussprachehilfen und wichtigen Redewendungen, Wörterlisten Dänisch – Deutsch, Deutsch – Dänisch
9,90 Euro [D]

Weiterer Titel für die Region
von REISE KNOW-HOW

Foto: Fotolia _alarico73

CityTrip plus **Kopenhagen**

Rasso Knoller

978-3-8317-2689-9

252 Seiten
Detaillierter Stadtplan
City-Faltplan zum Herausnehmen

16,90 Euro [D]

Mit begleitendem Service für Smartphones, Tablets & Co.:

→ GPS-Daten aller beschriebenen Örtlichkeiten
→ Stadtplan als GPS-PDF
→ Verlauf der Stadtspaziergänge

inklusive
WEB
APP

Tipps und Adressen zur Reisevorbereitung | Sorgfältige Beschreibung aller sehenswerten Stadtteile
Vorschläge für Stadtspaziergänge | Umfangreicher Shoppingführer
Empfehlenswerte Restaurants, Bars, Bistros, Cafés | Mit Malmö und Öresundregion
Sprachhilfe Dänisch u.v.m.

www.reise-know-how.de

Das komplette Programm zum Reisen und Entdecken von
REISE KNOW-HOW

- **Reiseführer** – alle praktischen Reisetipps von kompetenten Landeskennern

- **CityTrip** – kompakte Informationen für Städtekurztrips

- **CityTrip**PLUS – umfangreiche Informationen für ausgedehnte Städtetouren

- **InselTrip** – kompakte Informationen für den Kurztrip auf beliebte Urlaubsinseln

- **Wohnmobil-Tourguides** – alle praktischen Reisetipps für Wohnmobil-Reisende

- **Wanderführer** – exakte Tourenbeschreibungen mit Karten und Anforderungsprofilen

- **KulturSchock** – Orientierungshilfe im Reisealltag

- **Kauderwelsch Sprachführer** – vermitteln schnell und einfach die Landessprache

- **Kauderwelsch plus** – Sprachführer mit umfangreichem Wörterbuch

- **world mapping project**™ – aktuelle Landkarten, wasserfest und unzerreißbar

- **Edition REISE KNOW-HOW** – Geschichten, Reportagen und Abenteuerberichte

Zu Hause und unterwegs – intuitiv und informativ

▶ **www.reise-know-how.de**

- **Immer und überall** bequem in unserem Shop einkaufen

- Mit **Smartphone, Tablet** und **Computer** die passenden Reisebücher und Landkarten finden

- **Downloads** von Büchern, Landkarten und Audioprodukten

- Alle **Verlagsprodukte** und **Erscheinungstermine** auf einen Klick

- **Online** vorab in den Büchern **blättern**

- Kostenlos **Informationen, Updates** und **Downloads** zu weltweiten Reisezielen abrufen

- **Newsletter** anschauen und abonnieren

- Ausführliche **Länderinformationen** zu fast allen Reisezielen

Register

Der Autor

Michael Moll ist Reisejournalist aus Essen und schrieb bisher rund 60 Reiseführer. Im REISE KNOW-HOW Verlag ist von ihm unter anderem der Wohnmobil-Tourguide „Die schönsten Routen durch Dänemark" erschienen. Außerdem hält er bundesweit humorvolle und interessante Multimediavorträge über seine Reisen und präsentiert seine Bilder in verschiedenen Ausstellungen. Am Barockschloss Nordkirchen im Münsterland betreibt er zudem seinen eigenen Wohnmobilstellplatz und dort ist er auch anzutreffen, wenn er nicht gerade auf Reisen ist. Virtuell ist er auch im Internet unter www.diewelten bummler.de unterwegs, wo er nicht nur über seine Touren berichtet, sondern auch ein Reiseforum betreibt.

Schreiben Sie uns

Dieses Buch ist gespickt mit Adressen, Preisen, Tipps und Daten. Unsere Autoren recherchieren unentwegt und erstellen alle zwei Jahre eine komplette Aktualisierung, aber auf die Mithilfe von Reisenden können sie nicht verzichten. Darum: Teilen Sie uns bitte mit, was sich geändert hat oder was Sie neu entdeckt haben. Gut verwertbare Informationen belohnt der Verlag mit einem Sprachführer Ihrer Wahl aus der Reihe „Kauderwelsch".

Kommentare übermitteln Sie am einfachsten, indem Sie die Web-App zum Buch aufrufen (siehe Umschlag hinten) und die Kommentarfunktion bei den einzelnen auf der Karte angezeigten Örtlichkeiten oder den Link zu generellen Kommentaren nutzen. Wenn sich Ihre Informationen auf eine konkrete Stelle im Buch beziehen, würde die Seitenangabe uns die Arbeit sehr erleichtern. Unsere Kontaktdaten entnehmen Sie bitte dem Impressum.

Impressum

Michael Moll

CityTrip Aarhus

© REISE KNOW-HOW Verlag
Peter Rump GmbH
1. Auflage 2017

Alle Rechte vorbehalten.

ISBN 978-3-8317-2799-5
PRINTED IN GERMANY

Druck und Bindung:
Media-Print, Paderborn

Herausgeber: Klaus Werner
Layout: amundo media GmbH (Umschlag, Inhalt), Peter Rump (Umschlag)
Lektorat: amundo media GmbH
Karten: Ingenieurbüro B. Spachmüller, amundo media GmbH
Anzeigenvertrieb: KV Kommunalverlag GmbH & Co. KG, Alte Landstraße 23, 85521 Ottobrunn, Tel. 089 928096-0, info@kommunal-verlag.de
Kontakt: Osnabrücker Str. 79, 33649 Bielefeld, info@reise-know-how.de

Alle Angaben in diesem Buch sind gewissenhaft geprüft. Preise, Öffnungszeiten usw. können sich jedoch schnell ändern. Für eventuelle Fehler übernehmen Verlag wie Autor keine Haftung.

Bildnachweis

Umschlagvorderseite: Visit Aarhus © ARoS, Aarhus Kunstmuseum | Umschlagklappe rechts: Michael Moll
Soweit ihre Namen nicht vollständig am Bild vermerkt sind, stehen die Kürzel an den Abbildungen für die folgenden Fotografen, Firmen und Einrichtungen. Michael Moll: mm | fotolia.com: fo | dreamstime.com: ds

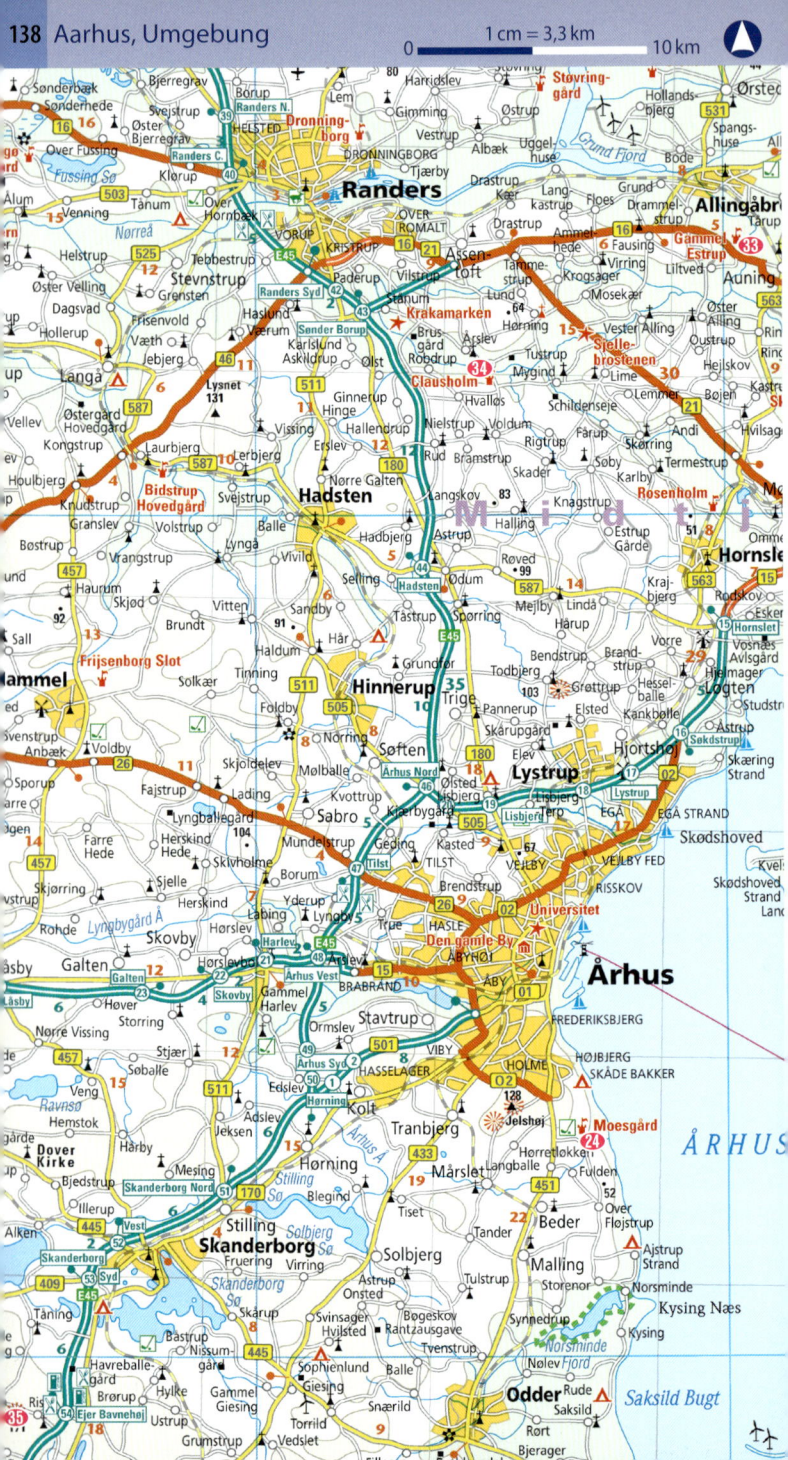

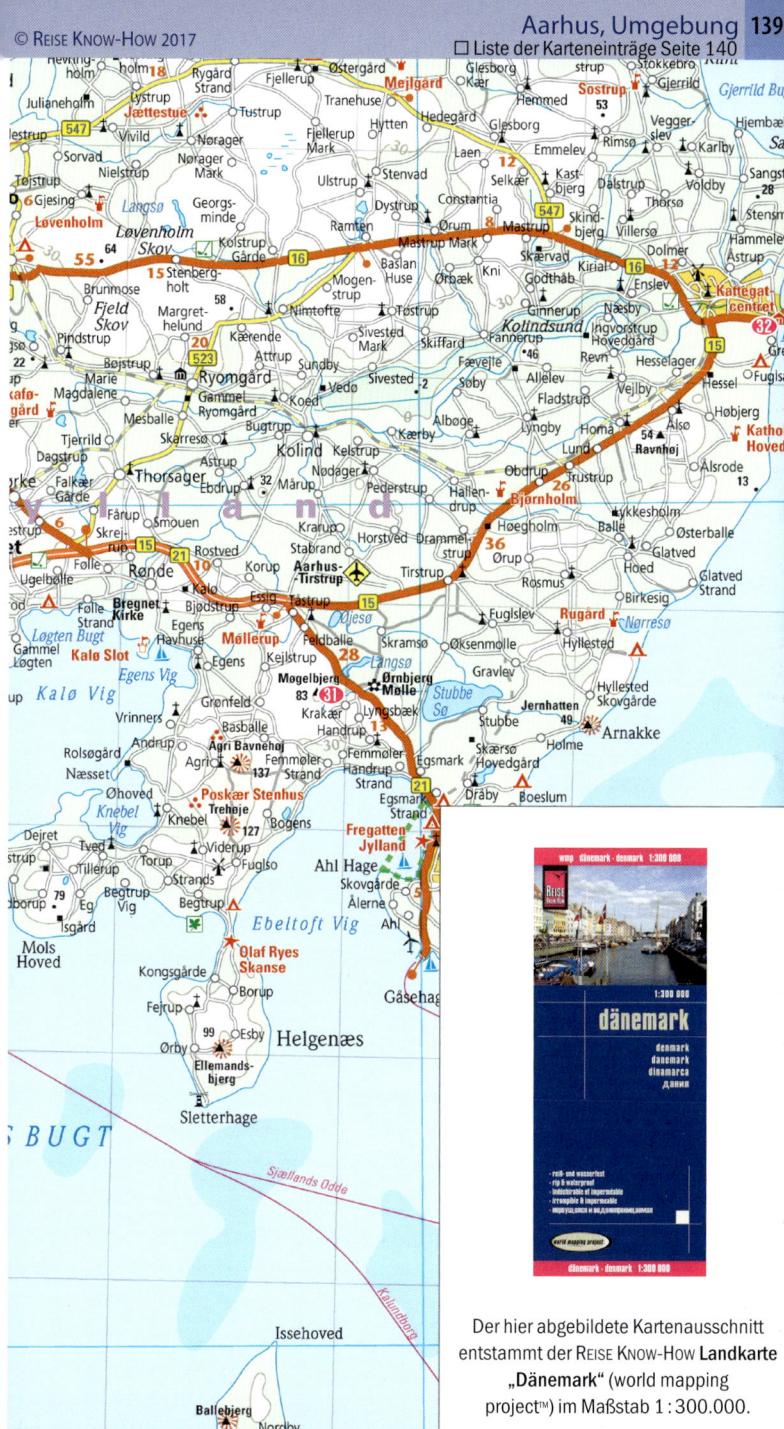

Der hier abgebildete Kartenausschnitt entstammt der REISE KNOW-HOW **Landkarte "Dänemark"** (world mapping project™) im Maßstab 1 : 300.000.

Liste der Karteneinträge

Hier nicht aufgeführte Nummern
liegen außerhalb der abgebildeten
Karten. Ihre Lage kann aber wie die
von allen Ortsmarken im Buch mithilfe der Web-App angezeigt werden
(s. S. 143).

Zeichenerklärung

❶	Hauptsehenswürdigkeit
[E5]	Verweis auf Planquadrat im City-Faltplan
✚ ⊕	Arzt, Apotheke, Krankenhaus
❶	Bar, Bistro, Klub, Treffpunkt
☺	Pub, Kneipe
☺	Café
☺	Fischrestaurant
†	Friedhof
⌂	Galerie
⬛	Geschäft, Markt
⬛	Hostel, Jugendherberge
⌂	Hotel, Unterkunft
❶	Imbiss, Bistro, Pizzeria
❶	Informationsstelle
⇨	Kirche
ⵣ	Leuchtturm
⌂	Museum
♫	Musikszene, Disco
P P	Parkplatz/-haus
⌂	Pension
➤	Polizei
⊕	Restaurant
≋	Schwimmbad
•	Sonstiges
☺ ☺	Theater
★	Sehenswürdigkeit
❷	vegetarisches Restaurant
❷	Weinbar
✚	Windmühle
⚠	Campingplatz

▬▬	Stadtspaziergang (s. S. 14)
▱	Shoppingareal
▱	Gastro- und Nightlife-Areal

Aarhus mit PC, Smartphone & Co.

QR-Code auf dem Umschlag scannen oder **www.reise-know-how.de/citytrip/aarhus17** eingeben und die **kostenlose Web-App** aufrufen (Internetverbindung zur Nutzung nötig)!

★Anzeige der Lage und Satellitenansicht aller beschriebenen Sehenswürdigkeiten und weiterer Orte
★**Routenführung** vom aktuellen Standort zum gewünschten Ziel
★**Exakter Verlauf** des empfohlenen Stadtspaziergangs
★**Audiotrainer** der wichtigsten Wörter und Redewendungen
★**Updates** nach Redaktionsschluss

GPS-Daten zum Download

Auf der Produktseite dieses Titels unter www.reise-know-how.de stehen die GPS-Daten aller Ortsmarken als KML-Dateien zum Download zur Verfügung.

Stadtplan für mobile Geräte

Um den Stadtplan auf Smartphones und Tablets nutzen zu können, empfehlen wir die App „Avenza Maps" der Firma Avenza™. Der Stadtplan wird aus der App heraus geladen und kann dann mit vielen Zusatzfunktionen genutzt werden.

Die Web-App und der Zugriff auf diese über QR-Codes sind eine freiwillige, kostenlose Zusatzleistung des Verlages. Der Verlag behält sich vor, die Bereitstellung des Angebotes und die Möglichkeit der Nutzung zeitlich und inhaltlich zu beschränken. Der Verlag übernimmt keine Garantie für das Funktionieren der Seiten und keine Haftung für Schäden, die aus dem Gebrauch der Seiten resultieren. Es besteht ferner kein Anspruch auf eine unbefristete Bereitstellung der Seiten.

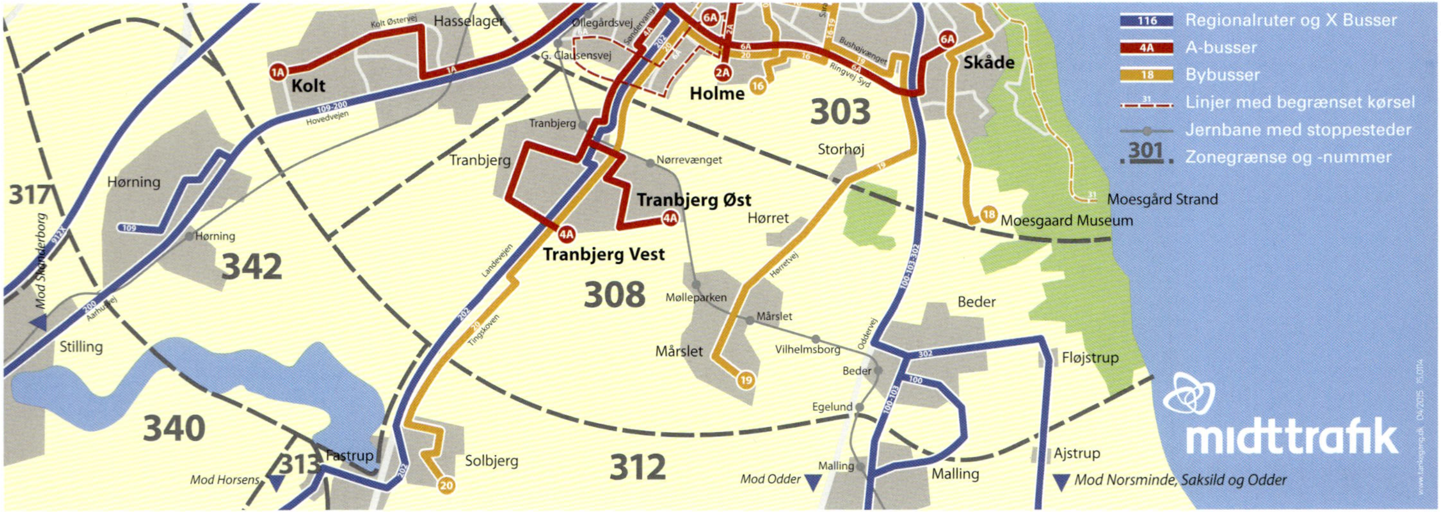

© Midttrafik
Wir danken für die freundliche Abdruckgenehmigung.

Diesem CityTrip-Band wurde hier ein heraus-
nehmbarer Faltplan beigefügt. Sollte er beim
Erwerb des Buches nicht mehr vorhanden sein,
fragen Sie bitte bei Ihrem Buchhändler nach.

Mod Skanderborg

Stilling

317

340

Mod Horsens

313 Hastrup

Solbjerg

312

Mod Odder

Malling

Malling

Ajstrup

Mod Norsminde, Saksild og Odder

Fløjstrup

Beder

Beder

Egelund

Mårslet

Mårslet

Tranbjerg Vest

308

Horret

Horning

Horning

342

Tranbjerg

Tranbjerg

Tranbjerg Øst

Kolt

Hasselager

Holme

303

Storhøj

Skåde

Moesgård Museum

Moesgård Strand

Regionalruter og X Busser
116 Regionalruter og X Busser
4A A-busser
18 Bybusser
Linjer med begrænset kørsel
Jernbane med stoppesteder
301 Zonegrænse og -nummer

midttrafik
www.tankegang.dk · 04/2015 · 15.0114

MARCO ◉ POLO
DÄNEMARK

Reisen mit
Insider-Tipps
Diese Tipps sind die ganz speziellen
Empfehlungen unserer Autoren.
Sie sind im Text gelb unterlegt.

Fünf Symbole sollen Ihnen
die Orientierung in diesem Führer erleichtern:

für Marco Polo Tipps – die besten in jeder Kategorie

für alle Objekte, bei denen Sie auch eine schöne Aussicht haben

für Plätze, wo Sie bestimmt viele Einheimische treffen

für Treffpunkte für junge Leute

(106/A 1)
Seitenzahlen und Koordinaten für den Reiseatlas Dänemark
(U/A 1) *Koordinaten für die Kopenhagenkarte im hinteren Umschlag*
(O) *außerhalb des Kartenausschnitts*
Zu Ihrer Orientierung sind auch die Orte mit Koordinaten versehen, die nicht
im Reiseatlas eingetragen sind.

Diesen Reiseführer schrieb Rainer Stiller; aktualisiert und bearbeitet
wurde er von Christoph Schumann, der als Redakteur und Übersetzer
mit Schwerpunkt Skandinavien arbeitet, und Stefanie Czechowsky,
die als Redakteurin für ein Nordeuropa-Magazin tätig ist.

Die Marco Polo Reihe wird herausgegeben
von Ferdinand Ranft.

Die aktuellsten Insider-Tipps finden Sie im Internet unter www.marcopolo.de

MAIRS GEOGRAPHISCHER VERLAG

MARCO ⊕ POLO

Für Ihre nächste Reise gibt es folgende Titel dieser Reihe:

Ägypten • Alaska • Algarve • Allgäu • Amrum/Föhr • Amsterdam • Andalusien • Antarktis • Argentinien/Buenos Aires • Athen • Australien • Azoren • Bahamas • Bali/Lombok • Baltikum • Bangkok • Barbados • Barcelona • Bayerischer Wald • Berlin • Berner Oberland • Bodensee • Bornholm • Brasilien/Rio • Bretagne • Brüssel • Budapest • Bulgarien • Burgund • Capri • Chalkidiki • Chicago und die Großen Seen • Chiemgau/Berchtesgaden • Chile • China • Costa Blanca • Costa Brava • Costa del Sol/Granada • Costa Rica • Côte d'Azur • Dalmat. Küste • Dänemark • Disneyland Paris • Dolomiten • Dominik. Republik • Dresden • Dubai/ Emirate/Oman • Düsseldorf • Ecuador/Galapagos • Eifel • Elba • Elsass • Emilia-Romagna • England • Erzgebirge/Vogtland • Finnland • Flandern • Florenz • Florida • Franken • Frankfurt • Frankreich • Franz. Atlantikküste • Fuerteventura • Gardasee • Golf von Neapel • Gomera/Hierro • Gran Canaria • Griechenland • Griech. Inseln/Ägäis • Hamburg • Harz • Hawaii • Heidelberg • Holl. Küste • Hongkong • Ibiza/Formentera • Indien • Ionische Inseln • Irland • Ischia • Island • Israel • Istanbul • Istrien • Italien • Italien Nord • Italien Süd • Ital. Adria • Ital. Riviera • Jamaika • Japan • Jemen • Jerusalem • Jordanien • Kalifornien • Kanada • Kanada Ost • Kanada West • Kanalinseln • Karibik I • Karibik II • Kärnten • Kenia • Köln • Königsberg/Ostpreußen Nord • Ko Samui/Ko Phangan • Kopenhagen • Korfu • Korsika • Kos • Kreta • Kuba • Languedoc-Roussillon • Lanzarote • La Palma • Leipzig • Libanon • Lissabon • Loire-Tal • London • Los Angeles • Lüneburger Heide • Luxemburg • Madeira • Madrid • Mailand/Lombardei • Malaysia • Malediven • Mallorca • Malta • Mark Brandenburg • Marokko • Masurische Seen • Mauritius • Mecklenburger Seenplatte • Menorca • Mexiko • Mosel • Moskau • München • Namibia • Nepal • Neuseeland • New York • Niederlande • Nordseeküste: Niedersachsen mit Helgoland • Nordseeküste: Schleswig-Holstein • Normandie • Norwegen • Oberbayern • Oberital. Seen • Österreich • Ostfries. Inseln • Ostseeküste: Mecklenburg-Vorpommern • Ostseeküste: Schleswig-Holstein • Paris • Peking • Peloponnes • Peru/Bolivien • Pfalz • Philippinen • Phuket • Piemont/Turin • Plattensee • Polen • Portugal • Potsdam • Prag • Provence • Rhodos • Riesengebirge • Rocky Mountains • Rom • Rügen • Rumänien • Russland • Salzburg/Salzkammergut • Samos • San Francisco • Sardinien • Schottland • Schwarzwald • Schweden • Schweiz • Seychellen • Singapur • Sizilien • Slowakei • Spanien • Spreewald/Lausitz • Sri Lanka • St. Petersburg • Südafrika • Südamerika • Südengland • Südsee • Südtirol • Sylt • Syrien • Taiwan • Teneriffa • Tessin • Thailand • Thüringen • Tirol • Tokio • Toskana • Tschechien • Tunesien • Türkei • Türk. Mittelmeerküste • Umbrien • Ungarn • USA • USA: Neuengland • USA Ost • USA Südstaaten • USA Südwest • USA West • Usedom • Venedig • Venetien/Friaul • Venezuela • Vietnam • Wales • Washington D. C. • Weimar • Wien • Yucatán • Zürich • Zypern • Die besten Weine in Deutschland • Die tollsten Musicals in Deutschland

Die Marco Polo Redaktion freut sich, wenn Sie ihr schreiben: Marco Polo Redaktion, Mairs Geographischer Verlag, Postfach 31 51, D-73751 Ostfildern, E-Mail: marcopolo@mairs.de

Unsere Autoren haben nach bestem Wissen recherchiert. Trotzdem schleichen sich manchmal Fehler ein, für die der Verlag keine Haftung übernehmen kann.

Titelbild: Kopenhagen, Nyhavn (Schuster: Kasch)
Fotos: K. Kallabis (14); Lade: Dass (11), Kürtz (17, 69), Wenske (32);
Mauritius: Czerski (43), Schmied (61), Torino (26, 54), Vidler (47, 81);
Schapowalow: Fahn (94), Nacivet (76), Nebbia (22); D. Schröder (6, 9, 28, 31, 36, 41, 59);
Schuster: Kasch (103); Foto-Presse Timmermann: Storp (19); Transglobe: Fauner (4), Stadler (79)

8., aktualisierte Auflage 2001 © Mairs Geographischer Verlag, Ostfildern
Chefredakteurin: Marion Zorn
Lektorat: Manfred Pötzscher
Gestaltung: Thienhaus/Wippermann (Büro Hamburg)
Kartografie Reiseatlas: © Mairs Geographischer Verlag/Falk Verlag, Ostfildern
Sprachführer: in Zusammenarbeit mit dem Ernst Klett Verlag für Wissen und Bildung GmbH,
Redaktion PONS Wörterbücher

Das Werk einschließlich aller seiner Teile ist urheberrechtlich geschützt. Jede urheberrechtsrelevante Verwertung ist ohne Zustimmung des Verlages unzulässig und strafbar. Das gilt insbesondere für Vervielfältigungen, Übersetzungen, Nachahmungen, Mikroverfilmungen und die Einspeicherung und Verarbeitung in elektronischen Systemen.

Printed in Germany
Gedruckt auf 100% chlorfreiem Papier

INHALT

Entdecken Sie Dänemark!

Das südlichste Land Skandinaviens hat mehr zu bieten als Kopenhagen, Smørrebrød und breite Sandstrände zum Baden

Nicht immer ist es Liebe auf den ersten Blick. Aber wer ein Faible fürs Detail hat, wird Dänemark, dem südlichsten Land Skandinaviens, über kurz oder lang verfallen – so wie Tonio Kröger in der gleichnamigen Novelle Thomas Manns. Darin erzählt er: »Manchmal war es dort still und sommerlich. Die See ruhte träge und glatt, in blauen, flaschengrünen und rötlichen Streifen, von silbrig glitzernden Lichtreflexen überspielt, der Tang dörrte zu Heu in der Sonne, und die Quallen lagen da und verdunsteten. Es roch ein wenig faulig und ein wenig auch nach dem Teer des Fischerbootes, an welches Tonio Kröger, im Sande sitzend, den Rücken lehnte – so gewandt, dass er den offenen Horizont und nicht die schwedische Küste vor Augen hatte; aber des Meeres leiser Atem strich rein und frisch über alles hin.

Die umweltbewussten Dänen nutzen alle Energien: Überall produzieren einfache oder Hightechwindmühlen Strom

Und graue, stürmische Tage kamen. Die Wellen beugten die Köpfe wie Stiere, die die Hörner zum Stoße einlegen, und rannten wütend gegen den Strand, der hoch hinauf überspült und mit nass glänzendem Seegras, Muscheln und angeschwemmtem Holzwerk bedeckt war. Zwischen den lang gestreckten Wellenhügeln dehnten sich unter dem verhängten Himmel blassgrün-schaumig die Täler; aber dort, wo hinter den Wolken die Sonne stand, lag auf den Wassern ein weißlicher Sammetglanz. Tonio Kröger stand in Wind und Brausen eingehüllt, versunken in dies ewige, schwere, betäubende Getöse, das er so sehr liebte. Wandte er sich und ging fort, so schien es plötzlich ganz ruhig und warm um ihn her. Aber im Rücken wusste er sich das Meer; es rief, lockte und grüßte. Und er lächelte.«

Was Thomas Mann 1903 als ein Fest für alle Sinne beschreibt, bringt die dänische Fremdenverkehrswerbung zu Beginn des neuen Jahrtausends auf den griffigen Satz: »Bei uns können Sie Urlaub *erleben.*«

Der flache Ringkøbingfjord ist bei Wanderern und Surfern beliebt

Ein Naturerlebnis aus Sonne und Wind, Regen und Sturm ist Dänemark tatsächlich – rund ums Jahr. Denn was der Sommerfrischler, der in den warmen Monaten Juli und August seinen erholsamen Urlaub im Ferienhaus oder Wohnwagen hier an Nord- oder Ostsee genießt, sich kaum vorstellen kann: Das Königreich kann man ganzjährig mit Vergnügen bereisen.

Da gibt es die herrlichen Frühlingsgefühle, die man in Jütlands Mitte und im dänischen Garten auf Fünen, der Insel des Märchendichters Hans Christian Andersen, haben kann, wenn auf fetten Weiden noch richtige Wiesenblumen blühen. Man kann aber auch nach dem allseits bekannten Sommer-Sonne-Surf-Segel-Badespaß an Dänemarks Nord- und Ostseeküsten im würzigen Herbstklima besonders nach den ersten kleinen Sturmfluten noch herrliche Spaziergänge durch die Dünenwelt der Westküste Jütlands machen,

die sich bis hinauf zum Skagerrak zieht. Und schließlich, wem der Winter an der See dann doch zu eisig wird, dem ist zu Weihnachten eine Reise in Dänemarks Hauptstadt Kopenhagen zu empfehlen. Denn im Glitzerparadies der Einkaufsstraßen lässt sich ohne Hektik manch Geschenk der anderen Art finden. Also: »Dänemark ganzjährig erleben« ist nicht nur ein unverbindlicher Werbeslogan.

Die Dänen verweisen mit dem ihnen eigenen Stolz darauf, den manche, auch gerade die Deutschen als direkte Nachbarn im Süden, als Arroganz ansehen. Von den Deutschen stammt denn auch der unverhohlen spöttische, inzwischen schon leicht abgeleierte Satz: »Dänen meinen es gut mit Dänen und mit denen, denen Dänen nahe stehen.«

Die Dänen als einsamer Fels in einer Brandung aus Unverständnis? Sicher nicht, auch wenn sie sich immer noch gern ein wenig eigenbrötlerisch geben, etwa mit ihrer EU-Skepsis, zuletzt demonstriert mit der abgelehnten Einführung des Euro im September 2000. Man weiß um die Bedeutung des Fremdenverkehrs und der internationalen Gäste. Man öffnet die Grenzen und die Herzen den Besuchern. Und man rührt kräftig die Werbetrommel. »Dänemarks Badegewässer haben in Europa die beste Qualität«, sagt der Direktor des dänischen Fremdenverkehrsamtes, »von 5000 Kilometern Badestrand werden regelmäßig nur wenige Kilometer nicht zum Baden empfohlen, überwiegend in der Nähe von Häfen.«

Aber wer badet auch schon gern dort, wo Dickschiffe und Fähren, Tanker und Fischer anlegen. In Dänemark muss man sich ganz bestimmt nicht in solche nur von Miesepetern immer wieder aufgezeigten Gefahren begeben. Denn es gibt reichlich schöne Gegenden an allen Ecken und Enden des Landes.

Womit wir bei den dänischen Landschaften sind. Denn ein Badestrand gehört fast überall dazu. Kein Ort ist weiter als rund 55 km vom Meer entfernt. Im Westen begrenzt die Nordsee Dänemark, im Osten die Ostsee oder, wie es historisch und international heißt: das Baltische Meer. Ost- und Nordsee schwappen an der nördlichen Spitze Dänemarks zusammen. Grenen heißt dieser Landzipfel, der vor der nördlichsten Ortschaft, Skagen, in den danach benannten und durch tödliche Seegefechte zu zweifelhaftem Ruhm gekommenen Skagerrak hinausragt.

Hier oben und die ganze westliche Küstenlinie hinunter bestimmen hohe Sanddünen, die unter Naturschutz stehen, das Bild. Sie halten Wind und Wetter ein wenig von Jütland fern. So heißt das einzige Stück Festland Dänemarks, das im Süden auf einer Länge von 69 km mit Schleswig-Holstein, dem nördlichsten Bundesland Deutschlands, verbunden ist. Neben der Halbinsel Jütland, auf der es sehr reizvolle Heide- und Fjordlandschaften gibt, besteht Dänemark aus gut 400 Inseln, von denen immerhin 90 bewohnt sind und zu denen auch das ferne Grønland und die Færøer-Inseln gehören. Hauptinseln sind unter touristischen Aspekten das viel besuchte Bornholm, Fünen und Seeland mit der Hauptstadt Kopenhagen. Dieser Unterteilung folgend, beschreibt der MARCO POLO Führer Dänemark in drei Regionen: die Inseln, Jütland und Kopenhagen mit Seeland.

Dänemark ist 43 094 km² groß. Dazu kommen 1399 km² Færøer-Inseln und mit knapp 2,2 Mio. km² Grønland als größte Insel der Welt. In Dänemark, einer parlamentarischen Monarchie mit Königin Margrethe II. als Staatsoberhaupt, leben 5,3 Mio. Menschen. Von den Erwerbstätigen sind gut 15 Prozent im Gesundheits- und Sozialwesen tätig. Das zeigt den Stellenwert der Versorgung der Menschen im Lande. Sie ist immer noch vorbildlich. Einst notierte die deutsche Wochenzeitung »Die Zeit« nicht ganz ohne nationalen Neid: »Dänemarks Wohlfahrtsstaat galt einst im internationalen Vergleich als weit ausgebaut. Noch immer greift hier der Staat den Schwächsten im Lande erheblich mehr unter die Arme, als dies in Deutschland der Fall ist. Ein gutes Beispiel dafür sind die Altersrenten: Jeder Däne hat unabhängig davon, ob er einmal berufstätig war, ein Anrecht auf eine steuerfinanzierte Volkspension. Mit der Volkspension kann man keine großen Sprünge machen, aber Altersarmut oder demütigende Gänge zum Sozialamt wie in der Bundesrepublik gibt es nicht. Es spricht für das Solidaritätspotenzial der dänischen Gesellschaft, dass die Rentner trotz Krise sogar eine Verbesserung ihres Lebensstandards verzeichnen konnten.«

Finanziert werden muss das Ganze selbstverständlich, auch wenn beispielsweise die Pension inzwischen von fast allen Dänen durch Privatvorsorge abgesichert wird. Dennoch wird das Allgemeinwohl auch zu Beginn des 21. Jhs. immer noch durch ein im europäischen Durchschnitt vergleichsweise hohes Steueraufkommen finanziert. So erhebt der dänische Staat eine hohe Mehrwertsteuer von 25 Prozent, eine hohe Luxussteuer beispielsweise auf Autos sowie höhere Abgaben auf Tabak oder Alkohol. Gerade Letztere sind allerdings in den vergangenen Jahren aus Gründen der EU-Harmonisierung etwas gefallen, aber auch, um den Grenz-

handel mit Deutschland etwas einzudämmen. Dass Touristen trotz der höheren Lebenshaltungskosten – bedingt natürlich auch dadurch, dass das dänische Lohnniveau etwas höher liegt – dennoch nicht mit einem ausufernden Urlaubsbudget rechnen müssen, liegt nicht zuletzt daran, dass Ferien im Sommerhaus oder im Zelt kaum mehr kosten als die Verpflegung zu Hause.

Wie man sich dem Lande nähert, ist Geschmackssache. Sicher aber kann man sagen, dass Zeit braucht, wer nicht nur am Strand liegen und im Meer baden, sondern das Land entdecken möchte. Bahn- und Straßennetz sind zwar hervorragend ausgebaut, aber man unterschätzt die Entfernungen letztlich doch beim Blick auf die Landkarte.

Wer über Land nach Dänemark kommt, kann in Jütland eine wechselhafte Natur erleben. Fruchtbare Felder im Süden, durch die sich gut ausgebaute Wirtschaftswege schlängeln, die man nur während der Erntezeit meiden sollte, gehen über in lichte Auen, denen eine sandige Heidelandschaft folgt. Noch weiter im Norden schließt sich der fischreiche, fast 180 km breite Limfjord an, der Hunderte von reizvollen Buchten hat. Hier kann man Wasservögel wie Rei-

---

Die Marco Polo Bitte

Marco Polo war der erste Weltreisende. Er reiste in friedlicher Absicht, verband Ost und West. Er wollte die Welt entdecken, fremde Kulturen kennen lernen, nicht zerstören. Könnte er heute für uns Reisende nicht Vorbild sein? Aufgeschlossen und friedlich sollte unsere Haltung auf Reisen sein. Dazu gehören auch Respekt vor Mensch und Tier und die Bewahrung der Umwelt.

WWF

*Oft sind die Türen die Zierde
der gemütlichen Fischer- und
Bauernhäuser auf dem Lande*

die vielen Schlösser und Herrenhäuser, die teilweise zu besichtigen sind und dieser Insel manchmal den verwunschenen Touch
geben, den sie als Heimat des
Märchendichters Hans Christian
Andersen verdient hat. Von ihm,
der zeit seines Lebens viel mehr
war als der weltweit bekannte
Märchenerzähler, stammt der
schöne Satz: »Zwischen der Ostsee und der Nordsee liegt ein
altes Schwanennest, und das
wird Dänemark genannt.«

Schwäne segeln tatsächlich in
reicher Zahl über die Inseln –
ebenso Störche. Majestätisch
heben und senken diese ihre
breiten Flügel beim Anflug auf
die Nester am First der Bauernhäuser. Andersen erzählt, die
Prinzessin leidet auf ihren vielen
Daunendecken an der Erbse –
die Zeit scheint auf altmodische
Weise stehen zu bleiben.

Die Uhren ticken wieder,
wenn wir an den Ostrand Fünens, nach Nyborg, kommen.
Dort ist eines der ehrgeizigsten
verkehrstechnischen Bauwerke
der Neuzeit entstanden: die feste
Verbindung über den Großen
Belt zwischen Fünen und Seeland. Die Daten sind atembe-
raubend: Gesamtlänge der beiden
Brücken 15,4 km; die Ostbrücke
ist mit 6,8 km die längste
Hängebrücke Europas; die
Spannweite zwischen den Pylonen beträgt 1624 m, die Höhe
der Pylonen 260 m, das ist etwa
sechsmal so hoch wie die Frei-
heitsstatue von New York.

Mit dem Brückenschlag rückt
Dänemarks Hauptstadt Kopenhagen, die bislang von Deutschland aus am schnellsten über die
Fährverbindung auf der Vogelfluglinie von der schleswig-hol-

her beobachten und muss nur
darauf achten, dass man sich
nicht im auch vorhandenen
Moor- und Sumpfland verläuft.
Die wichtigsten Städte Jütlands
sind im Süden Tønder, Sønderborg, Kolding und Esbjerg, in der
Mitte Århus, Dänemarks zweitgrößte Stadt, und Holstebro sowie im Norden Aalborg und
Frederikshavn.

Von Jütland kommt man über
Kolding trockenen Fußes, jeden-
falls ohne eine Fähre benutzen
zu müssen, über eine Autobahn-
oder eine Landstraßenbrücke
nach Middelfart auf die Insel Fünen. Dort schlägt das landwirt-
schaftliche Herz Dänemarks.
Außerdem gibt es große Baum-
schulen mit ihren Plantagen, was
Spazierfahrten abseits der großen Reisewege sehr reizvoll
macht. So kommt man auch an

steinischen Insel Fehmarn zu erreichen war, näher an Europa heran, was dieser ohnehin quirligen Metropole noch mehr Lebendigkeit geben wird.

Kopenhagen! Wo anfangen und nichts vernachlässigen? Die schon fast stumpf fotografierte bronzene Meerjungfrau am Hafen und der Vergnügungspark Tivoli, die pulsierende Einkaufsmeile Strøget und die Königliche Porzellanmanufaktur, Vesterbro und Nyhavn, Rådhuspladsen und Schloss Amalienborg, der Wohnsitz der dänischen Königsfamilie, zu Stärkung und Gaumenkitzel dann *smørrebrød* und *gåsebryst*, raffiniert belegte Häppchen und köstlich gefüllter Blätterteigkuchen – wer nach Kopenhagen geht, setzt sich in ein Erlebniskarussell, wie es so nicht einmal im Tivoli zu finden ist. Wir werden noch darauf zurückkommen.

Von København, wie die Dänen ihre Hauptstadt nennen, ist es nicht weit in Richtung Norden bis nach Helsingør mit dem weltberühmten Hamletschloss Kronborg. Seit Ende 2000 gehört das traditionsreiche Bauwerk zum Weltkulturerbe der Unesco – neben den Runensteinen von Jelling in Jütland und dem Dom im nahen Roskilde das dritte dänische Kleinod in diesem illustren Kreis. Begründung für die Aufnahme des dänischen Nationalsymbols Kronborg war die einzigartige Architektur des Renaissanceschlosses mit seinen mittelalterlichen Festungsanlagen, die auch eine markante historische Rolle gespielt haben. Zehntausende von Touristen besuchen Jahr für Jahr die Festung, in der nach dem Willen des englischen Dichters William Shakespeare der selbstquälerische Dänenprinz Hamlet den Meuchelmord an seinem Vater, dem Dänenkönig, rächen will und Hamlets Freund Marcellus am Ende des vierten Bildes im 1. Akt das geflügelte Wort ausruft: »Etwas ist faul im Staate Dänemarks.«

Nun, wir wissen es längst, Fäulnis hatte nicht den ganzen Staat befallen, nur weil ein heuchlerischer Onkel die Herrschaft in Helsingør mit Gewalt an sich riss. Gleichwohl scheint dieser dichterische Missetäter Claudius zu bestätigen, was die Dänen als Nordmännern an historischem Vorurteil anhängt: als Nachkommen der angeblich marodierenden Wikinger nicht gerade zimperlich zu sein.

Auf der Suche nach Hägar dem Schrecklichen wird man sich in unseren Tagen allerdings schwer tun. Gemessen an anderen Ländern gibt es weit geringere Verbrechensraten – auch in der Kleinkriminalität. Das Vertrauen ineinander und in den Rechtsstaat zeigt sich in vielen kleinen Dingen. So findet ein Reisender nicht selten den Schlüssel für sein Ferienhaus in einem Kuvert, das sichtbar neben der Tür hängt. Niemand käme auf die Idee, dass jemand anderes als der Mieter aufschließen könnte.

Selbst mit Fahrraddiebstählen scheint niemand in Dänemark zu rechnen, nicht einmal in Kopenhagen. Denn kostenlos stellt die Stadt seit einigen Jahren ihren Bürgern, vor allem aber auch den vielen Gästen aus aller Welt ein *bycykel* (Stadtfahrrad) zu Verfügung: Mehrere Hundert dieser bunten Velos stehen von April bis Dezember an allen zentralen Stellen der Innenstadt und können mit einem 20-Kronen-Stück entriegelt werden. Das Geld erhält man nach dem Abstellen des Rads an einem beliebigen Halteständer wieder zurück – wie beim Einkaufswagen im Supermarkt. So ist jeder mobil ohne Zusatzkosten. Und sportlich aktiv ist man obendrein. Schlüsselübergabe wie Stadtfahrrad basieren auf zwei skandinavischen Grundeinstellungen: dem Vertrauensprinzip und einer fast sprichwörtlichen Gastfreundschaft. Das Erstere ist ein hoher Wert, ja ein moralischer Konsens in einer egalitären Gesellschaft – entgegengebrachte Offenheit und Vertrauen sollte man nie missbrauchen! Eng mit ihr verbunden ist die dänische Herzlichkeit und Gastfreundschaft, die – bei Einhaltung bestimmter Regeln: Die bei Deutschen beliebten Sandburgen sind nicht gern gesehen ... – das Reisen in Dänemarks Gegenwart und in seine vielerorts erhaltene Historie einfach macht.

Man kann es da getrost mit Tonio Kröger in Thomas Manns Novelle halten, der seiner Künstlerfreundin Lisaweta Iwanowna in München erzählt, dass er verreisen wolle: »Ich gehe nun ein bisschen nach Dänemark!«

Ungläubig lässt Thomas Mann die Freundin fragen: »Nach Dänemark?«, um dann seinem Tonio Kröger eine Antwort in den Mund zu legen, die dieses kleine, große Land verdient hat: »Ja. Und ich verspreche mir Gutes davon.«

Dank Shakespeare weltbekannt: Helsingør mit seinem Schloss

Geschichtstabelle

250 000–200 000 v. Chr.
Es gibt erste Menschen im Gebiet des heutigen Dänemark. Grob behauene Feuersteine, die in einer südjütländischen Kiesgrube gefunden wurden und heute im Nationalmuseum Kopenhagen zu sehen sind, legen Zeugnis davon ab

5400–4000 v. Chr.
In der Zeit der Ertebølle-Kultur tragen sesshaft gewordene Jäger ihren Müll auf Halden entlang des Limfjordes in Nordjütland zusammen, seit dem 19. Jh. eine Fundgrube für Archäologen

3500–800 v. Chr.
Die Menschen bestatten ihre Toten in Dolmen-, Kammer- oder Hügelgräbern. 4700 Gräber konnten bis heute zum großen Teil freigelegt werden

um 100 v. Chr.
Mit Menschenopfern versucht man die nordischen Gottheiten zu besänftigen. Gut erhaltene Moorleichen aus Jütland beweisen das noch heute

7. Juni 793 n. Chr.
Wenn man dem Bericht des Mönches Alcuin Glauben schenkt, beginnt an diesem Tag die Herrscherzeit der Wikinger in Nordeuropa. Heidnische Krieger überfielen auf Holy Island vor der nordenglischen Küste das Kloster Lindisfarne und versklavten die Mönche. Von diesem Stützpunkt setzten sie mit ihren Schiffen auch bald über auf das dänische Festland

Um 950
Unter den Wikingern kommt es zur Bildung eines ersten dänischen Staatswesens. Der Runenstein von Jelling in Jütland kündet davon. König Gorm den Gamle (Gorm der Alte), auf den das heutige Königshaus zurückgeführt wird, ließ ihn aufstellen und mit der Aufschrift versehen: »König Gorm errichtet diesen Gedenkstein für seine Frau Thyra, Dänemarks Zierde.« Das verstümmelte Wort *tanmarkar* gilt als erste schriftliche Erwähnung des Namens Dänemark

Bis 965
Der fränkische Mönch Ansgar zieht in den Norden Deutschlands und nach Skandinavien, um die Heiden zum Christentum zu bekehren

962
König Harald I. Blåtand (Blauzahn) lässt sich zum Christentum bekehren. Er stellt einen zweiten Runenstein nach Jelling mit der Inschrift: »König Harald ließ diesen Gedenkstein für seinen Vater Gorm und seine Mutter Thyra errichten – der Harald, der ganz Dänemark und Norwegen unterwarf und die Dänen zu Christen machte«

1397
Königin Margrete I. einigt Skandinavien in der Kalmarer Union unter einer Krone (Schweden wird 1523 abfallen, die dänisch-norwegische Doppelmonarchie bis 1814 halten)

1443
Dänemark bekommt eine neue Verfassung. Kopenhagen wird Hauptstadt des Reiches

1588–1648
König Christian IV. regiert. Er gilt gemeinhin als Baumeister Dänemarks. Auf ihn gehen zahlreiche Stadtgründungen auch außerhalb des heutigen Staatsgebietes, wie Oslo und Glückstadt in Holstein, zurück

5. Juni 1849
Die konstitutionelle Monarchie wird eingeführt

1864
Nach der Niederlage bei Dybbøl verliert Dänemark die Herzogtümer Schleswig, Holstein und Lauenburg an den Deutschen Bund

1918
Das zu Dänemark gehörende Island erhält die Selbstständigkeit, bleibt aber zunächst in Personalunion beim Reich

1920
Bei einer Volksabstimmung kommt Nordschleswig (Sønderjylland) nördlich von Flensburg mit einer deutschen Minderheit zu Dänemark und Südschleswig mit einer dänischen Minderheit zu Deutschland

1940
Im Zweiten Weltkrieg besetzen deutsche Truppen am 9. April Dänemark

1945
Britische Truppen befreien Dänemark von der deutschen Besatzung

1948
Die Færøer-Inseln bekommen die innere Autonomie

1953
Dänemark gibt sich eine neue Verfassung. Es hat nunmehr mit dem *Folketing* nur noch ein Ein-Kammer-Parlament. Die weibliche Thronfolge in der konstitutionellen Monarchie wird festgeschrieben

1972
Nach dem Tod von König Frederik IX. besteigt seine älteste Tochter, Königin Margrethe II., den Thron

1973
Dänemark tritt der Europäischen Gemeinschaft bei

1979
Grønland bekommt die innere Autonomie

1989
Das Parlament beschließt ein Gesetz, das die Ehe zwischen gleichgeschlechtlichen Partnern erlaubt

1993
53,8 Prozent der Dänen stimmen für die EU-Verträge von Maastricht

1996
Kopenhagen ist europäische Kulturhauptstadt

1998
Die Brücke über den Großen Belt wird eröffnet

2000
Die Öresundbrücke verbindet Kopenhagen mit Malmö. Eine knappe Mehrheit lehnt die Einführung des Euro ab

Von Christiania bis Wikinger

Was es mit der Margeriten-Route auf sich hat. Und noch ein paar interessante Informationen, mit denen man Dänemark und die Dänen besser verstehen kann

Brücken

Zum Beginn des neuen Jahrtausends hat Dänemark sich gewandelt: Das Land der Fähren ist zu einem Land der Brücken geworden. Obwohl auch heute noch 20 Inlandsfähren Festland und die rund 400 Inseln miteinander verbinden, haben neue Großprojekte das dänische Lebensgefühl verändert. Seit Sommer 1998 verknüpft die rund 16 km lange Brücke über den Großen Belt *(Storebæltsbroen)* Fünen – und damit Jütland – mit Seeland, das Festland mit Kopenhagen. Seitdem hat sich der Verkehr auf dieser Strecke in etwa verdoppelt.

Noch neuer ist Dänemarks feste Verbindung mit Schweden: Am 1. Juli 2000 wurde die ebenfalls gut 16 km lange Öresundquerung – teils Tunnel, teils Brücke – für Auto und Bahn freigegeben. Seitdem entsteht hier um Kopenhagen und das südschwedische Malmö eine neue Industrie- und Ausbildungsregion des 21. Jhs.

Christiania

Zwei Jahrzehnte lang war die Spontirepublik »Freistaat Christiania« auf dem Stadtgebiet von Kopenhagen Dänemarks Politikern ein Dorn im Auge. Jetzt ist sie legal. Denn es gibt einen rechtsgültigen Vertrag der Exklave mit dem Verteidigungsministerium des Landes, auf dessen ehemaligem 32 Hektar großen Kasernengelände die Alternativen ohne staatlichen Zugriff leben, wie es ihnen gefällt.

Angefangen hatte alles 1971, als versprengte Flower-Power-Kinder der Studentenbewegung die leer stehenden Kasernen besetzten, um dort den Freizeitstaat aufzubauen. Räumungsversuche, die per Gerichtsbeschluss angeordnet waren, scheiterten.

Heute, da Christiania mit schätzungsweise 50 000 Besuchern im Jahr schon fast so etwas wie eine Touristenattraktion ist, sieht der Staat die Anarchorepublik gar nicht mal so ungern, weil er für viele, die dort Selbstversorger sind, keine Sozialhilfe

Dänemark gehörte zum Wikingerreich. Die größte Grabstätte aus jener Zeit, Lindholm Høje, liegt bei Nørresundby in Nordjütland

zahlen und keine anderweitige Wohnung besorgen muss. Und zur Freude allzu großer Moralapostel haben die Christianitter, wie sie sich selbst nennen, mit eisernem Besen bei sich selbst gekehrt: Harte Drogen sind im Freistaat Christiania verboten.

Ferienhäuser

Urlaub im Ferienhaus spielt in keinem anderen Reiseland Europas eine so große Rolle wie in Dänemark. Die meisten der rund 50 000 zu mietenden Ferienhäuser dienen ihren Besitzern als Sommerquartier und wurden entsprechend individuell – wie ein Zweithaushalt – ausgestattet. Es gibt auch heute noch einfache Häuschen, aber die Ausstattung der meisten wird immer komfortabler. Luxuriöse Häuser mit Schwimmbad, Whirlpool und Sauna sind keine Ausnahme mehr. Die meisten Turistbureaus vermieten Ferienhäuser in ihrer Region; das Angebot kommerzieller Ferienhausvermittler, deren Kataloge meist in Reisebüros zu haben sind, deckt im Allgemeinen das ganze Land ab.

Folkehøjskole

Angefangen hat alles mit dem dänischen Theologen, Lehrer und Schriftsteller Nicolai Frederik Severin Grundtvig (1783–1872). Grundtvig wollte der ärmlichen Landbevölkerung, die zum großen Teil weder lesen noch schreiben konnte, wenigstens ein Bruchteil an Bildung zukommen lassen. Deshalb schuf er als Gegenpol zu den elitären Lateinschulen der Reichen das Modell einer Schule für das Volk, in der sich auch der Erwachsene noch fortbilden kann. Diese *folkehøj-*

skole erfreut sich heute größerer Beliebtheit denn je. Sie funktioniert etwas anders als die bei uns bekannten Volkshochschulen. Denn die Dänen – immerhin über 600 000 sind es pro Jahr – nehmen alljährlich für einen Teil ihres Urlaubs Blockunterricht an einer der ungefähr 100 Volkshochschulen, die über Dänemark verstreut sind. Man muss in der Schule wohnen und auch am allgemeinen Schulleben teilnehmen. Die Themen haben sich ausgeweitet; längst geht es nicht mehr um Lesen und Schreiben allein: Die Auswirkungen der Abholzung des Regenwaldes werden genauso erörtert wie die Psychologie des Kleinkindes. Urlauber aus anderen Ländern können auch an den Kursen teilnehmen. Jene, die kein Dänisch sprechen, haben die Möglichkeit, im mitteljütländischen *Askov* einen Kursus über dänische Kultur zu belegen, der in Englisch und Deutsch geführt wird, oder die Internationale Hochschule in *Helsingør* auf der Insel Seeland zu besuchen, an der die Lehrsprache Englisch ist. Programme und Informationen gibt es beim *Højskolernes Sekretariat, Nytorv 7, DK-1450, Kopenhagen-K, Tel. 0045/33 13 98 22, www. folkehojskole.dk.*

Golf

In Dänemark ist Golf Volkssport. Den zurzeit rund 67 000 aktiven Golfern stehen über das ganze Land verstreut ca. 130 Plätze zur Verfügung. Gastspieler, auf einigen Plätzen allerdings nur mit eingetragenem Handicap, sind gern gesehen. Sie müssen *Greenfees* zahlen, die weit unter dem europäischen Standard liegen:

umgerechnet 20–30 Euro pro Tag, nicht pro Runde. In der Woche sind die *Greenfees* meist günstiger als am Wochenende. Mit Ausnahme der Plätze in der Nähe der Großstädte gibt es kaum Wartezeiten. Wer will, kann in Dänemark auch Mitglied in einem Golfclub werden. Die Aufnahmegebühr beträgt etwa 500–1000 Euro. Die Mitgliedsbeiträge pro Jahr liegen mit umgerechnet 250–350 Euro auch deutlich unter denen in anderen Ländern.

Hans Christian Andersen

Er war Autobiograf und Dramatiker, Librettist und Lyriker, Romancier und Reiseschriftsteller – und doch wissen das die Menschen heute kaum noch. Denn selbst die meisten Dänen reduzieren das Werk Hans Christian Andersens auf das, was im wahrsten Sinn der Worte jedes Kind von ihm kennt: die Märchen. Mit Märchen wie »Die Prinzessin auf der Erbse«, »Des Kaisers neue Kleider«, »Das hässliche junge Entlein«, »Die kleine Meerjungfrau« erlangte er anhaltenden Weltruhm, ein in den autobiografischen Schriften von ihm selbst formuliertes Ziel: »einen Tod und Grab trotzenden ewigen Namen bekommen«. Anders als die deutschen Brüder Grimm ließ Andersen (1805–1875) in seinen Märchen konsequent einen Erzähler auftreten, dessen Kommentare zur erzählten Geschichte auch Kindern einleuchten. Da hinter den Märchen immer auch ein Stück Lebensweisheit auftaucht, sind sie für Erwachsene genauso lesenswert.

Das Hans-Christian-Andersen-Viertel in Odense

Karen Blixen

Eigentlich weiß man nicht, an welcher Stelle im Alphabet man Dänemarks wohl bekannteste und sicher erfolgreichste Schriftstellerin einordnen soll. Geboren am 17. April 1885 als *Karen Christence Blixen* und verheiratet als Baronin *Karen Christence Blixen-Finecke* gab sie sich für ihre schriftstellerische Arbeit gleich mehrere Pseudonyme. *Tania Blixen* (wie sie sich in Deutschland nannte), *Isak Dinesen* und *Pierre Andrézel* sind nur die bekanntesten. Nach ausgedehnten Reisen durch Europa bewirtschaftete sie mit ihrem Mann eine Kaffeefarm in Kenia. Ihre Eindrücke dort verwertete sie, zurück in Dänemark, für ihren größten Erfolg: das 1937 erschienene »Afrika, dunkel lockende Welt«. Fünf Jahrzehnte später machte Hollywood daraus den Welterfolg »Jenseits von Afrika« mit Meryl Streep, Robert Redford und Klaus-Maria Brandauer. Weitere Werke der Blixen sind »Die Sintflut von Norderney«, »Schatten wandern übers Gras« und »Gespensterpferde«. Der »Literatur-Brockhaus« beurteilt die 1962 in Rungstedlund gestorbene Dänin als »fabulierfreudig« und ergänzt: »Mit ausgeprägtem Gefühl für Stimmung und Musikalität erzählt sie in kultiviertem Stil Geschichten aus dem Adelsmilieu des 18. Jhs.« Im feinen Königreich Dänemark musste das ankommen.

Königshaus

Für die Klatschspalten der Yellow Press, die jedes blaublütige Skandälchen der europäischen Dynastien gern aufgreifen, gibt das dänische Königshaus immer noch relativ wenig Zündstoff her. Da wird schon als halbe Sensation gemeldet, wenn der Dänenprinz Frederik seinen Eltern, Königin Margrethe II. und Prinz Henrik, ein paar kritische Worte zur Silberhochzeit im Jahr 1992 öffentlich vorhielt: »Lieber Papa, es gibt ein altes Sprichwort, in dem es heißt: ›Wen man liebt, den züchtigt man.‹ Ich hatte nie Grund, an deiner Liebe zu zweifeln …«

Inzwischen aber hat sich Frederik längst emanzipiert und gilt

---

Weihnachtsmarken

Ein kleiner Postbeamter in Kopenhagen mit Namen Einar Holbøll erfand im Jahre 1903 etwas, das bis heute an die Wohltätigkeit der Menschen in der Vorweihnachtszeit appelliert: die *julemærker*. Julemærker werden zusätzlich zum Porto auf Postkarten, Briefe, Päckchen und Pakete geklebt. Der Erlös aus dem Verkauf dieser Marken kommt – inzwischen übrigens längst in ganz Skandinavien – gemeinnützigen Kindereinrichtungen zu Gute. Allein in Dänemark sind das pro Saison rund 20 Millionen Kronen. Julemærker sind heute schon zu begehrten Sammlerstücken geworden, was zur Folge hat, dass es sogar Reprints der alten Marken gibt. Für Reisende, die in der Vorweihnachtszeit vielleicht nach Kopenhagen kommen, sind sie ein schönes und sogar noch nächstenliebendes Mitbringsel.

Schloss Amalienborg, der Kopenhagener Wohnsitz der Königsfamilie

bei vielen Dänen als legitimer Anwärter auf die Thronfolge. Lange war dies anders, denn im Gegensatz zu seinem jüngeren Bruder Joachim – der schon 1995 die allseits beliebte Hongkong-Österreicherin Alexandra heiratete – galt er als lebensfroh und offenherzig. Schnellen Autos, Sport (Anfang 2000 durchquerte Frederik in einer Expedition Grønland) und schönen Frauen galt seine Liebe. Aber er ist erwachsener geworden und wird z.B. von der dänischen Wirtschaft als würdiger Repräsentant bei wichtigen Anlässen in aller Welt gern gesehen. Seine Mutter Margrethe, die 2002 ihr 30-jähriges Thronjubiläum feiert, weiß das Königreich in sicheren Händen.

Margeritenroute

Schilder mit einer blühenden Margerite, der erklärten Lieblingsblume von Dänemarks Königin Margrethe II., kennzeichnen seit 1991 eine besondere Route für Autotouristen. Die vom Dachverband der Dänischen Fremdenverkehrswirtschaft *Turismens Fællesråd* erarbeitete Strecke führt über 3540 km vorzugsweise über malerische Nebenstraßen zu den bedeutenden Sehenswürdigkeiten des Landes. Die Margeritenroute ist für private Pkw gedacht: Sie eignet sich nicht für Reisebusse oder Wohnwagengespanne, da sie an manchen Stellen über schmale Brücken und andere Hindernisse führt.

Der Gesamtverlauf der Strecke ist in fünf Einzelrouten aufgeteilt. Erklärt werden diese in einem schmalen Reiseführer mit Karte, der allerdings nur in dänischer Sprache vorliegt. Die deutsche Ausgabe ist vergriffen und wird in absehbarer Zeit voraussichtlich nicht neu aufgelegt werden.

Radfahren

Die Dänen mögen Radfahrer. Das Land ist mit einem gut ausgebauten Netz von Radwegen überzogen (ca. 9000 km ausgeschilderte Routen!). Fahrräder gelten als gleichberechtigt neben den Autos. Auffallend ist, wie sehr Autofahrer Rücksicht auf radelnde Verkehrsteilnehmer nehmen. Neben vielen lokalen Wegenetzen gibt es landesweit zehn so genannte nationale Fahrradrouten, die über rund 3300 km die schönsten Landesteile erschließen.

Søren Kierkegaard

Im Mittelpunkt der zahlreichen Schriften des Philosophen und Theologen Søren Kierkegaard (1813–55) steht der einzelne Mensch. Kierkegaard unterscheidet im Versuch des Menschen, den Sinn seines Daseins zu begreifen, drei Stufen: die ästhetische, die zu Langeweile und Überdruss führe, die ethische, auf der der Mensch sich seiner bewusst werde, und die religiöse, auf der er durch den Glauben an Gott seine Angst überwinde. Den Philosophen gilt er heute als der wichtigste Vorläufer der Existenzphilosophie und des Existentialismus in Europa.

Sprache

Das Dänische ist besonders für Norddeutsche manchmal ganz gut zu verstehen, aber umso schwieriger zu sprechen. Es gehört zu den nordgermanischen Sprachen und hat einige Eigenheiten, die man auch dann kennen sollte, wenn man nicht versucht ist, die Landessprache zu sprechen, weil sie für das Verständnis beim Reisen notwendig sind. Es gibt drei Buchstaben, die nur im skandinavischen Sprachraum bekannt sind. Sie stehen im dänischen Alphabet ganz am Ende noch hinter X, Y und Z (dieser Führer wird sie allerdings dort einordnen, wo ein Deutschsprechender sie suchen würde, damit gerade bei der Suche nach Ortschaften nicht zu viel Zeit verloren geht). Die Buchstaben sind Æ æ, Ø ø, und Å å.

Im beginnenden Computerzeitalter schienen ihre Überlebenschancen gering, und 800 Jahre dänischer Schrifttradition schienen schon Geschichte. Doch heftige Proteste auch der anderen nordischen Länder, die diese »Sonderzeichen« ja ebenfalls benutzen, führten zu einem Erfolg: Æ, Ø und Å gehören heute unabänderlich zum internationalen ISO-Standard 10646. Das Æ steht für Ä und wird kurz wie in »Kälte«, lang wie in »zähmen« ausgesprochen. Das Ø steht für ein Ö; es wird kurz wie in »Ötztal«, lang wie in »Höhle« ausgesprochen.

Das Å steht seit der letzten dänischen Rechtschreibreform 1948 – nach schwedischem Vorbild – für das zuvor verwendete Aa, es herrscht jedoch Wahlfreiheit, sodass zum Beispiel bei Städtenamen beide Formen zu finden sind: Åbenrå und/oder Aabenraa. Manche Städte fühlten sich auch benachteiligt, schließlich rückten sie durch die Umwandlung plötzlich – etwa im Lexikon – vom Anfang an den Schluss. Aalborg schreibt sich darum (wieder) traditionell, nicht Ålborg. Ausgesprochen wird Å kurz wie in »Joch«, als langer Vokal wie in »Dose«.

Schließlich: Ein Ü gibt es im Dänischen nicht. Dafür wird das Y wie das Ü ausgesprochen, etwa in Fyn, dem dänischen Namen für die Insel Fünen.

Umwelt

Der Umweltschutz wird in Dänemark großgeschrieben. Besonders an den Küsten ist es aber nicht leicht, den Kampf gegen Verschmutzungen zu führen. Denn nicht die hausgemachte Verunreinigung ist, etwa entlang der Nordseeküste im westlichen Jütland, das Problem. Fluten und Strömungen bringen den Müll der modernen Zeit, der nichts mehr mit dem romantischen Strandgut vergangener Jahrhunderte zu tun hat, zum Teil weit übers Meer. In diesem Küstenstreifen ist von den Besuchern besonders der breite Dünengürtel als Naturschutzgebiet zu achten. Die Dünen schützen das Land vor der Überflutung und vor der Versandung. Deshalb dürfen Touristen bei ihren Spaziergängen auch nur auf vorgezeichneten Wegen durch die Dünen gehen. Auch das Spielen und Toben der Kinder, so schön es in den Sandbergen wäre, ist verboten.

Ein Aspekt des dänischen Umweltbewusstseins sind die Hightechwindmühlen, die man überall im Lande sieht. Die Ostseeinsel Samsø z.B. ist Dänemarks »Insel für Erneuerbare Energien« und soll in den nächsten Jahren Strom und Wärme zu 100 Prozent aus regenerativen Quellen wie Wind und Sonne beziehen. Dänemark ist führend in der Entwicklung alternativer Energieanlagen. Sobald ein Lüftchen weht, produzieren die modernen Windmühlen Strom. Wird allerdings mehr als Windstärke 7 gemessen, schalten sie sich wieder ab, weil die Lager dann Schaden nehmen würden.

Wikinger

Vorläufer der heutigen Königreiche Dänemark, Schweden und Norwegen war das Reich der Wikinger. Sie beherrschten die Nordlande seit 500 n. Chr. und kamen gegen Ende des 8. Jhs. auch bis nach Dänemark.

Im außerskandinavischen Europa sind die Wikinger, die im Westen Normannen genannt wurden, hauptsächlich für ihre überraschenden Plünderungszüge bekannt, die sie teilweise bis in den Mittelmeerraum führten. Dabei konnten sie auf ihre Überlegenheit als Seefahrer und eine fortgeschrittene Schiffbautechnologie gleichermaßen vertrauen.

In ihrer nordischen Heimat waren die Wikinger jedoch in erster Linie Bauern. Sie bewirtschafteten Dänemark und große Teile Südschwedens und besiedelten die nordatlantischen Inseln, besonders die Færøer und Island, das arktische Grønland dagegen mit weniger Erfolg.

Auch die europaweiten Fahrten der Wikinger waren in den wenigsten Fällen von Mordlüsternheit und Beutegier diktiert, sondern dienten vielmehr der Erschließung von Handelswegen und der Einrichtung von Handelsplätzen. Mit der Christianisierung um die Mitte des 11. Jhs. ging die Wikingerzeit zu Ende.

Må vi se spisekortet?

Mit dieser Frage machen Sie sich in jedem dänischen Restaurant beliebt: Dürfen wir bitte die Speisekarte sehen? Aber die dänische Sprache des Genießens ist trotzdem nicht gerade einfach

Der schlampige dänische Koch mit der ewig wackelnden weißen Mütze aus der Muppet-Show im Fernsehen hat es weltberühmt gemacht: das *smørrebrød*. Anarchisch mit den Kochlöffeln auf Topfdeckel schlagend, skandierte der Koch mit nicht erlahmender Leidenschaft: »*Smørrebrød, smørrebrød, rømpømpømpøm!*«

Tatsächlich ist das *smørrebrød* das außerhalb des Landes bekannteste Stück dänischer Kochkunst, wenn man in diesem Fall überhaupt von der Kunst des Kochens sprechen darf. Denn eigentlich sind *smørrebrød* ja nichts anderes als belegte Brote. Aber was für welche! Mit Fug und Recht kann man in manchen Gasthäusern, die *smørrebrød* anbieten, von einer großen Kunstfertigkeit des Schnittchen-Machens sprechen. Sie dokumentiert sich in der Länge des *smørre-*

Frisch geräucherter Hering, Hering in Sherry oder mit Zwiebeln steht auf jedem »Smørrebrødseddel«

brødseddels, einer speziellen Speisekarte, auf der der Gast die von ihm gewünschten Schnittchen ankreuzen kann. Der längste *smørrebrødseddel* steht sogar im Guinnessbuch der Rekorde. Er misst 1,40 m und bietet 178 verschiedene belegte Schnittchen an. Es gibt ihn im Kopenhagener Restaurant *Ida Davidsen*, das sich mit gutem Grund der *smørrebrød*-Tradition verschrieben hat: Die Besitzerin ist nämlich die Urenkelin des *smørrebrød*-Erfinders Oscar Davidsen.

Man schrieb das Jahr 1888, und jener Oscar Davidsen bekam für ein kleines Lokal in jener Store Kongensgade von Kopenhagen das Schankrecht. Pfiffig, wie Oscar war, glaubte er, dass seine Gäste mehr Bier und Schnaps trinken könnten, wenn ihr Magen eine gescheite Grundlage bekäme. Da aber hinter dem kleinen Lokal nur wenig Raum war, konnte er keine große Küche einrichten. Deshalb ließ er eine Köchin belegte Brote schmieren. Die machte das mit so viel Phantasie, dass es bald darauf den ersten *smørrebrødseddel* mit ihrem Angebot gab.

Das *smørrebrød* kann mit allem belegt sein, was die kalte und bisweilen sogar die warme Küche hergibt. Doch meistens besteht ein *smørrebrød*, das man in den Städten übrigens auch in speziellen *smørrebrød*-Läden für die Zwischenmahlzeit unterwegs kaufen kann, aus einer gebutterten Scheibe Graubrot, auf die man ein Salatblatt legt. Dieses wird dann mit reichlich Schinken, Roastbeef, Lachs, Hering oder sogar gebackenem Fischfilet belegt. Verziert wird das Ganze mit Gewürzgürkchen oder Zwiebelringen, mit Meerrettich, Mayonnaise, Remoulade oder einem Stückchen *sky*, einem typisch dänischen Würzgelee.

Smørrebrød gibt es häufig als *frokost*, was eigentlich Frühstück heißt und doch die Mahlzeit um die Mittagszeit beschreibt. Womit wir bei der Art und Weise sind, mit der die Dänen die Mahlzeiten über den Tag verteilen. Es beginnt in der Frühe mit dem Frühstück, das *morgenmad*, also Morgenmahl, heißt. Mittags gibt es dann *frokost*, was früher einmal, als man sein Tagwerk noch um 5 oder 6 Uhr morgens begann, das zweite Frühstück war. Die Folge: *Frokost* hat den klassischen *middag*, also das Mittagessen, auf die Abendstunden zwischen 18 und 20 Uhr verdrängt (*aftensmad*). Als *natmad* schließlich bezeichnet man ein Abendessen aus Kleinigkeiten, die man auch noch weit nach 22 Uhr im Restaurant bestellen kann – falls die Küche des betreffenden Hauses dann noch geöffnet ist. Und spät schließt der Tag mit einem *midnatskaffee*, dem tiefdunklen Mitternachtsgebräu.

Essen

Ein Blick auf die Speisekarte (fragen Sie danach mit den Worten: »*Må vi se spisekortet?*«) zeigt, dass die Dänen gern und reichlich essen. Zu fast allem gibt es deftige braune Soßen. Allerdings gibt es inzwischen auch immer häufiger gegrillte Steaks, wie etwa in der über das ganze Land verteilten Steakhouse-Kette *A Hereford Beefstouw*, und gegrillte *hakkebøffer*. Das sind magere Rinderhacksteaks, zu denen gedünstete Zwiebeln serviert werden. Wie Sie das Fleisch gegrillt haben wollen, müssen Sie sagen: *rødt* (englisch), *mellemstegt* (medium) oder *gennemstegt* (durch).

Sehr schmackhaft ist der *flæskesteg*, ein Schweinebraten mit knackiger Kruste. Fleisch im Allgemeinen heißt *kød*, Geflügel *fjerkræ* und Wild *vildt*.

Selbstverständlich gibt es in Dänemark, wo man sich rühmt, dass kein Ort weiter als 50 km vom Meer entfernt liegt, jede Menge Fisch auf den Tisch. Er wird gebraten (*stegt*), gekocht (*kogt*), gedämpft (*dampet*), geräuchert (*røget*), gegrillt (*grillet*) und gefüllt (*fyldt*) serviert. Das sehr schmackhafte National-Fischgericht ist gekochter Dorsch (*torsk*) mit Salzkartoffeln und Senfsoße. Auf den Speisekarten finden sich aber auch andere heimische Fische wie Aal (*ål*), Forelle (*ørred*), Hecht (*gedde*), Heilbutt (*helleflynder*), Hering (*sild*), Lachs (*laks*), Makrele (*makrel*), Schellfisch (*kuller*), Scholle (*rødspætte*) und Seezunge (*søtunge*).

Besonders verführerisch sind in Dänemark die Backwaren.

Keiner sollte das Land wieder verlassen, ohne *gåsebryst*, einen mit Sahne und Marzipan gefüllten Blätterteig, oder *kanelstang*, einen Zimtkuchen, probiert zu haben. Und schließlich gibt es noch das ja auch bei uns bekannte Plundergebäck, das die Dänen erfunden haben und das deshalb in aller Welt *Kopenhagener* heißt. Im Lande selber nennt man es *wienerbrød*.

Pølsevogn

Die Dänen lieben eine kleine Mahlzeit zwischendurch. Deshalb stehen an fast jeder Straßenecke die so genannten *pølsevogn*. Das sind von Minitraktoren gezogene Würstchenbuden mit reichhaltigem Angebot. Bis zu zwölf verschiedene Sorten von Würstchen *(pølser)* gibt es erhitzt, gebraten, gegrillt oder als *hot dog* mit Senf, gerösteten Zwiebeln, Gewürzgurkenscheiben oder Remoulade. Wer alles gleichzeitig ausprobieren möchte, bestellt einfach: *hot dog med det hele*.

Trinken

Es ist nichts Ungewöhnliches, wenn Sie in Dänemark Menschen mitten auf der Straße aus der Flasche trinken sehen. Daraus zu schließen, Dänen wären Trinker, ist falsch. Denn mit ihrem Bier- und Weinkonsum pro Kopf und Jahr liegen die Dänen auf der europäischen Trinkskala eher im Mittelfeld. Es ist nur so, dass man sich nichts dabei denkt, etwas zu trinken, wenn man Durst hat – und das kann durchaus mitten auf der Straße sein. Im Lande gibt es hervorragende Biere *(Tuborg, Carlsberg)* und die besten Aquavits *(Aalborg)*. Bier heißt übrigens *øl*. Man unterscheidet helles *(pilsener)* und dunkles *(lagerøl)* Bier.

Beim Wein muss man nicht mehr so sehr aufpassen wie in früheren Zeiten: Qualität und Angebot haben sich in den letzten Jahren erheblich verbessert, und der Preis ist deutlich gesunken. Allerdings gibt es immer noch Restaurants, in denen Gästen nur die Wahl zwischen einer (mäßigen) Sorte Weißwein *(hvidvin)* und Rotwein *(rødvin)* bleibt. Man darf als Urlauber Wein »für den persönlichen Bedarf« einführen. Dieser Begriff wird vom Zoll sehr weit ausgelegt.

Die wichtigsten nichtalkoholischen Getränke bestellen Sie mit den Worten *danskvand* für Mineralwasser, *æblemost* oder *æblejuice* für Apfelsaft und *appelsinjuice* für Orangensaft.

Gaumenkitzler im Sommer

In fast jedem Gasthaus in Dänemark bekommt man während der Sommermonate eine Nachspeisenspezialität, nach der man sich alle zehn Finger leckt. Es ist eine Grütze aus verschiedenen roten Beeren, über die flüssige Sahne gegossen wird. Wer in der Sprache des Landes bestellen will, kommt in Schwierigkeiten, denn er müsste *rødgrød med fløde* richtig aussprechen. Ein Zungenbrecher! Also zeigen Sie lieber stumm auf die Speisekarte, und lächeln Sie dazu. Man versteht Sie dann in jedem Fall und wird es Ihnen nicht übel nehmen.

Her forhandles
de ægte
håndlavede
Ribe bolcher

Edel, praktisch und gut

Dänisches Design genießt weltweit einen hohen Ruf

Natürlich gibt es auch in Dänemark die üblichen Touristensouvenirs; andererseits wird es niemandem schwer fallen, ein geschmackvolles Mitbringsel zu finden. Besonders beliebt sind Glaswaren, Kleidung aus Wolle im typisch dänischen Stil – klare, starke Farben, lässige Schnitte – und Holzspielzeug. Hier haben sich die Schöpfungen von Kay Bojesen zu Bestsellern entwickelt, z. B. Elefanten, Affen oder königlich-dänische Gardisten.

Als Souvenirs dienen auch Gebrauchsgegenstände. Stichwort dänisches Design: Viele Alltagsdinge stellt man hier eine Spur funktionaler und qualitätsvoller her als anderswo. Ansprechendes Design gehört zum Alltag der Dänen.

Unternehmen beschäftigen gern Künstler und Designer, um ihre Produkte gestalten zu lassen. Das hat im Lande Tradition, mit der die Königliche Porzellanmanufaktur in Kopenhagen einst begann. Sie schreibt nämlich seit ihrer Gründung im Jahre 1775 Künstlerwettbewerbe für ihre Serviceserien aus – ein Beispiel, dem viele Firmen folgten.

Dänische Kunsthandwerker bevorzugen schlichte Entwürfe, nutzen edle, natürliche Materialien und achten auf handwerkliche Perfektion. Einen hervorragenden Überblick über dänische Entwurfskunst gibt das Dansk Design Center in Kopenhagen.

Wer in Dänemark über Land fährt, wird viele Kleinwerkstätten entdecken, in denen Künstler arbeiten: Keramiker, Glasbläser, Kerzenmacher oder Textildrucker. Fast immer stehen ihre Werkstätten Besuchern offen.

Ein begehrtes Souvenir auch als Schmuck ist Bernstein (rav). Das fossile Harz von Nadelhölzern aus Urzeiten finden Sammler an den Nord- und Ostseestränden Jütlands.

Das Ladenschlussgesetz in Dänemark ist sehr viel liberaler als in Deutschland. Werkstätten, Kioske und Souvenirgeschäfte verkaufen in der Hochsaison oft bis Mitternacht, Supermärkte u. Ä. in Hafennähe auch an Sonn- und Feiertagen. Allgemein gilt, dass die Öffnungszeiten von den Inhabern festgelegt werden; sie können daher von Ort zu Ort sehr unterschiedlich sein.

Dänische Keramik ist ein beliebtes Souvenir

Die Hexe brennt am Johannistag

Bei Festen vermengen sich bisweilen brave Gottesfurcht und germanischer Götterbrauch

Es gibt ein weit verbreitetes Vorurteil über die Menschen im Norden Europas im Allgemeinen und die Dänen im Besonderen: Ihre skandinavische Seele, vom kalten nordischen Winter eingefroren, ließe es nicht zu, dass sie aus sich herausgehen, dass sie Feste feiern könnten. Gemach! Reisen bildet nicht nur; es korrigiert auch Vorurteile. Die Dänen können nämlich durchaus ganz kräftig auf den Putz hauen. Wenn sie ein Fass aufmachen, dann richtig, und wenn sie herzlich feiern, dann tun sie es bedingungslos lustig, oftmals laut und dabei liebenswürdig – und gern auch mit Gästen.

GESETZLICHE FEIERTAGE

1. Januar
Neujahrstag

März/April
Ostern. Gleich fünf Tage von Gründonnerstag bis Ostermon-

Ringreiterwettkämpfe sind ein fester Bestandteil vieler Feste und Veranstaltungen in Südjütland

tag sind frei, auch die Geschäfte bleiben an allen Tagen (die meisten auch am Ostersamstag) geschlossen.

April/Mai
Store Bededag. Als großer Bettag ist der vierte Freitag nach Ostern kirchlicher Feiertag – und zwar schon seit mehr als drei Jahrhunderten.

1. Mai
Tag der Arbeit. Es wird bis mittags gearbeitet; dann besucht man die Maikundgebungen, die vielerorts mit lustigen Volksfesten ausklingen. Zentraler Ort dafür ist Fælledparken in Kopenhagen.

Mai
Christi Himmelfahrt. Am zweiten Donnerstag vor Pfingsten

Mai/Juni
Pfingsten. Pfingstsonntag und -montag sind nicht nur freie, sondern auch wirkliche Feiertage, die in Dänemark ausgiebig begangen werden – in verschiedenen Städten wie ein bunter Karneval nach südamerikanischem Vorbild. ✪ Die *Nacht vor dem*

Pfingstsonntag wird nach einem Brauch aus dem 19. Jh. durchgemacht. Damals war es zwar noch die Nacht vor Ostersonntag, in der man die aufgehende Sonne »aus Freude über Jesu Auferstehung am Himmel tanzen« sehen wollte. Weil aber die Osternächte noch recht kühl sind, verlegten die pragmatischen Dänen ihr Fest auf Pfingsten

5. Juni *Grundlovsdag.* Am Tag, an dem König Frederik VII. Dänemark im Jahre 1849 eine bürgerliche Verfassung gab, wird nur bis Mittag gearbeitet.

Dezember

24./25./26. Dezember *Weihnachten.* Am Heiligen Abend haben die Geschäfte bis mittags geöffnet; am Abend gibt es dann das traditionelle Entenfestessen mit dem Reispudding als Abschluss. In ihm ist eine einzige Mandel versteckt. Wer sie auf dem Teller hat, bekommt die vorher verpackte *mandelgave.* Der 1. und 2. Weihnachtstag sind ebenfalls Feiertage.

31. Dezember *Nytårsaften.* Am letzten Tag des Jahres wird nur bis mittags gearbeitet. Am Abend gibt es *kransekage,* einen Kranzkuchen mit Knallbonbons.

Im Sommer gibt es eine Unmenge von Festivals in Dänemark. Eine aktuelle Liste finden Sie im Internet unter *www.daene mark.dt.dk.*

Mai/Juni

Copenhagen-Marathon. Läufer aus aller Welt treffen sich zum Stadtmarathon; an der Strecke herrscht Volksfeststimmung.

Karneval. Pfingsten ist in Dänemark die Zeit des Karnevals. *Fastelavn* (Fasnacht) findet zwar wie bei uns im Winter statt, doch Straßenkarneval erst in der warmen Jahreszeit. Mit Samba und Umzügen feiert man besonders in Aalborg. Der Karneval in Kopenhagen ist eher etwas für Kinder und findet im Fælledparken statt – seine Hochzeit Mitte der 1990er scheint aber vorbei.

Juni

🏃 *Drachenfest.* Ein langes Wochenende füllt sich der Himmel über Fanø mit den buntesten und schrillsten Drachen.

Odense Orgelfestival. In allen Kirchen der Stadt spielen internationale Solisten.

MARCO POLO TIPPS FÜR FESTE

1 H. C. Andersen Festspillene
Auf der Freilichtbühne bei Odense gibt es die schönsten Märchen
(Seite 31)

2 Skagen Festival
Für Folkmusik-, Blues- und Liederfreunde ein Muss
(Seite 31)

3 Roskilde Festival
90 000 Rock- und Popfans feiern alljährlich ihr europäisches Woodstock
(Seite 31)

4 Kulturnacht
Museen, Theater und das dänische Parlament stehen Ihnen offen (Seite 31)

Kein Ort ohne Mittsommernachtsfest am 23. Juni

🏃 *Silkeborger Jazz Festival.* Jazz-Bands aus aller Welt und Fans zieht es dabei nicht nur an die Ufer der Silkeborger Seen, sondern auch aufs Wasser.

☸🏃 *Sankthansaften.* Ohne dass es ein gesetzlicher Feiertag wäre, feiern alle Dänen am Abend des 23. Juni die Mittsommernacht. Aus dem ursprünglich heidnischen Fest wurde in katholischer Zeit der Tag von Johannes dem Täufer, eben Sankt Hans, wie er in Dänemark heißt. Noch heute marschiert man mit einer hölzernen Hexe zu einem vorbereiteten Scheiterhaufen im Ort, setzt sie darauf und zündet beides an. Die weithin sichtbaren *Sankthansaften-Feuer* sind am Meer besonders eindrucksvoll.

★ *Skagen Festival.* Folkmusikfreunde aus aller Welt treffen sich Ende Juni für drei Tage im äußersten Norden, in Skagen.

Juni/Juli

Auf der Insel Als und in anderen Orten Südjütlands finden *Ringreiterfeste* statt, die an mittelalterliche Ritterspiele erinnern.

★🏃 *Roskilde Festival.* Das Woodstock Europas: An vier Tagen Ende Juni/Anfang Juli gibt es auf Seeland Rock und Pop satt.

Juli/August

★ *H. C. Andersen Festspillene.* Im Freilichtmuseum *Den Fynske Landsby* bei Odense finden Märchenaufführungen statt.

Bornholms Musikfestival. Klassische konzertante und Kammermusik in den Rundkirchen und Kirchen auf Bornholm. Mitte Juli bis Mitte August

September

Dänemarks größtes *Drachenfest* findet auf der Insel Rømø statt.

Oktober

★ *Kulturnacht* in Kopenhagen: Einen Abend lang stehen Museen, Galerien und viele andere (Kultur-) Institutionen (darunter Rathaus und Parlament) allen offen.

November/Dezember

Im Kopenhagener Tivoli und in Den gamle by in Århus finden *Weihnachtsmärkte* statt.

Von Ærø bis Tåsinge

*Die Liste ist lang: Über 400 Inseln bilden den größten Teil
des dänischen Staatsgebietes*

Dänemark ist das Land der Inseln. Bis auf die Halbinsel Jütland – deren Nordteil durch den Limfjord abgeteilt und eigentlich auch eine Insel ist – sind alle Landesteile von Wasser umgeben. Die größte der ca. 400 Inseln, die oft durch Brücken miteinander verbunden sind, ist Seeland mit Kopenhagen (7031 km²), die zweitgrößte Jütlands Norden Vendsyssel-Thy (4685 km²). Es folgen Fünen (2985 km²), Lolland (1243 km²) und die direkt vor Südschweden liegende Insel

Die beeindruckenden Kreidefelsen von Møn sind die Attraktion dieser viel besuchten Insel

Bornholm (588 km²). Kein Wunder, dass Fähren im Leben der Dänen immer noch eine große Rolle spielen. Die Fähren fahren erstaunlich oft, und viele sind preiswert. Manche Insel wird von Dänemark-Besuchern gar nicht als solche empfunden, weil viele von ihnen durch Brücken miteinander verbunden sind. Wer mit dem Auto beispielsweise von Deutschland aus nach Kopenhagen fährt und mit der Fähre in Rødby landet, registriert bei der Weiterfahrt kaum, dass er die Inseln Lolland, Falster und Bogø passiert, bis er auf (der Insel) Seeland nach Kopenhagen weiterfährt. Der kühne Brückenschlag über den Großen

Hotel- und Restaurantpreise

Hotels
€€€: über 1000 dkr
€€: 500–1000 dkr
€: unter 500 dkr
Die Preise gelten für ein Doppelzimmer mit Frühstück (wenn nicht anders angegeben). Erfreulicherweise sind viele Hotels in Dänemark wieder dazu übergegangen, ihr oft reichliches Frühstück nicht gesondert zu berechnen.

Restaurants
€€€: über 250 dkr
€€: 150–250 dkr
€: unter 150 dkr
Die Preise gelten für ein Menü, das mindestens Vor-, Haupt- und Nachspeise enthält. Getränke müssen extra gerechnet werden. Dabei schlagen besonders die sehr teuren »harten« alkoholischen Getränke zu Buche.

Belt verbindet seit 1998 Seeland und Fünen miteinander.

ÆRØ

ÆRØSKØBING

(113/F 5–6) Die 88 km² kleine, aber feine Insel (7500 Bew.) südlich von Fünen in der so genannten Dänischen Südsee, die man mit Fähren von Mommark auf Als, Rudkøbing auf Langeland sowie – die Hauptverbindungen – von Faaborg und Svendborg auf Fünen erreicht, hat sehr idyllische Flecken und mit ★ *Ærøskøbing*

eine besonders malerische Hauptstadt. Ihr Kern rund um den Marktplatz mit zwei alten Wasserpumpen besteht aus verwinkelten Gassen mit Fachwerkhäusern aus dem 17. Jh., an denen im Sommer die schönsten Kletterrosen hinaufwachsen. In der Vergangenheit waren Insel und Ort ein bedeutendes Handelszentrum.

BESICHTIGUNG

Dukkehuset

Das so genannte Puppenhaus ist das kleinste Haus der Stadt. Tou-

MARCO POLO TIPPS FÜR DIE INSELN

1 Ærøskøbing
Die malerische Altstadt des Hauptortes auf Ærø lohnt einen Besuch (Seite 34)

2 Anholt
Auf dieser kleinen Insel mit zauberhaften Stränden kann man wirklich von Hektik und Massentourismus entspannen (Seite 36)

3 Fredensborg Fiskerestaurant
Eines der besten Fischrestaurants des Landes findet man in Rønne auf der Insel Bornholm (Seite 38)

4 Dueodde
Der weite weiße Strand an der Südostküste von Bornholm gehört zu den schönsten Badeplätzen des ganzen Landes (Seite 40)

5 Den gamle Kro
In der Märchenstadt Odense auf Fünen gibt es ein märchenhaftes, altehrwürdiges Gasthaus mit internationaler Küche (Seite 45)

6 Kerteminde
Das Fischerdorf im Nordosten von Fünen hat eine authentische Atmosphäre bewahrt (Seite 48)

7 Kong Humbles Grav
Die prähistorische Fundstätte auf Langeland hat einzigartige Bedeutung (Seite 51)

8 Møns Klint
Die Kreidefelsen der Insel Møn sind so malerisch wie auf Rügen, gerade so, als hätte der große Caspar David Friedrich den Pinsel geschwungen (Seite 52)

risten fotografieren es gern. Besichtigt werden kann es nicht.
Smedegade 37

Flaschenschiffsammlung
Im wohl bekanntesten Museum
der Insel kann man über 400
Buddelschiffe bewundern, jedes
einzelne ist ein kleines Kunstwerk für sich. *Mai–Sept. tgl. 10 bis
17 Uhr, Okt.–April Di, Do 13 bis
15 Uhr, So 10–13 Uhr, in den dänischen Herbstferien tgl. 10–17 Uhr,
Eintritt 25 dkr, Smedegade 22*

RESTAURANT

Mumm
Das rustikal eingerichtete Gasthaus gibt sich patriotisch und
deckt in dänischem Rot-Weiß.
Auf den Teller kommen sehr saf-
tige Steaks vom Rind (nach Fang-
lage auch mitunter vom Fisch).
*So geschl. Søndergade 12, Tel.
62 52 12 12, €€*

HOTELS

Ærøhus
Das gemütliche Ferienhotel
liegt in einem ruhigen Garten.
Am Samstag wird im Ballsaal ge-
tanzt (nicht in den dänischen
Sommerferien). Das Haus ist
Dansk Kroferie angeschlossen. *66
Zi., Vestergade 38, Tel. 62 52 10 03,
Fax 62 52 21 23, €€*. Auch kleine
Ferienwohnungen in *Ærø Marina.*

Det Lille Hotel
Das familiär geführte Haus mitten in der Stadt – der Hausherr
brüht den Kaffee selbst auf –
hat einen netten Garten. *6 Zi.,
Smedegade 33, Tel. 62 52 23 00,
kein Fax, €*

AUSKUNFT

Turistbureau
*Vestergade 1 B, DK-5970 Ærøs-
købing, Tel. 62 52 13 00, Fax
62 52 14 36, www.aeroe-turistbu
reau.dk*

ZIEL IN DER UMGEBUNG

Marstal (113/F 6)
Der 13 km südöstlich von
Ærøskøbing gelegene Hafenort
lohnt wegen seines *Søfartsmu-
seums* einen Besuch. Hier werden
Schaustücke rund um die christ-
liche Seefahrt gezeigt. *Mai–Sept.
tgl. 10–16 Uhr (Juni, Aug. 9–17 Uhr,
im Juli bis 21 Uhr), Okt.–April
Di–Sa 10–16 Uhr, Eintritt 25 dkr,
Havnen.* Außerhalb des Ortes
Marstal, in der Nähe des besten
Strandes der Insel, findet man das
moderne Ferienhotel *Ærøstrand*
mit 100 Zimmern *(Egehovedvej 4,
Tel. 62 53 33 20, Fax 62 53 31 50,
behindertengerecht, €€).* Sein
Restaurant ist berühmt für skandinavische Buffets.

ALS

(113/D–E 5–6) Die kleine Insel
(51 200 Bew.) schmiegt sich an
den südlichsten Ostzipfel Jütlands an. Weit hat sich ihre wichtigste Stadt Sønderborg (S. 74)
über die Brücke aufs Festland
ausgedehnt. Ein weiterer wichtiger Ort ist *Nordborg* mit Resten
einer mittelalterlichen Burg, auf
denen 1909 ein Gebäude errichtet wurde, in dem heute eine
Volkshochschule untergebracht
ist. Die Insel hat an ihrer Süd-
und Ostküste schöne Strände.
Gut speisen kann man im *Dyvig
Kro* in Holm bei Nordborg
(Dyvig Vej 31, Tel. 74 45 14 90, €€).

In den Sommermonaten Juni und Juli finden überall auf der Insel (und im benachbarten Südjütland) an fast jedem Wochenende Ringreiterfeste statt. Ringreiten ist ein Sport, der auf die mittelalterlichen Ritterspiele zurückgeht. Zunächst reiten die Wettkämpfer in häufig farbigen Kostümen mit geschulterten Lanzen auf den Wettkampfplatz. Beim anschließenden Wettkampf geht es darum, dass die Kontrahenten mit ihren Lanzen in vollem Galopp einen in der Mitte hängenden Ring aufspießen. Der Reiter mit den meisten erspießten Ringen wird zum Sieger erklärt. Der Wettkampftag endet mit der Siegerehrung und einem fröhlichen Fest, bei dem auch Touristen gern gesehen sind. Das größte Ringreiterfest findet am zweiten Juli-Wochenende in Sønderborg statt.

ANHOLT

(111/D 1) ★ Fast 70 Prozent der etwa drei Fährstunden nordöstlich der Stadt Grenaa in Jütland mitten im Kattegat gelegenen Insel Anholt (160 Bewohner) stehen in irgendeiner Form unter Naturschutz. Für Touristen gesperrt sind das Feuchtgebiet *Flakket* im Norden, in dem seltene Vogelarten nisten, und die östliche Inselspitze *Totten*, wo Robben liegen. Ansonsten gibt es rund um die Ferieninsel für Leute, die wirklich einmal ausspannen wollen, zauberhafte Sandstrände. Sønderberg im Westen ist mit 48 m die höchste Erhebung der Insel, Nordbjerg (39 m) die zweithöchste. Das *Turistbureau* im Dorf Anholt ist ganzjährig geöffnet (*Østervej 14, Mo–Fr 14–17*

Uhr) und weist Sommerhäuser, Gasthof und Pension sowie Bed & Breakfast-Quartiere nach, *Tel. 86 31 91 33*. Im Osten liegt hinter der 10 km langen Wüste *Ørkenen* der Leuchtturm *Anholt Fyr*. Der mächtige Bau stammt aus dem Jahr 1788. Er wurde 1881 aufgestockt. Die Dorfkirche wurde erst 1818 errichtet; ihr mittelalterlicher Vorgängerbau, von dem nur ein Taufstein übrig blieb, ist von den Engländern, die 1811 das Inselchen besetzten, zerstört worden.

BORNHOLM

RØNNE

(117/E-F 3-4) Das Paradies ist ein Irrgarten. Auf Bornholm, der am weitesten östlich gelegenen In-

Dueodde, der kilometerlange weiße Sandstrand an der Südspitze Bornholms, ist ein wahres Dünenparadies

sel Dänemarks, gibt es ein felsiges Heidegebiet mit Namen *Paradisbakkerne.* Es ist mit seinen Wegen durch Täler und über Hügel so unübersichtlich, dass man sich wie in einem Labyrinth verlaufen kann. Paradisbakkerne liegt neben dem Wald von *Almindingen,* dem drittgrößten Wald Dänemarks. Beides, Heideland und Waldgebiet, dokumentiert, dass Bornholm nicht nur die schönsten Feriengebiete des Landes mit zauberhaften Sandbuchten hat, sondern auch zu den landschaftlich besonders reizvollen Ecken des Landes gehört. Man erreicht die Insel über Fähren aus Sassnitz auf Rügen (in dreieinhalb Stunden), dem schwedischen Ystad (in eineinhalb bis zweieinhalb Stunden), aus Kopenhagen (in siebenstündiger Nacht- oder sechsstündiger Tagesfahrt) oder mit dem Flugzeug (achtmal tgl.) über Kopenhagen (im Sommer gibt es Direktflüge von verschiedenen deutschen Flughäfen).

Die Haupterwerbsquellen der Menschen auf Bornholm sind Tourismus, Landwirtschaft und Fischerei. Knapp 45 000 Bewohner hat die 588 km² große Insel. Davon lebt ein Drittel in der Hauptstadt Rønne, die je nach Sichtweise Ankunftshafen der Insel oder Tor zur Welt ist. Rønne ist der Warenumschlagplatz. Hier pulsiert das geschäftliche Leben; von hier aus startet man in die idyllischeren Ecken des Eilands. Seit 1688 war Rønne als Gegenpol zum schwedischen Karlskrona befestigt worden. Reste des ehemaligen *Rønne Kastel* mit dem runden Festungsturm im Süden des Stadtkerns zeugen noch von dieser Zeit.

Ausführlich berichtet der MARCO POLO Führer »Bornholm« über diese Insel.

Altstadt

Auch wer Rønne nur als Zwischenstation sieht, sollte einen Gang durch die sehenswerte Altstadt machen. In den Straßen *Østergade, Vimmelskaftet* und *Laksegade* oberhalb des Hafens lohnt das Bummeln besonders.

Erichsens Gård

Das zauberhafte Wohnhaus des Anwalts Thomas Erichsen aus dem Jahr 1807 steht unter Denkmalschutz. Eine kleine Sammlung von Mobiliar, Gerätschaften und anderen Erinnerungsstücken erzählt von der Geschichte des Hauses. Wunderschön ist der üppige Garten, wie er noch heute zu den Häusern in der Altstadt von Rønne gehört. *Mitte Mai–Ende Okt. Di–Sa 10–17 Uhr, Eintritt 25 dkr, Kinder 5 dkr, Laksegade 7*

Fiskerstræde

Rønnes erste Wohnanlage wurde in der Mitte des 19. Jhs. errichtet. Die mit Schindeln gedeckten Backsteinhäuser unweit des Hafens, die sich gleichen wie ein Ei dem anderen, wurden für die Fischer der Stadt gebaut und sind auch heute noch bewohnt.

Rønne Kirke

Der Kern des Bauwerks entstand im 13. Jh. Er besteht aus Feld- und Kalkstein. Der Turm wurde nach einer umfassenden Renovierung zwischen 1915 und 1918 hinzugefügt. Es handelt sich dabei um eine vergrößerte

Nachbildung des ursprünglichen Turms. Sehenswert ist im Inneren das gotländische Taufbecken aus dem 14. Jh.

MUSEEN

Bornholms Museum

Das Heimatmuseum informiert umfassend. Exponate zur Ur- und Frühgeschichte werden gezeigt; eine Abteilung zur Geschichte der Seefahrt befindet sich unter dem Dach; und es gibt eine eigene Sammlung zu einer alten Handwerkstradition Bornholms: das (Stand-) Uhrmachen. *April–Ende Okt. Di–Sa 10–17 Uhr, Nov.–Ende März Di–Sa 13–17 Uhr, Eintritt 25 dkr, Kinder 5 dkr, Sankt Mortensgade 29*

Forsvarsmuseet

Im Verteidigungsmuseum findet man Zeugnisse der wechselvollen (Verteidigungs- und Eroberungs-) Geschichte der Insel von der Ära der Wikinger bis hin zur Neuzeit. So wird u.a. die Besatzung durch deutsche Truppen im Zweiten Weltkrieg dokumentiert, die für die Insel am Ende noch besonders verheerend war. Sowjetische Jagdflugzeuge flogen noch nach der bedingungslosen Kapitulation Bombenangriffe, weil die deutschen Besatzer die Nachricht vom Kriegsende noch nicht empfangen hatten und russische Aufklärer beschossen. Diese wiederum befürchteten, die Briten hätten sich die Insel gegen alle Absprachen einverleibt. Ihre Bombardements richteten in Rønne und Neksø schwere Schäden an. *Mai–Sept. Di–Sa 10–16 Uhr, Eintritt 20 dkr, Kinder 10 dkr, Arsenalvej 8*

RESTAURANT

Aus den Räuchereien der Insel kommt der schmackhafteste goldgelbe Fisch, den man sich auf der Zunge zergehen lassen kann. Die frisch gefangenen Heringe werden gesäubert und jeweils zu zweit Kopf an Kopf auf kleine Stangen gespießt und in den Seewind gestellt, damit der die Feuchtigkeit aus den silbrig glänzenden Fischen bläst. Dann kommen sie in den Rauch aus Erlenholz. Nach knapp drei Stunden Räucherei haben die Heringe das beste Aroma. Frisch aus dem Rauch schmecken sie am besten aus der Hand mit grobem Salz bestreut.

Verkauft wird der jetzt goldene »Bornholmer« frisch in den wenigen noch arbeitenden Räuchereien der Insel, u.a. (im Uhrzeigersinn) in Hasle, Allinge, Gudhjem, Svaneke, Årsdale, Snogebæk und Arnager in der Nähe des Flughafens.

Fredensborg Fiskerestaurant

★ Genau genommen bietet das *Hotel Fredensborg* in Rønne gleich die beiden besten Restaurants der ganzen Insel an: Neben *Fisken* (Der Fisch) beherbergt es *Di 5 Stauerna* (Die fünf Stuben). Für beide Einrichtungen ist ein und derselbe Küchenchef verantwortlich, und man kann in beiden mit gleich hoher Qualität rechnen.

Gekocht wird selbstverständlich Fisch, daneben gibt es aber auch hervorragende Fleischgerichte mit Zutaten von Landwirten der Insel, die sich auf biologischen Anbau spezialisiert haben. *Tgl. geöffnet, Strandvejen 116, Tel. 56 95 44 44, €€€*

Hjorth's Keramikmuseum

Keramikwerkstatt und Museum unter einem Dach. Man kann alte Arbeiten bewundern, Keramikern bei der Arbeit zusehen und – natürlich – deren Waren kaufen. *Mai–Okt. Di–Sa 10–17 Uhr, Nov.–April Mo–Fr 13–17, Sa 10–13 Uhr, Eintritt 25 dkr, Kinder 5 dkr, Krystalgade 5*

Bent Svendborg Petersen (Uhren)

Nach dem Tod des Vaters Aage Svendborg Petersen hat Sohn Bent die Uhrmacherwerkstatt übernommen, in der die berühmten Bornholmer Uhren nach klassischen Vorbildern nachgebaut werden. Wer fragt, darf auch die Werkstatt ansehen. *Tørneværksvej 26*

Fredensborg

Das nicht gerade preiswerte Hotel liegt in Meeresnähe. Es werden auch 12 Wohnungen vermietet. *72 Zi., Strandvejen 116, Tel. 56 95 44 44, Fax 56 95 03 14, €€€*

Hotel Griffen

Das Haus mit Blick auf den Hafen hat ein Schwimmbad und eine Nachtbar. *142 Zi., Nordre Kystvej 34, Tel. 56 95 51 11, Fax 56 95 52 97, €€*

Golf

Für *Bornholms Golf Club* gibt es keine Handicapbegrenzung. Sein eigenes Handicap: Er liegt in der Einflugschneise des Flughafens, südöstlich von Rønne. *18 Löcher, Tel. 56 95 68 54*

Rønne Teater

Im ältesten Provinztheater Dänemarks (von 1824) wird heute noch gespielt. *Teaterstræde 2, Tel. 56 95 07 32*

i-Büro (Bornholms Velkomstcenter)

Ndr. Kystvej 3, Tel. 56 95 95 00, Fax 56 95 95 68, www.bornholminfo.dk

Allinge-Sandvig (117/E 3)

Nördlich von Sandvig liegt der zu Wanderungen einladende, mit zwei Leuchttürmen bestückte Granitberg Hammeren, der die Nordspitze der Insel bildet. An seinen Ausläufern steht die imponierende Ruine der um 1250 errichteten und bis zum 16. Jh. ausgebauten Burg Hammershus, Nordeuropas größte Burgruine. An der Straße von Sandvig nach Hammershus weisen Schilder zum »arbeitenden« Steinbruchmuseum *Moseløkken,* in dem Besucher über die Geologie der Insel und die Geschichte der Steinbrucharbeiten informiert werden. *Mai–Mitte Okt. Mo–Fr 10–12 und 13–16 Uhr, Eintritt 20 dkr.*

Almindingen (117/F 3–4)

Mit 2410 ha ist Almindingen, ein herrliches Wandergebiet, Dänemarks drittgrößter Wald. Hier liegen die höchste Erhebung der Insel, der von einem Aussichtsturm gekrönte, 162 m hohe *Rytterknægten,* und die Trabrennbahn, die als schönste des Landes bezeichnet wird *(Rennen von April bis Mitte Nov.)* und im Juni Schauplatz der dreitägigen Tierschau ist. Dieses Volksfest bringt jedes Jahr ganz Bornholm auf die Beine.

Südlich von Almindingen liegt *Aakirkeby,* Bornholms einzige Binnenstadt. Die *Aakirke* aus dem 12. und 13. Jh. ist die größte und älteste Kirche der Insel. Ihr Turm mit dem markanten Zwillingsdach ist eines der Wahrzeichen Bornholms.

Dueodde (117/F 4)

★ An Bornholms Südspitze gibt es kilometerlange, sehr kindgerechte Sandstrände mit herrlichen Dünen und hervorragenden Surfmöglichkeiten. Etwas nördlich von Dueodde liegt der Platz des *Nexø Golf Klub* (18 Löcher, *Tel. 56 48 89 87).*

Gudhjem (117/F 3)

Die sich terrassenförmig an einen Granithügel schmiegende Hafenstadt im Nordosten ist ausgesprochen malerisch und gilt neben Svaneke als die schönste Stadt Bornholms. Im Heim des berühmten Malers Oluf Høst (1884–1966) mit seinen drei Ateliers im Garten ist das sehenswerte *Oluf Høst Museum* untergebracht, das mit wertvollen Werken ausgestattet ist. *Mitte April–Mitte Juni und Ende Aug. bis Okt. Di–So 13–17, Mitte Juni–Ende Aug. tgl. 11–17 Uhr, Nørresand 10, Eintritt 30 dkr, Kinder 10 dkr.* Nördlich von Gudhjem bei *Rø* liegt an der Küste das 1993 eröffnete, architektonisch gelungene Kunstmuseum Bornholms mit Exponaten von bekannten Bornholmer Künstlern wie Kristian Zahrtmann, Carl Isakson und Oluf Høst. *Mai–Okt. tgl. 10–17*

Uhr (Juli/Aug. Mi bis 21.30), Nov.–April Di, Do, So 13–17 Uhr, Eintritt 30 dkr, Kinder frei

Neksø (117/F 4)

Da Bornholms wichtigster Fischereihafen im Zweiten Weltkrieg fast völlig zerstört, aber wieder aufgebaut worden ist, kann man ihn nicht als besonders idyllisch bezeichnen. Im Ort steht das Geburtshaus des Arbeiterdichters und Sozialisten Martin Andersen Nexø (»der dänische Gorki«), dessen auch erfolgreich verfilmter Roman »Pelle der Eroberer« über das Leben eines Landarbeiterkindes auf Bornholm weltberühmt wurde. Der Roman machte Martin Anderson Nexø zum lange Zeit bekanntesten dänischen Schriftsteller nach Hans Christian Andersen. *Mai–Okt. Mo–Fr 10–16 Uhr, Mitte Juni–Mitte Aug. auch So 13–16 Uhr, Eintritt 15 dkr, Kinder 8 dkr, Ferskesøstraede 36*

Rundkirchen

Eine Besonderheit der Insel sind die vier »Rundkirchen«, *Østerlars-, Nylars-, Ols-* und *Nykirke.* Die runde Bauform der Wehrkirchen aus dem 12. Jh. ist auch in Schonen und Seeland bekannt, doch nicht so gut erhalten wie hier. Die Kirchen mit dem getrennt stehenden Glockenturm weisen zum Teil hervorragend erhaltene mittelalterliche Freskenmalereien auf. *Østerlarskirke liegt 4 km südlich von Gudhjem, Nylarskirke an der Landstraße Rønne–Neksø, Nykirke an der Vestermariestraede in Nyker, Olskirke in Olsker, ungefähr 3 km südlich von Allinge.*

Etwa 500 m von der Østerlars-Rundkirche entfernt liegt das

Østerlars ist die größte der berühmten Rundkirchen von Bornholm

Middelaldercenter, das täglich wechselnde Programme und häufig Kindertage bietet. Ende Juli findet sogar ein Markt statt. *Mai–Sept. tgl. 10–16 Uhr, Eintritt 45 dkr, Kinder bis 7 Jahre frei, Stangevej 1, Østerlars*

Svaneke (117/F 3)

Auch in diesem Fischerort, der gänzlich unter Denkmalschutz steht, haben die Fachwerkhäuser etwas Puppenstubenhaftes. Sehenswert: der futuristische Wasserturm im Norden des Ortes, den der dänische Architekt Jørn Utzon entwarf. Utzon wurde durch sein schwebendes Opernhaus im australischen Sydney weltberühmt. Vom Hafen Svaneke – und von Allinge und Gudhjem – aus kann man ganzjährig die 20 km nord-

östlich gelegenen *Ertholmene*, die Erbseninseln, mit der sehenswerten Festungsinsel *Christiansø* erreichen *(Infos Tel. 56 48 51 76)*. Ein paar Kilometer von Svaneke entfernt im Inselinneren liegt der Freizeitpark *Brændesgårdshaven (Joboland)* (mit großem Wasserland), dessen vor allem für Kinder gedachte Karussells und Attraktionen allesamt mit Muskelkraft betrieben werden. *Mai bis Juni und Aug.–Sept. 10–18 Uhr, Juli 10–19 Uhr, Eintritt 50 (Hochsaison 65) dkr*

FALSTER
NYKØBING

(115/D 5) Am Südzipfel von Falster (43 000 Bewohner) kommt man in Gedser mit den Fähren aus

Flucht nach Fünen

Auf seiner Flucht vor den Nationalsozialisten im Deutschen Reich machte der deutsche Dichter Bertolt Brecht Station im noch unbesetzten Dänemark. Unter anderem beendete er in der Zeit dort, die vier Jahre lang bis April 1939 dauerte, sein Drama »Das Leben des Galilei«. Außerdem übersetzte er die Erinnerungen des Schriftstellers Martin Andersen Nexø (1869–1954). Danach notierte er in sein Arbeitsjournal: »Sie gefallen mir, trotz der Seelenzergliederungen und Moralismen, da noch Rohstoff drinsteckt. Ein respektabler Proletarismus. Aber da sind schöne Stellen, wo die Solidarität der Besitzlosen geschildert wird.« Über das Schreiben in dem Fachwerkhaus, das er sich in der Nähe von Svendborg auf Fünen gekauft hatte, sprach er immer als seine »Arbeit unter dem dänischen Strohdach«.

Rostock-Warnemünde an. Die Hauptstadt *Nykøbing* hat einen alten Stadtkern mit Häusern aus dem 16. bis 18. Jh. und am Rande einige Industrie, zum Beispiel eine große Zuckerfabrik.

BESICHTIGUNGEN

Czarens Hus

Das um 1700 erbaute zweistöckige Fachwerk-Eckhaus hat seinen Namen vom russischen Zaren Peter dem Großen, der im Juli 1716 hier übernachtete und in der im Haus untergebrachten Gaststube des Postmeisters sein Frühstück einnahm. Heute beherbergt das Haus das *Museet Falsters Minder*, ein Heimatmuseum mit einer sehenswerten Goldschmiedewerkstatt. *Jan. bis April und Mitte Sept.–Dez. Di–Fr 14–16, Sa 11–15, So 14–16 Uhr, Mai–Mitte Sept. Di–Fr 10–17, Sa 11–15, So 14–16 Uhr, Eintritt 20 dkr, Kinder 5 dkr, Langgade 2*

Middelaltercentret

Zentrum in Sundby, an der Westseite des Fjords, in dem der Besucher selbst erfahren kann, wie

der Alltag im Mittelalter aussah. *Mai–Sept. tgl. 10–16 Uhr, Eintritt 60 dkr, Kinder 30 dkr, ved Hamborgskoven 2*

Nykøbing Kirke

Die gotische Backsteinkirche aus der Mitte des 16. Jhs. gehörte zu einem 1419 gegründeten Franziskanerkloster, dessen Westflügel noch erhalten ist. Zwei architektonische Besonderheiten fallen auf: Eines der Seitenschiffe ist zweistöckig, und der 1766 um zwei Stockwerke erhöhte Glockenturm aus dem Mittelalter trägt seitdem eine Spitze in Zwiebelform.

Zur reichen Innenausstattung der Kirche gehört ein um 1450 entstandenes Grabgemälde von Lucas Cranach dem Älteren. Sehenswert ist der in den Siebzigerjahren des 20. Jhs. angelegte Kräutergarten mit 300 Heilpflanzen. *Kirkepladsen*

HOTELS

Hotel Falster

Das Haus (69 Zimmer) ist zentral gelegen und hat ein lichtes

42

Restaurant unter einer Glaskuppel. *Skovalleen, Tel. 54 85 93 93, Fax 54 82 21 99, €€*

Motel Liselund

Ein bisschen außerhalb der Stadt gelegen, ist dieses Haus ideal für eine Zwischenübernachtung geeignet. *25 Zi., Lundevej 22, Sundby, Tel. 54 85 15 66, Fax 54 85 15 14, €*

AUSKUNFT

i-Büro

Østergågade 7, Tel. 54 85 13 03, Fax 54 85 10 05, www.tinf.dk

ZIELE IN DER UMGEBUNG

Gedser   (115/D 6)

Im Fährhafen an der Südspitze von Falster kann man den mächtigen viereckigen Leuchtturm *Gedser Fyr* besteigen. Ein paar Kilometer nördlich liegt *Marielyst*, einer der beliebtesten Ferienorte Dänemarks mit einem 20 km langen, kinderfreundlichen Strand.

Stubbekøbing   (115/D 4)

Im Ort gibt es das *Veteranmotorcykel- og Radiomuseum (Mai–Sept. tgl. 10–17 Uhr, Eintritt 30, Kinder 15 dkr, Nykøbingvej 54)*, in dem über 130 alte Motorräder und Mopeds sowie eine Sammlung alter Radios und Plattenspieler gezeigt werden – etwas für Liebhaber.

FÆRØER

(O) Die ziemlich genau auf halbem Wege zwischen Schottland und Island gelegenen Færøer (47 500 Bew.) bestehen aus 18 kleinen Inseln. Obwohl sie sich selbst verwalten, gehören sie staatsrechtlich noch zu Dänemark; ihre Unabhängigkeitsbestrebungen nehmen aber zu. Jährlich kommen per Schiff (vom dänischen Hanstholm oder dem norwegischen Bergen) und Flugzeug – der Flug von Kopenhagen oder Billund bei Esbjerg dauert ca. zweieinhalb Stunden – 60 000 Besucher. Sie wollen vor allem die ungewohnt bizarre Landschaft der vor mehr als 50 Mio. Jahren durch Vulkanausbrüche entstandenen Inseln sehen. Außerdem sind gerade die Felsen im Westen beliebte Nistplätze von Hunderttausenden von Vögeln. Alle Vogelarten, ihre Nester und die Eier selbstverständlich auch, stehen unter Naturschutz. Für auch nur fahrlässige Zerstörungen von Nestern gibt es drastische Strafen (bis zu Haft!).

Da der Tourismus sich nur allmählich ausbreitet, gibt es in der Hauptsache einfache (Privat-)-Unterkünfte und Jugendherbergen. Größere, auch behindertengerechte Hotels sind das *Gjáargardur* in Gjógv, in Tórshavn das *Hafnia* und das *Føroyar* oder das Hotel Bakkin auf Vágur. Rei-

Tórshavn auf einer der 18 kleinen Færøer-Inseln

sen auf die Færøer kann man in vielen Reisebüros in Deutschland buchen.

FÜNEN (FYN)
ODENSE

(**113/E–F 2–5** und **114/A 1–4**) Der Vergleich kommt einem fast automatisch in den Sinn: Die Insel Fünen (475 000 Bew.), die die Dänen *Fyn* nennen, ist die gute Stube Dänemarks. Alles, was im Lande ohnehin für Sorgfalt und Sorgsamkeit steht, wirkt hier noch eine Spur ordentlicher. Die Gärten sind zauberhafte Paradiese, vor allem im Süden der Insel. Felder werden sorgsam beackert. Die Parks rund um die zahllosen Herrenhäuser und Schlösser hegt und pflegt man. Diese Bauwerke sind der nachhaltige Beweis, dass Fünen in den vergangenen Jahrhunderten auch so etwas wie die Fluchtburg für die Reichen und Mächtigen war. Hier im Herzen des Reiches musste man sich nicht mit Landesverteidigung wie an den äußeren Grenzen abplacken. So weit kamen Angreifer denn doch nicht über die Inseln. Und hier im Herzen ließ es sich auch gut leben. Denn Fünen ist auch der fruchtbare Garten, in dem jede Landwirtschaft Erträge bringen muss. Wegen des Wachsens und Gedeihens der Pflanzen nennt man Fünen auch die Blumeninsel, an deren 1130 km Küstenlinie man gleichwohl herrliche Strände findet. Wenn also Fünen ein ganzer Strauß schöner Blumen ist, dann muss man die Inselhauptstadt *Odense* (185 000 Ew.) als eine der schönsten Blüten bezeichnen. Die Stadtväter selber und ihre Werbestrategen

nennen Odense lieber »Märchenstadt«, weil sie so auf den bedeutendsten Sohn der Stadt anspielen können: auf den Märchendichter Hans Christian Andersen, der freilich seinem Geburtshaus und der ganzen Insel schon im Alter von 14 Jahren den Rücken kehrte, um am Theater von Kopenhagen sein Glück zu suchen und zu finden.

BESICHTIGUNGEN

Andersenviertel
Hans Christian Andersen, der mit Märchen wie »Die Prinzessin auf der Erbse« und »Des Kaisers neue Kleider« so großartig die Aufgeblasenheit des Adels sezierte, ist selber im einstigen Viertel der kleinen Handwerker aufgewachsen. Es ist liebevoll restauriert worden. Andersens Elternhaus, in dem er 1807–09 lebte, steht in der *Munkemøllestræde (Nr. 3–5, geöffnet Juni–Aug. tgl. 10 bis 16 Uhr, sonst Di–So 11–15 Uhr, Eintritt 20 dkr).* Auch die Armenschule, die der später hochgebildete Dramatiker, Lyriker und Essayist, der er ja neben dem Märchenerzähler auch war, als Kind besuchte, steht noch an der Ecke *Nedergade/Paaskestræde.* Das Geburtshaus Andersens steht in der *Hans Jensens Stræde (Nr. 37–45).* Eine ständige Ausstellung informiert über Leben und Werk des Künstlers. *Juni bis Aug. tgl. 9–19 Uhr, sonst Di–So 10 bis 16 Uhr, Eintritt 30 dkr, Hans Jensens Stræde 37–45*

Brandts Klædefabrik
✱ ☺ Am Rande der Fußgängerzone findet man in einer alten Kleiderfabrik ein Kommunikationszentrum besonderer Art. Seit

1987 gibt es hier Galerien, Cafés, Museen (u. a. für das dänische Pressewesen, für Druckerei und für Fotokunst), Kino und Theatersaal unter einem Dach. *Juli/Aug. tgl., sonst Di–So 10–17 Uhr, Eintritt je 25 bzw. 30 dkr, für alle Museen 50 dkr, Brandts Passage*

MUSEEN

Carl-Nielsen-Museum

Das Museum schildert chronologisch Leben und Werk des dänischen Nationalkomponisten. *Nov.–März Do/Fr 16–20, Sa/So 12–16 Uhr, April, Mai, Sept. und Okt. Do–So 12–16, Juni–Aug. Di–Do 12–16 Uhr, Claus Bergs Gade 11*

Den Fynske Landsby

Freilichtmuseum mit etwa 20 ländlichen Gebäuden aus dem 18. und 19. Jh. Dazu gehören nicht nur Bauernhöfe, sondern auch Schmiede, Wind- und Wassermühle, Pfarrhof, Schule und Armenhaus. Im Dorf werden Ackerbau und Viehzucht nach alten Methoden betrieben, im Sommer arbeiten auch die Werkstätten. Schmuckstück ist der *Sortebro Kro.* Der Krug von 1807 stand früher an der Straße von Svendborg nach Nyborg. Im ehemaligen Stall des Kro ist ein *Restaurant* untergebracht *(Tel. 66 13 28 26, €€).* Alljährlich im Sommer finden auf der Freilichtbühne des Museums die *H. C. Andersen Festspillene* statt (Theaterstücke und Musicals nach Andersen-Märchen). *Museum: April, Mai, Sept. und Okt. Di–So 10–17 Uhr, Juni–Aug. tgl. 9.30–19 Uhr, Nov.–März So 11–15 Uhr, Sejerskovvej 20, Eintritt 35 dkr, Kinder 15 dkr*

DSB Jernbanemuseum

In einem ehemaligen Lokschuppen werden Lokomotiven und Wagons von 1847 bis heute ausgestellt. *Tgl. 10–16 Uhr, Eintritt 40 dkr, Dannebrogsgade 24*

Fyns Kunstmuseum

Zwischen Zentrum und Bahnhof liegt das Museum, in dem die Hauptrichtungen der dänischen Kunst vertreten sind und das einen reichen Fundus mit Werken der Fünen-Maler hat. So nannte sich eine Gruppe von Künstlern, die um die Wende zum 20. Jh. auf ihre dänische Weise den Übergang vom Im- zum Expressionismus mitmachte. *Di–So 10–16 Uhr, Eintritt 25 dkr, Jernbanegade 13*

RESTAURANTS

A Hereford Beefstouw

Ein Kettenrestaurant mit Klasse serviert Rindersteaks, die saftiger nicht sein können. *Tgl. außer So 11.30–22 Uhr, Vestergade 13, Tel. 66 12 02 22, €€*

Den gamle Kro

★ Eine der ältesten Gaststätten der Stadt. Mehrere kleine Räume und einen Innenhof, über dem bei schlechtem Wetter ein Schiebedach zugefahren werden kann. Dänische und internationale Spezialitäten. *Kein Ruhetag, Overgade 23, Tel. 66 12 14 33, €€€*

Mâlet

Für hungrige Urlauber, die die Reisekasse nicht zu sehr belasten wollen: Hier gibt es Schnitzel in über zehn Variationen für umgerechnet unter 10 Euro. *Tgl. 11 bis 22 Uhr, Jernbanegade 17, Tel. 66 17 82 41, €*

Under Lindetræet

Das beste, aber auch teuerste Restaurant der Stadt liegt gegenüber dem Andersen-Museum. *Tgl. außer So 11–23 Uhr, Ramsherred 2, Tel. 66 12 92 86,* €€€

In der Fußgängerzone und deren Seitenstraßen gibt es jede Menge Geschäfte und Galerien für modernes Kunsthandwerk. Außerdem findet man ein Kaufhaus der landesweit verbreiteten Kette *Magasin du Nord (Vestergade 20).*

Hotel Ansgar

Hier kommen Sie gut und recht preiswert unter. *44 Zi., Østre Stationsvej 32, Tel. 66 11 96 93, Fax 66 11 96 75,* €€

Odense Plaza Hotel

Komfortables, ruhig, aber zentral gelegenes Hotel in Bahnhofsnähe, das zur Best-Western-Kette gehört. *70 Zi., Østre Stationsvej 24, Tel. 66 11 77 45, Fax 66 14 41 45,* €€€

Radisson SAS/ H.C. Andersen Hotel

Dies ist vor allem ein modernes Tagungshotel. Das Odenser Spielkasino befindet sich gleichfalls im Haus. *145 Zi., Claus Bergs Gade 7, Tel. 66 14 78 00, Fax 66 14 78 90,* €€€

Golf

Der *Odense Golfklub* hat eine Golfanlage mit 18 und mit 9 Löchern *(Tel. 65 95 90 00).* Der Platz liegt südöstlich von Odense.

Casino Odense

Die modernste Spielbank Dänemarks lockt mit Roulette, Baccara, Black Jack und Slotmachines. *Im Hotel H. C. Andersen, tgl. 19–4 Uhr, Claus Bergs Gade 7, Tel. 66 14 78 10*

i-Büro

Rådhuset, Tel. 66 12 75 20, Fax 66 12 75 86, www.odenseturist.dk

Aarup (113/E 3)

Fun Park Fyn ist ein Vergnügungspark mit Badeland für die ganze Familie. *Mitte Mai–Ende Aug., Eintritt 75/95 dkr (im Eintrittspreis ist alles inbegriffen)*

Bogense (113/F 3)

Bogense (6000 Ew.) erhielt im späten 13. Jh. das Stadtrecht. Sehenswert in der nordwestlich von Odense gelegenen Stadt ist ihr gut erhaltener Kern rund um den Marktplatz. Südöstlich von Bogense zwischen Søndersø und Otterup findet man in *Glavendrup* eine so genannte Schiffssetzung aus der Wikingerzeit. Beeindruckend an der Kultstätte ist ein Runenstein mit der längsten Runeninschrift Dänemarks. Sie konnte entziffert werden. Am Beginn steht der Satz »Ragnhild setzte diesen Stein für Alle den Bleichen« und schließt mit einer Drohung für alle, die versuchen sollten, den Stein zu zerstören.

Egeskov (113/F 4–5)

Wer Angst vor Menschen hat, sollte die am besten erhaltene europäische Wasserburg der Renaissance in der Hochsaison meiden. Massen von Touristen bevölkern jene Teile des Schlosses, die zu besichtigen sind. Ein Besuch des Parks (in den warmen Sommermonaten vielleicht am frühen Morgen oder am späten Abend) lohnt sich. Schloss und Park liegen etwa 25 km von Odense bei *Kværndrup*. Der Park hat kunstvoll gestutzte Hecken und verwandelt sich zur Zeit der Fuchsienblüte in ein flammendes Blütenmeer. In den einstigen Stallgebäuden ist ein Auto- und Motorrad- Veteranen-Museum untergebracht. *Mai u. Sept. (und Herbstferien) 10–17 Uhr, Juni und Aug. Park 10–18, Schloss 10 bis 17 Uhr, Juli Park 10–20, Schloss 10–19 (Mi bis 23) Uhr, Eintritt 110 dkr für alles, Kinder 55 dkr*

Faaborg (113/F 5)

Die Hafen- und Fährstadt liegt 38 km südlich von Odense.

Nach einem Brand 1728 fast völlig zerstört, wurde sie zu einem Kleinod mit Fachwerkhäusern und Kopfsteinpflasterstraßen wieder aufgebaut. Dieses Bild hat man bis heute weitgehend erhalten. Auf dem Marktplatz steht der Brunnen *Ymerbrønden*, den Kai Nielsen, ein berühmter Bildhauer des Neoklassizismus, 1913 schuf. *Ymer* ist nach der nordischen Mythologie der Urvater aller Riesen. Die Skulptur zeigt ihn, wie er von der Urkuh Audumla geboren wird. Von weitem sichtbar ist das Wahrzeichen der Stadt, der spätmittelalterliche Glockenturm mit achteckigem Turmhelm (1778) der (im 16. Jh. abgerissenen) St. Nicolai Kirke; er dient heute der spätgotischen Helligåndskirke als Glockenturm. Sehenswert ist das *Faaborg Museum for Fynsk Malerkunst*, ein 1910 vom Fabrikanten Mads Rasmussen gestiftetes Kunstmuseum in einem wun-

Das Wasserschloss Egeskov ruht auf massiven Eichensäulen im See

derschönen neoklassizistischen Bau. Bedeutend ist die Sammlung von Werken der Fünen-Maler *(Juni–Aug. tgl. 10–17 Uhr, April und Mai, Sept. und Okt. tgl. 10–16 Uhr, Nov.–März tgl. außer Mo 11 bis 15 Uhr, Eintritt 30 dkr, Kinder frei, Grønnegade 15).* Im Nachbarort Millinge liegt *Falsled Kro (Assensvej 513, Tel. 62 68 11 11, Fax 62 68 11 62, €€€),* ein Hotel mit 19 Zimmern und ein viel gerühmtes Restaurant, das von Dänen aus dem ganzen Land gerne besucht wird.

Kerteminde   (114/A 1)

★ Dorthin, in den Nordosten von Odense, fährt man allein schon wegen des Essens. Im *Restaurant Rudolf Mathis Dosseringen 13, Tel. 65 32 32 33, €€€, Reservierung erforderlich)* kocht Puk Lyskjær Larsen, der einstige Leibkoch der dänischen Königin, seine Fischgerichte so vorzüglich, dass man alle schlechten Erfahrungen mit der dänischen Küche und ihren dicken Soßen sofort vergisst. Aber auch darüber hinaus lohnt wenigstens ein Ausflug zum wichtigsten Fischereihafen Fünens. Es gibt ein sehr idyllisches Zentrum mit Fachwerkhäusern. Und außerhalb des Ortes Richtung Großer Belt findet man die schönsten Strände bis heran an das vogel- und pflanzenreiche Naturschutzgebiet *Fyns Hoved,* durch das kilometerlange Spazierwege führen. Neueste Attraktion des Ortes ist das *Fjord- & Bæltcenter,* das die Unterwasserwelt der Ostsee vorstellt. Einer der vielen Ausstellungsbreiche des Zentrums ist den Ausgrabungen vergangener Siedlungsstätten gewidmet, die auf dem Meeres-

boden ihre Spuren hinterlassen haben. Ein 50 m langer Unterwassertunnel bietet die Möglichkeit, das authentische Tier- und Pflanzenleben des Beltmeeres kennen zu lernen. Zu den vielen Attraktionen des Zentrums gehört auch das 1,5 Tonnen schwere Skelett eines Pottwals. *Juli/Aug. tgl. 10–18, Sept.–Nov. und Feb.–Juni Mo–Fr 10–16, Sa/So 10–17 Uhr, Dez./Jan. geschlossen, Eintritt 60 dkr, Kinder 35 dkr, Margrethes Plads 1*

Ringe   (114/A 2)

🕴 Einmal im Jahr, genauer: Anfang Juli, verwandeln sich die idyllischen Wiesen und Felder rund um Ringe, auf halbem Weg zwischen Odense und Svendborg, in ein überdimensionales Jugendzeltlager: Parallel und durchaus in Konkurrenz zum berühmten Rockfestival von Roskilde bei Kopenhagen findet dann das *Midtfyns Festival* unter freiem Himmel statt. Rock und Pop satt. Die 50 000 Besucher kommen aus ganz Dänemark und dem benachbarten Ausland.

Svendborg   (114/A 3)

Die 45 km südlich von Odense gelegene Stadt bezeichnet sich gern selbst als Hauptstadt der »Dänischen Südsee«. Tatsächlich kann man von hier alle Orte im südlichen Inselbereich und alle Inseln südlich von Fünen gut erreichen. Aber die große Zeit als Handelshafen liegt längst hinter Svendborg. Heute überwiegt das Fährgeschäft. Mit dem *Lodskroen (Froense Strandvej 80, Tel. 62 22 50 44, außer in der Hochsaison Mi geschl., €€)* gibt es ein sehr empfehlenswertes Fischrestaurant, das gar nicht mal so teuer ist. Im Hafen liegt das *Restaurationsskib Oranje (Tel. 62 22 82 92, €€)*, ein abgetakeltes Frachtschiff aus Holland. An Deck und im Laderaum ist das Restaurant untergebracht. Das Essen wird am liebsten ein wenig alternativ zubereitet; die offenen Weine sind sehr gut. Als Hotels zu empfehlen sind *Hotel Svendborg (in der Stadtmitte, 87 Zi., Centrumspladsen 1, Tel. 62 21 17 00, Fax 62 21 90 12, €€€)* und *Tre Roser (70 Zi., Fåborgvej 90, Tel. 62 21 64 26, Fax 62 21 15 26, €€)* an der Landstraße nach Faaborg. Die Ferienanlage mit Swimmingpool liegt an einer ruhigen Stichstraße. Fünf Minuten entfernt liegt der schöne Platz des *Svendborg Golf Club* mit 18 Löchern ohne Handicapnachweis *(Tel. 62 22 40 77)*.

GRØNLAND

(O) Grønland ist noch ein wenig selbstständiger als die Færøer. Es wird von seinen ehemaligen Kolonialherren in Dänemark nur noch in außen- und verteidigungspolitischen Fragen vertreten. Dabei haben die Dänen auf der größten Insel der Welt, die überwiegend von ewigem Eis bedeckt ist, nicht wenig angestellt. So zerstörten sie Mitte der Fünfzigerjahre wesentliche Teile der Inuitkultur, als sie die Ureinwohner aus ihren Iglus in Wellblechhütten umsiedelten. Auf den 2,2 Mio. km², das ist mehr als sechsmal so groß wie Deutschland, verteilen sich ganze 55 000 Bewohner. Zum Vergleich: Das 43 094 km² große Haupt-Dänemark ohne die Inseln Grønland und die Færøer hat 5,2 Mio. Einwohner. Die Orte auf Grønland haben meist zwei, nämlich den einheimischen und den dänischen Namen. Aus Aasiaat wird dänisch beispielsweise Egedesminde, aus Sisimiut Holsteinsborg und aus Qaanaaq das bekannte Thule. Dort findet man auch das preiswerteste Hotel: *Qaanaaq (5 Zi., Tel. 299-97 12 34, Fax 97 10 64, €)*. Das teuerste Haus der Insel ist das *Hotel Hans Egede* in *Nuuk* (dänisch: *Godthåb*), das Doppelzimmerpreise von 1400 bis 1700 dkr nimmt *(108 Zi., Aqqusinersuaq 1–5, Tel. 299-242 22, Fax 32 44 87, €€€)*. Für die Buchung von Grønlandreisen von Dänemark aus gibt es zwei Adressen: *Arctic Adventure ApS, Reventlowsgade 30, st.tv., DK-1651 Kopenhagen V., Tel. 33 25 32 21, www.arctic-adventure. dk,* und *Grønlands Rejsebureau, Gl. Mønt 12, DK-1117 Kopenhagen K., Tel. 33 13 10 11, www.greenlandguide.dk.* Man kann aber auch über Reisebüros in Deutschland buchen. In den Neunzigerjahren waren Grønlandreisen gefragter denn je: Peter Høegs Bestseller-Roman »Fräulein Smillas Gespür für Schnee« und dessen Verfilmung haben einen regelrechten Boom ausgelöst, auf den sich vor allem Kreuzfahrtunternehmen eingestellt haben.

LÆSØ

(107/D 3–4) Die 114 km² große Insel **Læsø** (2500 Bew.) im nordwestlichen Kattegat, einst Zentrum der Salzgewinnung, erreicht man in anderthalb Stunden von Frederikshavn in Jütland aus. Fünfmal in der Woche kommt auch ein Lufttaxi aus Roskilde. Durch Absinken des Meeresspiegels kam die Insel erst vor nicht mehr als 5000 Jahren aus dem Wasser. Teile im Süden werden bei Flut immer wieder von Wasser überspült. Das gibt dann Sandbänke für Badefreuden. Allerdings sind gerade in diesem Bereich weite Teile von Mai bis Mitte Juli für Menschen gesperrt, weil viele Watt- und Seevögel hier Rast machen oder sogar brüten. Die höchsten Stellen gibt es bei *Højsande*. Dort gibt es Dünen, die bis zu 24 m aufragen. Auch hier ist ein Naturschutzgebiet ausgewiesen, Wanderwege sind aber ausgezeichnet. An der West- und Nordküste gibt es flache, zum Baden ideale Sandstände. Der beliebteste Strand allerdings ist die westlich vorgelagerte, in die Länge gezogene Düneninsel *Knotten*. Man kann sie durch eine Furt zu Fuß erreichen, je nach Gezeitenstand entweder knöcheltief oder hüfthoch im Wasser. In *Byrum* gibt es das schöne Heimatmuseum *Museumsgården, Museumsvej 3 (Ostern bis Mitte Okt. 12–16 Uhr, Mitte Juni–Aug. 10 bis 17 Uhr, Eintritt 20 dkr)*. Es ist in einem fast 300 Jahre alten Bauernhof untergebracht, den es so nur auf *Læsø* gibt. Er ist mit Seetang bedeckt. Die charakteristischen, tanggedeckten Häuschen, die fast ganz unter ihrer Mütze aus Seegras verschwinden, haben die Insel berühmt gemacht. Als den Insulanern nach mehreren Flugsandkatastrophen das Reet zum Decken ihrer Häuser ausging, trockneten sie den Seetang, den das Meer nach Fluten ja in Hülle und Fülle freigab, um ihn als Dachdeckmaterial zu benutzen.

Das beste Fortbewegungsmittel auf der kleinen Insel ist das Fahrrad. An vielen Stellen kann man eines mieten. Es gibt zwei Campingplätze, eine Jugendherberge und mehrere kleine Hotels in *Byrum* und *Vesterø Havn*, zum Beispiel das *Carlsens Hotel (11 Zi., Havnebakken 8, Tel. 98 49 90 13, €). Auskunft: i-Büro Vesterø, Havnegade 17, Tel. 98 49 92 42, Fax 98 49 92 83*

LANGELAND

RUDKØBING

(114/A–B 3–5) Die südöstlich direkt vor der Küste Fünens liegende Insel (15 000 Bew.) ist lang gestreckt. 57 Kilometer hat man von Hov an der Nordspitze bis Dovnsklint im Süden gemessen, bei einer maximalen Breite von nicht einmal zehn Kilometern. Der Hauptort der Insel, *Rudkøbing,* liegt etwa auf halber Höhe, dort, wo die Brücke Langeland und Fünen miteinander verbindet, der kleinen Insel einen Zuwachs an Fremdenverkehr gebracht hat. Rudkøbing hat seit 1287 Stadtrechte.

BESICHTIGUNGEN

Altstadt
An den verwinkelten Straßen der Altstadt steht so mancher stolze Kaufmannshof. Ein Rundgang durch Brogade, über Gåsatorvet und Kirkepladsen, durch Smedegade, Vinkældergade, Ramsherred, Gammel Sømandsgade, Strandgade, Sidsel Bagergade und Østergade zeigt zahlreiche gut erhaltene Fachwerkhäuser.

Kirke
Die ältesten Teile des Kirchenschiffes stammen aus spätromanischer Zeit. Sie entstanden um das Jahr 1100.

MUSEEN

Det gamle Apotek

In der alten Apotheke, die noch aus dem 18. Jh. stammt, ist mit allem ein Inventar, mit allerlei Drachenblut und Pestwurz ein Apothekenmuseum eingerichtet. *15. Juni–31. Aug. Mo–Fr 11 bis 16 Uhr, Eintritt 15 dkr, Kinder 5 dkr, Brogade 15*

Langelands Museum

Das Museum für Vor- und Frühgeschichte beherbergt eine der bedeutendsten archäologischen Sammlungen des Landes mit beachtlichen Funden aus steinzeitlichen Siedlungen und Wikingerzeit. *Ganzjährig Mo–Do 10–16 Uhr, Fr 10–13 Uhr, Eintritt 20 dkr, Kinder 10 dkr, Jens Winthersvej 12.* Zu den Außenabteilungen des Museums gehören die alte Apotheke, der Herrensitz Skovsgaard, die Mühle von Schloss Tranekær und Langelandsfort in der Umgebung.

HOTEL

Det Gamle Hotel Rudkøbing

Ein traditionsreiches Hotel direkt am Hafen. *6 Zi., Havnegade 2, Tel. 62 51 36 18, kein Fax, €€*

AUSKUNFT

i-Büro

Torvet 5, Tel. 62 51 35 05, Fax 62 51 43 35, www.teamlangeland. com

ZIELE IN DER UMGEBUNG

Humble   (114/A 4)

Allein auf der Insel Langeland haben Archäologen dreißig prähistorische Stätten freigelegt, von denen eine südlich von Rudkøbing bei Humble besonders eindrucksvoll ist. Am Nordrand des Dorfes liegt das ★ *Kong Humbles Grav*, ein *Langdolmengrab* mit den Ausmaßen 55 mal 9 m. Es ist das bekannteste Vorzeitgrab der Gegend; derzeit ist allerdings kein Zutritt möglich.

Lindelse   (114/A 4)

Langeland ist auch bekannt als Mühleninsel. Neben den vielen Hightechmühlen unserer Tage, die Strom erzeugen, gibt es noch zehn echte Windmühlen aus dem 19. Jh. Eine schöne ist die *Lindelse Mølle.* Im Ort selber gibt es den *Lindelse Kro (Langegade 21, Tel. 62 57 24 03, auch 9 Zi., Fax 62 57 25 88, €€)*, wo es abends ab 18 Uhr ein sehr reichhaltiges skandinavisches kaltwarmes Büffet gibt. Bei Lindelse liegt der ökologische Herrensitz Skovsgaard mit einem Pferdewagen- und einem Forstwirtschaftsmuseum. Öffnungszeiten beider Museen: *Mitte Mai–Sept. Mo–Fr 10–17, So 13–17 Uhr, Eintritt 30 dkr, Kinder frei, Kågårdsvej 12*

Tranekær   (114/A 4)

Tranekær ist ein hübsches Örtchen nordöstlich von Rudkøbing mit einer alten Dorfschule und der mittelalterlichen Grabkirche der Adelsfamilie Ahlefeldt. Die Geschichte von Tranekær Slot geht auf eine Königsburg im frühen Mittelalter zurück. Doch das zweiflügelige, rote Backsteinschloss hat sein heutiges Aussehen in der Mitte des 19. Jhs. erhalten. Das Schloss ist noch bewohnt und kann nicht besichtigt werden, wohl aber das Schlossmuseum, das dem Schloss direkt gegenüberliegt. Es dokumentiert die lange Geschichte des Schlosses und seiner Bewohner, auch Möbel und anderes Inventar sind ausgestellt *(Mitte Mai–Aug. Mo bis Fr 12–17, So 13–17 Uhr, Eintritt 20 dkr, Kinder frei)*. Nördlich vom Ort liegt die Schlossmühle, eine alte Kornmühle, in der ein Mühlenmuseum eingerichtet ist *(Mitte Mai–Sept. Mo–Fr 10–17, So 13–17 Uhr, Eintritt 20 dkr, Kinder frei)*.

LOLLAND

(114–115/B–D 4–5) Die ziemlich große Insel (72 000 Bewohner) an der Vogelfluglinie über die Ostseeinsel Fehmarn ist vor allen Dingen wegen des Fährhafens *Rødby Havn* bekannt. Aber nur zum Durchfahren – Lolland liegt auf dem Weg Puttgarden–Rødby–Seeland/Kopenhagen – ist die Insel viel zu schade. Es lohnen sich mehrere Zwischenstopps oder Abstecher. Da gibt es beispielsweise im nur ein paar Kilometer vom Fährhafen entfernt gelegenen Ort *Rødby* das besuchenswerte tropische Badeland *Lalandia (tgl. 10–20 Uhr, Eintritt je nach Saison und Wochentag 70–100 dkr, Kinder von 3–11 Jahren 35–50 dkr)*, mit 6000 m² das größte des Landes. Es bietet auch Ferienhäuser, Animation und einen schönen Strand. Surfer finden an Lollands Südrand gute Reviere bei *Nysted, Kramnitse* und in der geschützten Bucht von *Langø*. Im Süden liegen auch die schönsten Strände, vor allem am südlichsten Zipfel der Insel, *Hyllekrog*. Bei Nysted steht Schloss Aalholm, dessen Ursprünge auf das 10. Jh. zurückgehen und das 1889 sein heutiges Aussehen erhielt. Leider kann es derzeit nicht – wie früher

– besichtigt werden. Der Schlosspark ist zugänglich. In ihm liegt eines der schönsten und bedeutendsten Automobilmuseen Europas. Die Exponate sind bemerkenswert gepflegt – und allesamt noch fahrtüchtig *(Aalholm Automobil Museum, April, Mai, Sept. und Okt. Di, Sa, So 11–14 Uhr, Juni–Aug. tgl. 10–17.30 Uhr, Eintritt 60 dkr, Kinder 40 dkr)*. Bei *Bandholm* im Norden kann man mit dem Auto durch den Knuthenborg Park fahren, eine eigentümliche Mischung aus weitläufigem Parkgelände und botanischem Garten, Safaripark mit Nashörnern, Zebras, Giraffen, Tigern, Affen und exotischen Vögeln, sowie dem Vergnügungspark Småland *(Ende April bis Mitte Oktober tgl. 9–17 Uhr, Eintritt 76 dkr, Kinder 38 dkr)*.

MØN

(115/E–F 4) ★ Wegen ihrer malerischen Kreidefelsen ist die kleine Insel (11 500 Bew.) zwischen Falster und Seeland ein beliebtes Ziel – auch für Tagesausflüge von Kopenhagen aus. Vom Hauptort *Stege* aus folgt man der Straße Nr. 287 in östlicher Richtung. Es gibt Schilder mit dem Hinweis *Møns Klint*. Die Kreide der Felsformationen ist rund 75 Mio. Jahre alt. Das Meer formte die Klippen allerdings erst in den letzten etwa 5000 Jahren. Die Felsen sind voller Versteinerungen von Tieren aus Urzeiten. Auch der Buchenwald mit drei sehr schönen Seen hinter den bis zu 128 m aufragenden Klippen, die sich auf einer Länge von 8 km erstrecken, ist sehenswert. Vom Klippenrand führen Holztreppen zum Strand hinunter, wo Fossilienliebhaber versteinerte Muscheln und Schnecken zuhauf finden können. Im Hinterland der Klippen liegt östlich von Borre das kleine, strohgedeckte Lustschloss Liselund, 1792 von einem französischen Kammerherrn für seine Gemahlin Lise errichtet. Auf der Insel gibt es einen Bus-Pendelverkehr. Im Süden der Insel bei *Klintholm Havn* findet man ein gutes Segelrevier. Bei *Keldby* am Wege von Stege an die Klippen lädt der *Præstekilde Kro & Hotel (46 Zi., Klintevej 116, Tel. 55 86 87 88, Fax 55 81 36 34, €€)* zu einem geruhsamen Aufenthalt mitten in herrlicher Natur. Ein Badestrand ist in wenigen Minuten mit dem Auto zu erreichen. Äußerst sehenswert ist die Kirche von *Fanefjord* im Südwesten der Insel, die im späten 15. Jh. vom (unbekannten) so genannten Elmelunde-Meister reich und phantasievoll mit Fresken ausgestattet worden ist. *Auskunft: i-Büro in Stege, Storegade 2, Tel. 55 81 44 11*

SAMSØ

(110/A 4–5) ✿ Die Insel Samsø (4400 Bewohner) ist bei Århus dem dänischen Festland vorgelagert. Viele Großstadtbewohner verbringen hier ihre Ferien. Es gibt Heidelandschaften, Buchenwälder und weniger Strände als auf den anderen Inseln. Bekannt ist Samsø für sein mildes Klima, dem Dänemark in jedem Jahr die ersten Kartoffeln verdankt. *Auskunft: i-Büro, Langgade 32, Tranebjerg, Tel. 86 59 14 00*. Zwischen Samsø und dem Festland liegt die kleine, zauberhafte Insel *Tunø*. Das Eiland steht unter Naturschutz, Autofahren ist verboten. Angebunden ist Tunø durch eine Personenfähre, die zwei- bis dreimal täglich vom Festlandsstädtchen Hov kommt. Sie fährt eine gute Stunde. Im Fährhafen von Tunø kann man Fahrräder für die Inselrundfahrt leihen. Der um 1800 in einen alten Kirchturm eingebaute Leuchtturm an der Ostküste ist besonders sehenswert.

TÅSINGE

(114/A 3–4) Die Transitinsel zwischen Fünen und Langeland ist vor allem für *Valdemars Slot* bekannt: das spätbarocke Schloss, das König Christian IV. 1639–44 für seinen Sohn Valdemar Christian erbauen ließ. 35 Jahre später erwarb Admiral Niels Juel Schloss und Anwesen, das er mit Beutegeld aus der Schlacht von Køge bezahlte. Seitdem ist das größte Privatschloss des Landes im Besitz derselben Familie. Das Schloss ist reich ausgestattet und kann mitsamt historischer Schiffe und Schiffsmodelle besichtigt werden *(Mai–Sept. tgl. 10–17 Uhr, Eintritt 55 dkr, Kinder 30 dkr, Troense, Tel. 62 22 61 06)*. Am letzten Wochenende im August veranstaltet der Hausherr jedes Jahr eine große Jagdgesellschaft, an der auch die dänische Königin mit ihrem Mann teilnimmt, dann ist das Schloss von Freitag bis Sonntag geschlossen. In einem Nebengebäude ist die kleine Pension *Valdemars Slot* untergebracht *(Tel. 62 22 59 99, Fax 62 22 69 10, €€)*. Im Kellergeschoss des Schlosses liegt das exklusive Restaurant *Den grå Danne* mit dänisch-französischer Küche der Spitzenklasse *(Tel. 62 22 59 00, €€€)*.

Das Festland des Insel-Königreichs

Zwischen der Grenze zu Deutschland im Süden und dem Skagerrak im Norden prägt ein raues, aber schönes Land die Menschen

Farbig ist Jütland. Die warmen Farben, mit denen die Jütländer wie alle Dänen ihre Häuser und Anwesen schmücken, strahlen hier durch das intensive Licht besonders. Überraschend vielfältig ist die Landschaft der 30 000 km² großen Halbinsel, die im Süden an Deutschland angrenzt: weite Felder und Marschgebiete im Süden, endlos lange Strände und Dünengürtel an der rauen Westküste hinauf bis zum Nordzipfel, an dessen Spitze sich Nord- und Ostsee treffen, kleinere Buchten – unterbrochen von Wiesen und Wäldern, Hügeln und Tälern – an der lieblicheren Ostküste, Heide- und Moorgebiete im Binnenland und der 180 km lange Limfjord, der die Halbinsel im Norden durchtrennt. Mit zwei Millionen Bewohnern ist Jütland, abgesehen von wenigen Ballungsgebieten, wesentlich schwächer besiedelt als andere Landesteile.

Kleine Häfen wirken oft romantisch und verträumt – die harte Arbeit der Fischer bleibt dem Touristen meist verborgen

(**I06/A–B 4**) Nach Kopenhagen, Århus und Odense ist Aalborg mit 160 000 Einwohnern die viertgrößte Stadt Dänemarks; nach seinem Kneipenangebot (neben Kopenhagen vielleicht noch) die unternehmungslustigste. Klar, wird mancher sagen! Denn aus Aalborg kommen zwei der besten Aquavit-Schnäpse der Welt: der einfache weiße Aalborger in der grünen Flasche mit dem rot-weißen Etikett und der feinere Jubiläums-Aquavit (unter Kennern kurz: Jubi) in der hellen Flasche, weil seine goldgelbe Farbe zur Geltung kommen soll. Doch die beiden dort hergestellten Kümmelschnäpse sind nicht einmal der Hauptgrund für einen Besuch in einem der gastlichen Wirtshäuser.

Aalborg, eine der ältesten Städte Dänemarks, hat nämlich eine lange Tradition als Handels- und Kaufmannsstadt. Schon um die Mitte des 11. Jhs., die Wikinger waren noch im Lande, befand sich an dieser günstigen Stelle ein Umschlagplatz für Waren aller Art. Die Stelle ist so günstig, weil an ihr der Limfjord, der Dänemarks Norden von der West- zur Ostküste durchschneidet, nur gute 500 m breit ist und so leichter überwunden werden konnte als an anderen Furten. Seit dem späten 19. Jh. entwickelte sich die Kommune dann zu der wichtigen Industriestadt, die sie heute ist: mit ihrem Aquavit natürlich, aber auch mit ihren Webereien, mit Zementfabriken und Zigarrendrehereien. Das Hoch im Norden bestimmt den ganzen nördlichen Zipfel Dänemarks bis hinauf zum Zusammenfluss von Nord- und Ostsee am Skagerrak.

Aalborg Kongres & Kultur Center

Das größte Kongresszentrum Skandinaviens, 1949–53 erbaut – ein gewaltiges Konzert- und Kulturzentrum mit Theatern, Restaurants und einer Kegelbahn. *Europaplads*

Aalborghus

Im einzig erhaltenen Lehnsherrenschloss Dänemarks können die Kerker im Nordflügel und die Salzkammern in der Westmauer besichtigt werden. Besichtigung von Schlosspark und Schlosshof *tgl. 8–21 Uhr. Von*

MARCO POLO TIPPS FÜR JÜTLAND

1 Jammerbugten
Am schönsten Strand des Landes kann man Strandfischern bei der Arbeit zusehen (Seite 60)

2 Legoland
In Billund werden auch die Großen wieder zu Kleinen, die einfach nur spielen wollen (Seite 69)

3 Den gamle By
Das Museumsdorf liegt mitten in der Stadt Århus (Seite 61)

4 Mols Bjerge
Im Djursland liegt, das schwören die Dänen, der schönste Fleck des Landes (Seite 65)

5 Himmelbjerg
Von hoher Warte kann man über das dänische Seenland schauen (Seite 66)

6 Skagen
Dänemarks St-Tropez hat auch verschwiegene Ecken (Seite 60)

7 Sønderho Kro
Unter den Kros, in denen man Ferien machen kann, ist dieser auf Fanø der feinste (Seite 67)

8 Den geografiske Have
Der geografische Garten von Kolding lässt alle schönen Blumen dieser Welt erblühen (Seite 68)

9 Limfjord
Auf dem Wasser kann man durch eine wunderbare Landschaft gleiten (Seite 69)

10 Altstadt Ribe
Hier hat das Mittelalter wirklich noch überlebt (Seite 71)

Mai–Okt. können Verlies (tgl. 8–15) und unterirdische Gänge (tgl. 8–21 Uhr) betreten werden. Slotspladsen

Aalborgtårnet

Von dem 55 m hohen Turm hat man eine herrliche Aussicht über Stadt und Land. *April/Mai, Mitte Aug.–Sept. sowie Herbstferien tgl. 11–17 Uhr, Juni–Mitte Aug. tgl. 10–19 Uhr, Eintritt 20 dkr, Kinder 10 dkr, Sdr. Skovvej*

Gug Kirke

Endlich lohnt auch mal ein Blick in eine moderne Kirche aus dem Jahre 1972. *Byplanvej*

Helligåndsklostret

In dem Kloster aus dem Jahr 1431, das die Auseinandersetzungen während der Reformation überstand, findet man heute Sozial- und Altenwohnungen. Es ist die älteste soziale Einrichtung Dänemarks. *Führungen durch die gut erhaltene Anlage (u. a. Kalkmalereien um 1500): letzte Juniwoche–Mitte Aug. Mo–Fr 13.30 Uhr (Mo, Mi und Fr dänisch/deutsch, Di und Do dänisch/englisch), Eintritt 22 dkr, Kinder 10 dkr, C. W. Obels Plads*

Jens Bangs Stenhus

Das Patrizierhaus, eines der prächtigsten seiner Art aus der Renaissance Nordeuropas kann man auch als »Denkmal« dänischen Freiheitsdranges ansehen. Auf dem Dachfirst des Hauses, das der reiche Kaufmann Jens Bang 1624 errichten ließ, hat sich der Bauherr selbst verewigen lassen – mit Blick auf das Rathaus und ausgestreckter Zunge. Der Grund: Die Honoratioren der Stadt hatten verhindert, dass der Selfmademan in den Rat der Stadt gewählt wurde. *Østerågade 9*

MUSEEN

Aalborg Historiske Museum

Das Geschichtsmuseum gibt einen sehr guten Überblick über die historische Entwicklung Dänemarks. *Tgl. außer Mo 10–17 Uhr, Eintritt 10 dkr, Kinder 5 dkr, Algade 48*

Aalborg Marinemuseum

Mehrere Ausstellungen drinnen und im Freien erzählen vom Leben auf See, im Aalborger Hafen und der Werft. Zwei U-Boote können besichtigt werden. *Mai bis Aug. tgl. 10–18, Sept.–April tgl. 10–16 Uhr, Eintritt 50 dkr, Kinder 25 dkr, Vestre Fjordvej 81*

Nordjyllands Kunstmuseum

Das berühmte finnische Architektenpaar Elissa und Alvar Aalto entwarf das Kunstmuseum, fertig gestellt wurde es 1972. Der Bau aus Beton, Ziegel und Carrara-Marmor passt ästhetisch sehr gut in die Umgebung. Gezeigt wird moderne Kunst hauptsächlich dänischer Maler. *Tgl. (Sept.–Juni außer Mo) 10–17 Uhr, Eintritt 30 dkr, Kinder frei, Kong Christians Allé 50*

RESTAURANTS

Duus Vinkjælder

Rustikaler Weinkeller in Jens Bangs Stenhus. *Østerågade 9, Tel. 98 12 50 56, €–€€*

Penny Lane

Unter dem Titel eines besonders erfolgreichen Beatles-Songs verbirgt sich ein Fischrestaurant allererster Güte. Beachtenswert sind auch die gepflegten französischen Weine. *Sankelmarksgade 9, Tel. 98 12 05 80, €€*

Mit Dänen auf Du und Du

Ähnlich wie im Englischen ist im Dänischen die meistgebrauchte Anrede »du«. Allerdings ist es nur Sprachgebrauch. Die Dänen bewahren trotzdem Distanz zwischen sich und ihrem Gegenüber. Deshalb braucht sich auch keiner über das Du aufzuregen. Die förmlichere Anrede mit De, die weit weniger benutzt wird als das deutschsprachige Sie, sollten jüngere Menschen gegenüber älteren Menschen anwenden, die sie nicht kennen.

Provence

Dänisch-französisches Restaurant im Art-nouveau-Stil, wechselnde Kunstwerke, Spezialität Austern und Hummer, gutes Angebot an Weinen. *Ved Stranden 11, Tel. 98 13 51 33, €€–€€€*

EINKAUFEN

Antikhuset

Antiquitäten aus ganz Dänemark findet man hier auf drei Etagen. *Kattesundet 15*

Lange Kundhåndværk

Verschiedene Kunsthandwerker produzieren in einem schönen Innenhof ihre Waren vor den Augen der potenziellen Kunden. *Hjelmerstad 15*

ÜBERNACHTUNG

Danhostel Aalborg Vandrerhjem (Jugendherberge)

Reservierung (bis 17 Uhr am Ankunftstag möglich) ist unbedingt erforderlich. *Skydebanevej 50, Tel. 98 11 60 44, €*

Radisson SAS Limfjord

In diesem Hotel der Sonderklasse befinden sich außerdem auch das Spielkasino der Stadt und ein gutes Restaurant. *180 Zi., Ved Stranden 14–16, Tel. 98 16 43 33, Fax 98 16 17 47, €€€*

Prinsen Hotel

Zentral, ganz in der Nähe des Bahnhofs. *40 Zi., Prinsensgade 14 bis 16, Tel. 98 13 37 33, Fax 98 16 52 82, €€–€€€*

SPORT UND SPIEL

Aalborg Zoo

Im größten Tierpark nach dem Kopenhagener sind 800 Tiere zu sehen. *Ganzjährig 10–14, von Mai–Sept. 9–18 Uhr, Eintritt 70 dkr, Kinder 35 dkr, im Winter Einheitspreis 35 dkr, Mølleparkvej 63*

Golf

Der Ålborg Golfklub liegt am Stadtrand, der Platz hat 18 Löcher. *Tel. 98 34 14 76*

Tivoliland

Nordjütlands größter Vergnügungspark lockt mit einem Rummelplatz, aber auch mit ruhigeren Gartenanlagen. *April bis Anfang Sept., Eintritt 40 dkr, Kinder 20 dkr, Karolinelundsvej*

AM ABEND

Jomfru Ane Gade

In dieser Gasse stehen Kneipen und Gasthäuser dicht an dicht. Wer hier keinen Anschluss findet, ist selber schuld. Adresse für Nachtschwärmer: *Gaslight*, eine lustige Diskothek in einem alten Fachwerkhaus. *Fr/Sa ab 23 Uhr, Jomfru Ane Gade 23*

i-Büro
Østerågade 8, Tel. 98 12 60 22, Fax 98 16 69 22, www.aalborg-tourist.dk

Brønderslev   **(106/B 3)**
Der nördlich von Aalborg gelegene Ort ist wegen seines südwestlich zu findenden großen Moorgebietes *Store Vildmose* einen Besuch wert. Das Moor ist allerdings durch Kultivierung zusammengeschrumpft. Der Rest steht unter Naturschutz. Mitten im Moorgebiet findet man den netten *Luneborg Kro (an der Straße 559 von Tylstrup nach Blokhus, Tel. 98 26 51 00, €€).* *Auskunft: i-Büro Vestergade 20, Tel. 98 80 17 88, Fax 98 80 13 44*

Frederikshavn   **(106/C 3)**
Einer der sehr bedeutenden Häfen Dänemarks hat Historie und Flair (35 000 Ew.). An die Zeit vor der Umbenennung des Fischerdorfes Fladstrand 1818 zu Ehren von König Frederik VI. erinnert das alte Viertel um *Gammel Torv* und *Fiskergade* nördlich des Zentrums, das mit seiner Einkaufsstraße gleich neben dem neuen Hafen beginnt, von dem Fähren nach Schweden und Norwegen fahren. Im Zentrum der Stadt gibt es etliche gute Hotels. In Frederikshavn wurde vor mehr als 300 Jahren ein Mann geboren, dessen Bild noch heute fast jedes Kind in Dänemark kennt: Peter Wessel (1690–1720) erlangte als Kaperkapitän *Peter Tordenskjold* für Dänemark im Großen Nordischen Krieg Berühmtheit – und schmückt fast jede dänische Streichholzschachtel. *Auskunft: i-Büro, Skandiatorvet 1, Tel. 98 42 32 66, Fax 98 42 12 99*

Hirtshals   **(106/B 2)**
In den Fähr- und Fischereihafen lockt vor allem das *Nordsømuseet,* Europas größtes Aquarium. Es informiert anschaulich über Fauna und Flora der Nordsee. *Juni–Aug. tgl. 10–22 Uhr, Sept.–Mai tgl. 10–17 Uhr, Eintritt 90 dkr, Kinder 45 dkr, Willemoesvej 1, Tel. 98 94 44 44*

Der Strand von Løkken in der rauen Jammerbucht

Jammerbugten (106/A–B 2–3)

★ ☯ Die so genannte Jammer-bucht an der Nordseeküste er-streckt sich über 80 km. Es gibt die herrlichsten Möglichkeiten für Schwimmer und Surfer. Die Strände sind breit, der Sand weiß. Und nur die Fischer stöhnen – weil es nirgendwo einen Hafen gibt. Die Männer, die auf Fisch-fang gehen wollen, müssen des-halb ihre Boote per Muskelkraft in das Wasser und wieder heraus ziehen. Für den allerdings, der nicht anpacken muss, ist es ein schönes Spektakel. Der bekann-teste Landeplatz für die Strand-fischerei ist *Løkken*.

Lindholm Høje (106/A 4)

Mit seinem Gräberfeld (700 Grä-ber mit Steinsetzung) und einer Siedlung aus jüngerer Eisen- und Wikingerzeit gehört Lindholm Høje zu den wichtigsten vorge-schichtlichen Stätten des Landes. Im Museum wird demonstriert, wie die Menschen hier früher lebten. Das Gelände ist während der Tagesstunden geöffnet. *Mu-seum: April–Mitte Okt. 10–17, Mitte Okt.–März nur Di 10–16 Uhr, Eintritt 20 dkr, Kinder 10 dkr, Nørresundby, Vendilavej 11*

Skagen (106/C 1)

★ Aus der einstigen Künstlerko-lonie im nördlichsten dänischen Eck ist inzwischen eine quirlige Ferienwelt geworden: Skagen – so heißt die Stadt, so ist aber auch der Name der Halbinsel (13 000 Ew.). Sie ragt spitz in den Ska-gerrak hinein. Dort an der Spitze, die die Dänen *Grenen* nennen, schwappen die Wasser von Nord- und Ostsee zusammen. Ein beliebtes Fotomotiv, auch wenn man meistens außer ein

paar kabbeligen Wellen, die an-einander stoßen, kaum etwas von der Zusammenführung der bei-den Meere erkennen kann. Ein sehenswertes Spektakel ist die Fischversteigerung in der Aukti-onshalle der Stadt *(Auktionsvej, tgl. 6.30 Uhr, bei starkem Fang noch ein-mal um 10 Uhr)*. Den besten Fisch kann man übrigens im *Bodilles Kro (Østre Strandvej 11, Tel. 98 44 33 00, €€–€€€)* speisen. So frisch bekommt man ihn sel-ten. An die Künstler, die Ende des 19. Jhs. hier lebten und arbeite-ten, erinnern gleich mehrere Museen. Das bedeutendste ist Skagens Museum, noch zu Lebzei-ten der berühmten Skagen-Ma-ler eröffnet *(Nov.–März Mi–Fr 13–16 Uhr, Sa 11–16 Uhr, So 11–15 Uhr, April und Okt. Di–So 11–16 Uhr, Mai–Sept. tgl. 10–17 (Juni bis Aug. 10–18) Uhr, Eintritt 40 dkr, Kinder frei, Brøndumsvej 4)*.

Eine neue Attraktion ist seit Sommer 2000 das *Skagen Odde Naturcenter, Juni–Aug. tgl. 10–22, Sept.–Mai tgl. 10–17 Uhr, Eintritt 65 dkr, Kinder 30 dkr, Batterivej 51,* das etwas nördlich der Stadtmitte liegt. Das Erlebnismuseum erklärt »sinnenreich« wichtige geologi-sche, meteorologische u. a. Fakten rund um Dänemarks Nordspitze.

In dem zur Stadt gehörenden Nachbarort *Gammel-Skagen,* der einst ein zauberhaftes Fischer-dorf war, haben sich die Schicken und die Reichen breit gemacht. *Auskunft: i-Büro, Sct. Laurentiivej 22, Tel. 98 44 13 77, Fax 98 45 02 94*

ÅRHUS

(109/F 5–6) Die Stadt an der nach ihr benannten Århus Bugt im Osten Jütlands pocht auf Eigenständig-keit, obwohl auch sie selbstver-

ständlich (aber nur zähneknir-
schend) zugeben muss, dass sie
zum Königreich Dänemark gehört. Bester Beweis: Die Königin
residiert regelmäßig in Århus.
Trotzdem: Man will sich als
zweitgrößte Stadt des Landes
(280 000 Ew.) auf keinen Fall von
Kopenhagen unterbuttern lassen. Diesen Stolz lässt
man sich ganz besonders im
kulturellen Bereich einiges kosten: Århus hat eine eigene
Oper, ein eigenes Symphonie-
Orchester, ein Konservatorium,
eine Kunstakademie und die
zweitgrößte Universität im
Lande – wer könnte da schon
mithalten? Manchmal nicht einmal Kopenhagen! Seine Bürger
rächen sich auf typisch groß-
städtische Weise: Sie mokieren
sich über die breite (ach so ländliche) Aussprache der Landsleute
in Århus. Das tun die Bürger von
Århus mit einem Schulter-
zucken ab – und verweisen auf
ihre in dieser Hinsicht wirklich
über alle Zweifel erhabene,
schöne Stadt.

BESICHTIGUNGEN

Århus Universitet

Augenfällig an Dänemarks
zweiter Universität (Gründungs-
jahr: 1928) sind das markante
Hauptgebäude mit der Aula und
der so genannte »Bücherturm«,
ein 17 Stockwerke hohes Maga-
zin, in dem die Dänische Staatsbibliothek untergebracht ist.
*Universitetsparken, Eingang: Nørre-
brogade und Langelandsgade*

Den gamle By

Das ist einmalig: ein Freilichtmuseum mitten in der Stadt. In

Den gamle By: ein lebendiges Freilichtmuseum mitten in Århus

einem Tal des Stadtparks hat man 75 Originalhäuser aus über 400 Jahren dänischer Geschichte wieder aufgebaut. Das Theater kommt aus Helsingør (1817), eine Schule aus Kerteminde (1740), der Bürgermeisterhof aus Lilletorv (1597), der Kaufmannshof (ein Stapelhaus von 1585) und das *Povl Pops Hus* (das Bürgermeisterhaus von 1571), in dem das Inventar der Kopenhagener *Christianshavn Apotheke* aus dem 18. Jh. zu sehen ist, aus Aalborg. Außerdem gibt es eine Seilerei, zwei Mühlen, eine Tabakmanufaktur und eine Brauerei.

Derzeit wird der von 1683 stammende *Møntmestergarden* (Münzmeisterhof), das letzte noch vorhandene Fachwerkhaus Kopenhagens, wieder errichtet. Auf den Spuren der alten Dänen wird man so schnell nicht müde – und man glaubt sich mehr als einmal tatsächlich in einem historischen Stadtkern, obwohl es einen so vollkommenen wohl nie gegeben hat. *Tgl. Jan.–März 11–15, April, Mai, Sept. und Okt. 10–17 Uhr, Juni–Aug. 9–18, Nov. und Dez. 10–16 Uhr, Eintritt 55 dkr, Kinder 15 dkr, Viborgvej 2*

Marselisborg Slot

Die königliche Sommerresidenz im Süden der Stadt. Das weiße, zweistöckige Gebäude hat einen außerhalb der Residenzzeit öffentlich zugänglichen Rosengarten. Wenn die königliche Familie im Schloss wohnt, zieht die Garde auf. *Kongevejen*

Sankt Clemens Kirke

Der Dom von Århus ist mit 93 m die längste Kirche Dänemarks. Sein Grundstein wurde schon um 1200 gelegt; gebaut wurde dann über mehrere Jahrhunderte hinweg in verschiedenen Stilen. Besonders sehenswert sind Kalkmalereien aus dem 15. Jh. im Hauptschiff, in den Gewölben der Vierung und im Hochchor. Den Flügelaltar, den größten mittelalterlichen Altar Skandinaviens, schuf Bernt Notkes um 1479. Die Orgel, 1730 gebaut und in den Dreißigerjahren des 20. Jhs. erweitert, ist mit 88 Stimmen die größte Orgel Dänemarks. *Bispetorvet*

Teater

Dem Dom gegenüber liegt das um 1900 erbaute Schauspielhaus, dessen Zuschauerraum 800 Plätze hat. In seiner Kuppel kann man schöne Jugendstildekorationen sehen. *Bispetorvet*

MUSEEN

Det Danske Brandværnsmuseum

Das größte Feuerwehrmuseum der Welt zeigt in einem ehemaligen Straßenbahndepot viel Gerät zur Brandbekämpfung und knapp 100 Fahrzeuge. Auch eine Feuerwehrspritze von 1850 ist hier zu besichtigen. *April–Okt. tgl. 10–17 Uhr, Eintritt 40 dkr, Kinder 15 dkr, Tomsagervej 23*

Kvindemuseum

In einer ehemaligen Polizeiwache ist ein für Europa einzigartiges Museum untergebracht: Es stellt sich ganz und gar in den Dienst der Frauenbewegung. In Wechselausstellungen beleuchtet das Frauenmuseum die Facetten der Emanzipationsbewegung im 20. Jh. *Jan.–Mai und Mitte Sept.–Dez. Di–So 10–16 Uhr, Juni–Mitte Sept. tgl. 10–17 Uhr. Eintritt 20 dkr, Domkirkeplads 5*

Forhistorisk Museum Moesgård

In einem 100 ha großen Park etwas außerhalb von Århus befindet sich das Museum für Vor- und Frühgeschichte, in dem Funde von der Stein- bis zur Wikingerzeit zu sehen sind. Besichtigungshit ist nach wie vor der *Mann von Grauballe*, eine Moorleiche aus dem fünften Jahrzehnt vor Christus. Er war bei seinem Auffinden 1956 in dem Dorf *Grauballe* bei Silkeborg so gut erhalten, dass er noch obduziert werden konnte. Fest steht, dass er als Menschenopfer dargebracht wurde. *April–Sept. tgl. 10–17, Okt.–Mai Di–So 10–16 Uhr, Eintritt 35 dkr, Kinder 15 dkr, Højbjerg, Moesgaard Allé 20*

Bryggeriet Sanct Clemens

Einzige Brauereikneipe in der Stadt, zünftiges Ambiente. Zu frischem Bier vom Fass werden deftige Speisen serviert. *Mo–Mi 11.30–24 Uhr, Do–Sa 10.30–2 Uhr, Kannikegade 10–12, Tel. 86 13 80 00,* €€

Seafood

Natürlich Fisch und Meeresfrüchte, aber auch Wild und Geflügel gibt es hier direkt am Yachthafen. *Tgl. 12–22 Uhr, Marselisborg Havnevej 44, Tel. 86 18 56 55,* €€–€€€

Die Haupteinkaufsstraßen der Stadt heißen *Søndergade, Sanct Clementstræde* und *Clements Torv*

Antikvitetshandel

Zwar ist die Ware hier nicht gerade preiswert, dafür bekommt man aber auch keinen Schund. Altes wird hier richtig datiert; Scheinantiquitäten gibt es nicht. *Sanct-Pauls-Kirkeplads 2*

Museums Kopi Smykker

In diesem Geschäft gibt es originalgetreue Nachbildungen alten Wikingerschmucks – alles Kopien von Museumsstücken. *Kannikegade 12*

Hotel Royal

Das Hotel wird zwar schon seit 150 Jahren betrieben, aber die Zimmer entsprechen modernem Luxuskomfort. Im Hotel gibt es einen Wintergarten, in dem ein Luxusrestaurant geführt wird, und das Spielkasino. *105 Zi., Store Torv 4, Tel. 86 12 00 11, Fax 86 76 04 04,* €€€

Scandic Hotel Århus

Wer in diesem Haus 14 Tage bleibt, bekommt ein Wochenende Frei-Logis. *160 Zi., Rytoften 3, Tel. 86 15 68 44, Fax 86 15 68 77,* €€€

Golf

Es gibt einen 18-Loch-Golfplatz in *Højbjerg (Tel. 86 27 35 66)* und einen 9-Loch-Platz in *Risskov (Tel. 86 23 15 10).*

Tivoli Friheden

Freizeit- und Vergnügungspark am Nordrand der Stadt, in dem sich das älteste Pferdekarussell Dänemarks sowie die längste Berg-und-Talbahn des Landes befinden. *Ende April –Mitte Aug. tgl. 14 bis 22 oder 23 Uhr, Skovbrynet, Eintritt 35 dkr, Kinder 15 dkr*

❂ Das Klosterviertel um Rosen- und Klostergade ist bevorzugter abendlicher Treffpunkt der Jeunesse dorée von Århus.

Blitz

Auf drei Etagen geht mit Live-bands die Pop-Post ab. *Do–Sa 23–5 Uhr, Klostergade 34*

Glazzhuset

Jazzhaus und Musikbar. *Mi–So 12–5 Uhr, Åboulevarden*

Huset

♁ In dieser Diskothek findet man sehr junges Volk. *Mi–So 22–5 Uhr, Vester Allee 15*

Jacob's Bar BQ

In der Pianobar gibt es auch die besten Steaks der Stadt. *Tgl. 17–4, Essen bis 1.30 Uhr, Vestergade 3*

Musikhuset

Hier spielt das *Århus Symfoni-orkester*, und die *Jyske Opera*, Dänemarks bestes Ensemble, hat hier ihre Bühne. *Thomas Jensen Allé, Karten: Tel. 89 31 82 00*

Valdemar Natterdag

In dem vornehmen Edeltreff herrscht Krawattenzwang. *Tgl. 22–5 Uhr, Store Torv 4*

i-Büro

Rådhuset, Tel. 89 40 67 00, Fax 86 12 95 90, www.aarhus-tourist.dk

Djursland (110/A–B 2–3)

Jütlands »Nase« nach Osten, die bizarr gestaltete Halbinsel Djurs-land östlich von Århus und Randers, ist voller Naturschönheiten, Wiesen und Wälder, Hügel und Heidelandschaften – und hat wunderschöne Badestrände. Djursland gilt als Wiege des Ferienhausurlaubs; hier vermieteten in den Sechzigerjahren die ersten Jütländer ihre behaglichen Sommerhäuser an Feriengäste. Die Halbinsel war schon früh besiedelt, die ersten Bewohner hinterließen beeindruckende prähistorische Spuren.

Die östlichste Stadt Jütlands und die größte auf der Halbinsel ist *Grenaa,* die mit einigen hübschen Häusern und *Djursland-Museum,* dem gut sortierten Heimatmuseum in einem alten Kaufmannshof, einen Besuch lohnt. Imposant ist das *Kattegat-Center,* das bedeutendste Salzwasseraquarium Nordeuropas, in dem die heimische und tropische Meeresfauna durch riesige Panoramafenster bestaunt und teilweise auch gestreichelt werden kann *(Færgevej 4, Tel. 86 32 52 00).* Von Grenaa verkehren auch Fähren, z. B. zur Insel Anholt.

Mit ihren buckeligen Gassen und schiefen Fachwerkhäusern aus dem 18. Jh. ist die zweitgrößte Stadt Djurslands, *Ebeltoft,* für viele Dänen und Dänemark-Besucher das schönste Städtchen im Königreich. Eines der meistfotografierten Häuser des ganzen Landes ist *Gamle Rådhus* von 1789, ein sorgfältig restaurierter Fachwerkbau. Wie in Ribe drehen im Sommer zwei Nachtwächter allabendlich ihre Runden. Im ehemaligen Zollhaus befindet sich das Glaskunstmuseum mit (im Sommer) arbeitender Werkstatt. Gleich nebenan liegt am Hafen die stolze Fregatte »Jylland« auf Trockendock, Dänemarks letztes Holzsegelschiff, das jahrelang restauriert und in den Zustand der aktiven Einsatzzeit während der Jahre 1862–87 zurückversetzt wurde. Die Fregatte ist das ganze Jahr über zu besichtigen *(Strandvejen 4, Tel. 86 34 10 99).*

Die Zeit ist in Ebeltoft aber nicht stehen geblieben, wie mehrere Hightechwindmühlen auf einer Mole belegen; als erster Offshore-Energiepark der Welt wurden sie bereits 1985 in Betrieb genommen. Herrlich übernachten lässt es sich im *Hotel Molskroen,* einem kürzlich renovierten alten Badehotel; einige der 8 Zimmer haben Meerblick. Es gibt außerdem 10 separate Wohnungen in einem hübschen Neubautrakt, allerdings ohne Küche. *Hovegaden 16, Femmøller Strand, Tel. 86 36 22 00, Fax 86 36 23 00,* €€€

Südlich der Bucht von Ebeltoft bilden ★ *Mols Bjerge* die wohl schönsten Flecken Djurslands. Es sind allerdings keine Berge, sondern bewaldete Hügel, die der Landschaft den Namen gaben; der höchste, Agri Bavnehøj, ist nur 137 m hoch.

Im Herzen Djurslands liegt ganz in der Nähe der Straße Randers–Grenaa bei Nimtofte *Djurs Sommerland,* einer der größten dänischen Freizeitparks mit mehr als 60 Attraktionen, von der Schwebebahn über Wasserrutschen und Wellenbad bis hin zum neuesten Angebot, dem Rio Grande Rafting *(Ende Mai–Anfang September, Randersvej 17, Nimtofte, Tel. 86 39 84 00),* und der Renaissance-Burg *Gammel Estrup,* die sowohl das dänische Landwirtschafts- als auch Jütlands

Herrensitzmuseum beherbergt. *Mai–Sept. tgl. 10–17 Uhr, Okt.–April Di–So 11–16 Uhr, Eintritt 50 dkr, Kinder 40 dkr, Auning, Randersvej 2–4*

Hobro (109/E 3)

Die 60 km nördlich von Århus gelegene Stadt (11 000 Ew.) ist für Geschichtsbewusste einen Ausflug wert. Denn 3,5 km vor der Stadt konnte im 20. Jh. die Wikingerburg *Fyrkat* freigelegt werden. Der Burgwall und eines der ursprünglich 16 Langhäuser konnten rekonstruiert werden. Bei Veranstaltungen *(tgl. April bis Mitte Okt.)* wird gezeigt, wie Wikinger gelebt haben; beim Kochen, Spinnen, Filzen und Pflanzenfärben können die Besucher mitmachen *(tgl. 10–17 Uhr, Eintritt 35 dkr, Kinder 15 dkr).* Die Funde aus der Burg Fyrkat sind im (lokalhistorischen) *Hobro Museum* ausgestellt *(April und Okt. am Wochenende 11–17 Uhr, Mai–Sept. Di–So 11–17 Uhr, Eintritt 20 dkr, Kinder 10 dkr, Vestergade 21).* Das *Gasmuseum* erzählt Interessantes aus der Gasgeschichte der letzten 150 Jahre in Haushalt und öffentlichem Leben. *Gasværksvej 2, Di–Sa 10–17, So 11–17 Uhr, Eintritt 30 dkr, Kinder 15 dkr.* Angeschlossen ist eine Glasbläserei. Wer Zeit hat, sollte von Hobro aus der Straße 555 den *Mariager Fjord* in Richtung Kattegat hinausfahren. Man kommt durch wahre Rosenparadiese und findet im 7 km entfernten *Mariager* einen der malerischsten Yachthäfen des Landes. Rund um eine Salzmine in 38 m Tiefe erzählt das *Mariager Saltcenter* von der Bedeutung des Salzes für den Menschen; mit Salzsiedehütte. *Ende Juni–Aug. tgl. 10–20, Sept.–April Di–Fr 10–16,*

Sa–So 10–17, Mai–Ende Juni tgl. 10–17 Uhr. Havnen

Randers (109/F 4)

Dänemarks sechstgrößte Stadt (62 000 Einwohner) hat um das alte Rathaus einen alten Stadtkern mit vielen gemütlichen Fußgängerzonen. Unter einem halben Dutzend Museen (darunter allein drei Pfadfindermuseen) ist Randers' *Kunstmuseum* herausragend. Es besitzt eine reiche Sammlung dänischer Kunstwerke vom Ende des 19. bis zum Beginn des 20.Jhs., darunter zahlreiche Werke von Mitgliedern der Künstlergruppe Cobra *(Di–So 11–17 Uhr, Eintritt 20 dkr, Kinder frei, Stemannsgade 2).* Randers Regnskov lädt zu einer Safari in einen Regenwald auf 1500 m². *Mai–Juli tgl. 10–17, Aug.–April Mo–Fr 10–16, Sa/So 10–17 Uhr, Eintritt 60/45 dkr, Tørvebryggen 11*

Silkeborg (109/D–E 5)

Als eine der jüngsten Städte Dänemarks (36 000 Ew.) wuchs das 53 km östlich von Århus gelegene Silkeborg erst Ende des 19. Jhs. nach dem Bau einer Papierfabrik heran. Das *AQUA Ferskvands Akvarium (Vejlsøvej 55, tgl. 10–16 Uhr, Juni–Aug. tgl. bis 18 Uhr)* ist ein modernes Aquarium. Der Besucher befindet sich mitten im See. Der Automobilliebhaber sollte das *Jysk Automobilmuseum* von *Gjern* besuchen *(April–Nov. Sa/So 10–17 Uhr, Mai–Mitte Sept. tgl. 10–18 Uhr, Eintritt 40 dkr),* in dem über 140 restaurierte Fahrzeuge stehen. Das wichtigste an Silkeborg allerdings ist das die Stadt umgebende so genannte *Dänische Seenhochland* mit dem 147 m hohen ★ ◀▮ *Himmelbjerg* in der Mitte. Es

bietet eine Vielzahl von Freizeitmöglichkeiten für Urlauber, zum Beispiel Kanufahren auf der Gudenå. Außerdem befahren Ausflugsdampfer die Seenplatte und bringen die Ausflüger bis an den Himmelbjerg, von dessen Gipfel aus man einen wunderschönen Rundblick über das umliegende Land hat.

Viborg (109/D 4)

Die 65 km nordwestlich von Århus gelegene Stadt hat eine lange katholische Tradition. Sichtbares Zeichen dafür ist der Dom von Viborg, dessen ursprünglicher Bau um 1130 begonnen wurde. Davon ist heute allerdings nur noch die Krypta erhalten. Der Rest des Doms wurde im 19. Jh. in neuromanischem Stil erbaut.

ESBJERG

(112/A–B 2–3) Dänemarks größter Westküstenhafen (83 000 Einwohner) war ursprünglich eine Notlösung. Denn als Dänemark nach dem Krieg 1864 seine schleswig-holsteinischen Besitzungen verlor, musste das Königreich einen neuen Hafen nach Westen suchen. Man entschied sich für das Fischerdorf Esbjerg, das günstig genug lag. Der Hafen ist im Winter eisfrei, und die vorgelagerte Insel Fanø verhindert ein Versanden. Durch zwei moderne Attraktionen macht Esbjerg neuerdings von sich reden: Die Architekten Jørn und Jan Utzon entwarfen das neue Musikhaus, das aus einem großen Konzert- und Theatersaal mit 28 m hohem Bühnenturm und einem großen Foyer besteht, durch das Musikhaus und Kunstmuseum zusammenwachsen. Am Strand von Sædding am Nordrand Esbjergs sitzen vier 9 m hohe Menschenfiguren aus Beton, geschaffen von Svend Wiig Hansen. Sehenswert ist auch der Hafen, in dem etwa 100 Fischkutter liegen. Der Fang, den sie hereinbringen, wird an allen Werktagen ab 7 Uhr morgens in der 225 m langen *Fischauktionshalle* (Eintritt frei) meistbietend versteigert.

MUSEUM

Fiskeri- og Søfartsmuseet

Das Fischerei- und Seefahrtsmuseum liegt im Norden der Stadt. Es zeigt Fischereigerätschaften und beeindruckende Schiffsmodelle, aber auf einem Außengelände auch eine nette kleine Hafenlandschaft mit Booten und Gerät. Dazu gibt es ein Salzwasseraquarium und ein Seehundbecken. *Juli/Aug. tgl. 10–18, Sept.–Juni 10–17 Uhr, Eintritt 60 dkr, Kinder 30 dkr, Trapshagevej*

HOTEL

Guldager Kro

Der familiär geführte Gasthof hat ordentliche und preiswerte Zimmer. *15 Zi., Guldager Stationsvej 104, Tel. und Fax 75 16 70 08, €*

AUSKUNFT

i-Büro

Skolegade 33, Tel. 75 12 55 99, Fax 75 12 27 67, www.esbjerg-tourist.dk

ZIELE IN DER UMGEBUNG

Blåvands Huk (112/A 2)

An Dänemarks westlichster Ecke steht ein mächtiger, kantiger Leuchtturm. Er warnt vor dem Horns Rev, einer 40 km langen, besonders gefährlichen Sandbank. Südlich davon, auf der Halbinsel *Skallingen*, kann man während der Zeit des Vogelzuges im Herbst besonders schöne Beobachtungen machen. Nördlich von Blåvands Huk beginnt bei *Vejers Strand* über *Henne Strand* bis *Nymindegab* eines der am dichtesten mit Ferienhäusern bebauten Areale Dänemarks. Trotzdem finden auch Tagesbesucher an den weitläufigen, breiten Stränden, die ineinander übergehen, immer einen Platz.

Fanø (112/A 3)

Die alte Seefahrer-Insel (3 200 Bewohner), die man auf einer Fähre von Esbjerg aus in nur 12 Min. erreicht, hat einen besonderen Reiz. Obwohl sie mit ihren über 2000 Ferienhäusern, den Ferienanlagen und den neun Campingplätzen sehr touristisch geworden ist, ist noch viel von der früheren Kultur in den Orten mit ihren charakteristischen, reetgedeckten Häusern erhalten geblieben. Man spürt die Seefahrertradition beim Besuch der *Schifffahrts- und Trachtensammlung, Hovedgaden 28, Nordby, Mai–Sept. tgl. 11–16, Okt.–April Mo–Sa 11 bis 13 Uhr,* oder in der Kirche, von deren Decke acht Schiffsmodelle hängen.

Auf dieser Insel, an deren über 20 km langem und manchmal fast 1 km breitem Strand sogar Autos fahren dürfen, gibt es eines der besten Restaurants ganz Dänemarks: den ★ *Sønderho Kro (Sommer: tgl. mittags u. abends, Winter: nur an den Wochenenden und auf Vorbestellung, Kropladsen 11, Sønderho, Tel. 75 16 40 09, €€€).* Im

Kro, der auch zwölf Zimmer zur Übernachtung anbietet, servieren die Eheleute Sørensen mittags originelle deftig-dänische Küche und abends feine dänisch-französische Spezialitäten, bei denen Produkte der Insel – Käse, Beeren, Lammfleisch – eine Hauptrolle spielen. *Auskunft über Fanø: i-Büro Nordby-Havnen, Tel. 75 16 26 00, Fax 75 16 29 03*

Varde (112/B 2)

Das 15 km von Esbjerg im Landesinneren gelegene Städtchen lohnt einen Abstecher, wenn man mit Kindern unterwegs ist. Im *Varde Miniby (Arnebjergpark)* ist die einst bei einem Brand zerstörte Altstadt im Zwergenformat wieder aufgebaut worden.

KOLDING

(113/D 3) Kolding (61 000 Ew.) ist eine Stadt der Blumen, Büsche und Bäume. Die Rose der Vergebung wuchs jedoch nicht immer zwischen den Stadtmauern. Immer wieder entbrannte der Streit zwischen dem Königreich Dänemark und dem Herzogtum Holstein – zuletzt 1849 im Krieg um Schleswig-Holstein. Im 20. Jh. entwickelte sich die Stadt am Koldingfjord zu einer prosperierenden Industriestadt.

BESICHTIGUNGEN

Den geografiske Have og Rosenhaven

★ In jahrzehntelanger Arbeit (genau 1917–63) legte der Baumschulbesitzer Aksel Olsen diesen wunderbaren geografischen Garten mit Rosarium an. Geografisch wird er genannt, weil in ihm Pflanzen aus allen fünf Kontinenten stehen. Von ursprünglich einmal 6000 Pflanzen überlebten bis heute 2000. Dazu kommen noch die ca. 100 Arten im Rosengarten und die 65 Arten im Kräutergarten, aus denen Heilmittel und Kräuterschnäpse gemacht werden.

An den 12 ha großen Garten, den größten botanischen Garten Nordeuropas, schließt sich noch Skandinaviens größte Sammlung von Rhododendren an. *Mai–Sept. tgl. 10–18 Uhr, Okt. bis April Mo–Fr 8–14.30 Uhr, Sa und So 9–17 Uhr, Eintritt 40 dkr, Kinder 15 dkr, Christian IV. Vej*

Koldinghus Slot

Für den, der es wiederum nicht so martialisch mag, wie es einer Burg geziemt, die wichtigste Nachricht zuerst: Rund um den Schlosssee gibt es hier den *Kærlighedssti*, einen verwunschenen Liebespfad. Die Burg selber mit ihren Schießscharten und gotischen Fenstern im oberen Halbstockwerk des Westflügels, die heute noch sichtbar sind, sollte in vergangenen Jahrhunderten selbstverständlich die dänischen Könige schützen, die *Koldinghus* immer als so etwas wie ihre Lieblingsresidenz angesehen hatten. Durch den Brand von 1808 wurden große Teile des Schlosses zerstört. Nach einer sorgfältigen Restaurierung, die Alt und Neu in einzigartiger Weise verbindet, ist das Schloss heute Museum, Ausstellungs- und Veranstaltungsgebäude zugleich. *Tgl. 10 bis 17 Uhr, Eintritt 45 dkr, Kinder frei*

Trapholtmuseet

Schon in der Architektur außergewöhnliches Museum für moderne dänische bildende Kunst, Kunsthandwerk und Möbeldesign mit Aussicht auf den Koldingfjord. *Tgl. 10–17 Uhr, Eintritt 40 dkr, Kinder frei, Æblehaven 23*

AUSKUNFT

i-Büro
Akseltorv 8, Tel. 76 33 21 00, Fax 76 33 21 10, www.kolding.dk

ZIEL IN DER UMGEBUNG

Legoland **(112/C 2)**
★ ★ ❖ Wer kennt sie nicht, die Legosteine, mit denen Kinder in aller Welt Häuser, Straßen, Autos, ja inzwischen ganze Städte und sogar Weltraummissionen nachbauen können. Das Paradies aber für alle kleinen und großen Baumeister liegt dort, wo die praktischen Plastiksteine mit den typischen Noppen einst erfunden wurden: im Legoland bei *Billund* im mittleren Südjütland.

Es ist ein Erlebnispark, in dem alles aus mehr als 45 Millionen Legosteinen erbaut ist. Es gibt zahlreiche Vergnügungen wie Piratenkämpfe und Dschungelspaziergänge. Das Wort Lego ist übrigens das in den Jahren abgeschliffene Kürzel für die beiden Worte *leg godt*, was übersetzt »Spiel gut« heißt. Jedes Jahr kommen im Legoland neue Attraktionen hinzu. *April–Okt. Mo–Fr 10–18, Sa/So (Ende Juni–Aug. tgl.) 10–20 Uhr, Fahrattraktionen nur bis 17 (18) Uhr, Eintritt 150 dkr, Kinder 140 dkr*

LIMFJORD

(108–109/A–F 1–3) ★ Für den Nordwesten Jütlands, Dänemarks Festlandzipfel, ist der Limfjord das bestimmende Gewässer. Denn dieser Einschnitt, der – wenn man es genau nimmt – die Spitze Jütlands zu einer weiteren Insel Dänemarks macht, be-

Legoland bietet mehr als 50 Fahrattraktionen und unterhaltsame Aktivitäten

stimmt hier oben das Bild. Er zieht sich ungefähr 180 km lang quer durch Nordjütland – von Thyborøn an der Nordseeküste bis nach Hals am Kattegat. Und gerade der Westteil ist von einer landschaftlichen Schönheit, die früh für eine touristische Entdeckung sorgte. Das Land um den Fjord lädt zum Wandern und Spazieren ein, das Wasser zum Segeln, Surfen und Paddeln. Im Limfjord gibt es eine Reihe schöner Inseln, an ihm einige wichtige und reizvolle Städte.

BESICHTIGUNGEN

Fur (108–109/C–D 2)

〰〰 Die zweitgrößte Insel, die man mit einer Fähre ab *Branden* zweimal stündlich in fünf Minuten erreichen kann, ist geologisch interessant. An ihrer Nordküste hat sie eine eindrucksvolle Steilküste, die vor etwa 50 Mio. Jahren durch Algenablagerungen auf dem Grund eines Urmeeres entstanden sein muss. Von den Klippen hat man einen herrlichen Blick über den Fjord.

Holstebro (108/B 4)

Die moderne Stadt (40 000 Ew.) liegt zwar etwas im Hinterland, ist aber ein idealer Ausgangspunkt für Ausflüge z.B. an den Limfjord. Holstebro tut viel für moderne Kunst – beispielsweise steht Alberto Giacomettis Skulptur »Frau auf dem Wagen« als Denkmal vor dem Rathaus. *Auskunft: i-Büro, Vedmallen 2, Tel. 97 42 57 00, Fax 97 42 57 07*

Mors (108/B–C 2–3)

Diese Insel im Limfjord wird meistens überfahren. Es gibt mächtige Brücken im Süden über den Sallingsund und im Norden über den Vilsund. Das Abfahren von der Nationalstraße 26 in die Inselhauptstadt Nykøbing lohnt aber immer – und sei es nur wegen des wirklich imposanten Blumen- und Freizeitparks *Jesperhus (Legindvej 13, Mitte Mai–Mitte Juni und Ende Aug.–Mitte Sept. tgl. 10–17 Uhr, Wochenende bis 18 Uhr, Mitte Juni–Anfang Aug. tgl. 10–20 Uhr, 2. Augustwoche tgl. 10–18 Uhr, Eintritt 80–155 dkr, Kinder 65–90 dkr).* In Nykøbing gibt es auch einen sehr schön gelegenen Gasthof, den *Sallingsund Færgekro (Sallingsundvej 104, Tel. 97 72 00 88, €€),* zu dem außerdem ein zauberhaftes Tiergehege gehört. *Auskunft in Nykøbing: i-Büro Havnen 4, Tel. 97 72 04 88*

Skive (108/C 3)

Die Kleinstadt am südlichen Limfjord, dort wo der Karup Å mündet, hat in Hafennähe einen wunderschönen alten Herrensitz: *Krabbesholm.* In dem Backsteinbau aus dem Jahr 1560 ist heute eine Volkshochschule untergebracht. Es gibt ein angenehmes Hotel der Best-Western-Kette, das dort gebaut wurde, wo einst die durch einen Brand vernichtete Skive-Burg stand: *Gl. Skivehus (56 Zi., Sønder Boulevard 1/Østertorv, Tel. 97 52 11 44, Fax 97 52 81 68, €€–€€€). Auskunft: i-Büro, Østerbro 7, Tel. 97 52 32 66*

Thisted (108/C 1–2)

Der Hauptort der Landschaft *Thy* zwischen Nordsee und Limfjord ist vor allem durch den Schriftsteller Jens Peter Jacobsen bekannt, dessen Romane »Frau Marie Grubbe« und »Niels Lyhne« auch in deutscher Sprache erschienen sind. Es gibt noch heute sein Geburtshaus zu besichtigen, in dem das Ortshistorische Archiv untergebracht ist. *Auskunft: i-Büro, Det gamle Rådhus, Store Torv 6, Tel. 97 92 19 00, Fax 97 92 56 04*

RIBE

(112/B 3) ★ Man stolpert bei jedem Schritt über die Historie. Ribe ist die Stadt mit dem besterhaltenen mittelalterlichen Stadtkern Dänemarks. Ohnehin gilt das um 850 erstmals urkundlich erwähnte Ribe als älteste Stadt des Landes. Doch dass Ribe dieses Alter zeigen kann, hat andere Gründe als ein jahrhundertelanges Geschichtsbewusstsein. Im Mittelalter noch kirchliches Zentrum mit vier Klöstern und sechs Kirchen (bei gerade mal 4500 Einwohnern), verlor Ribe nach der Reformation an Bedeutung – und erlangte sie bis in die heutige Zeit nicht wieder. Wie ein anachronistischer Luxus wirkt da die Tatsache, dass Ribe sich immer noch einen Nachtwächter mit Hellebarde und Ölfunzel leistet. Er macht seinen meist von Touristen begleiteten Rundgang von Mai bis Mitte September um 22 Uhr (in der Hochsaison auch um 20 Uhr) am Marktplatz und hat noch die alten Sprüche drauf: »Hört auf den Wächter! Ruht im Namen des Herrn und gebt auf Licht und Feuer Acht!«

BESICHTIGUNGEN

Det gamle Rådhus
Dänemarks ältestes Rathaus stammt aus dem Jahr 1496. In ihm wurde 1619 der Dichter Anders Bording geboren, der später – noch in Versen – die erste Zeitung des Landes herausgab. Im Gebäude befand sich einst das Schuldgefängnis, in dem heute ein Museum mit Stadtsiegeln, Waffen und einem Henkerschwert untergebracht ist. Dort befindet sich auch der Sitzungssaal. Seine Fenster führen auf die *Sønderportsgade* hinaus, in der schöne Fachwerkhäuser aus dem frühen 17. Jh. stehen.

An einem roten Backsteinhaus an der *Sønderportsgade/Ecke Bispegade* ist eine Gedenktafel angebracht. Sie erinnert an Maren Splid, die Frau eines Riber Schneiders, die am 9. November 1641 auf dem Galgenhügel der Stadt als eine der letzten Hexen Dänemarks verbrannt wurde. *Museum: Mai und Sept. Mo–Fr, Juni bis Aug. tgl. 13–15 Uhr, Eintritt 15 dkr, Kinder 5 dkr, Von Støckens Plads*

Domkirke
Der Riber Dom steht an historischer Stelle. Schon Ansgar, der Missionar des Nordens, soll im 9. Jh. am selben Platz eine Kirche errichtet haben. Davon gibt es jedoch keine Reste. Die ältesten Teile des Doms entstanden zwischen den Jahren 1150 und 1175. Es sind Chorapsis und das Querschiff, an dessen Südportal die *Kathoveddør* (deutsch: Katzenkopftür) sehenswert ist, im 13. Jh. benannt nach dem mächtigen Löwenkopf am Türring.

Eindrucksvoll ist auch der vermutlich zwischen 1283 und 1333 errichtete große ⚜ Turm an der Nordwestseite, der bis zur Spitze 52 m misst. Von seinem Aussichtsgang hat man einen kilometerweiten Blick übers Watt. Und weil man dort eben auch einen Sturm von der Nordsee herannahen sehen konnte, heißt der *Borger tårn* (deutsch: Bürgerturm) in Ribe bis auf den heutigen Tag noch *Stormklokketårn* (Sturmuhrturm). *Mai–Sept. Mo bis Sa 10–17, So 12–17 Uhr, Okt.–April Mo–Fr 11–16, Sa/So 12–15 Uhr*

MUSEEN

Quedens Gård

In dem vierflügeligen Kaufmannshof aus der Zeit um 1580 ist heutzutage dieses interessante städtische Museum untergebracht. Es veranschaulicht die Entwicklung der Stadt mit dem Schwerpunkt Mittelalter. *Juni bis Aug. tgl. 10–17 Uhr, Sept., Okt. und März–Mai Di–So 11–15 Uhr, Nov.–Feb. Di–So 11–13 Uhr, Eintritt 20 dkr, Kinder 5 dkr, Overdammen 10*

Ribe Kunstmuseum

Das Haus widmet sich hauptsächlich dänischer Malerei, und dabei wiederum vor allem derjenigen aus der ersten Hälfte des 19. Jhs., die man in der Kunstgeschichte des Landes gern das »Goldene Zeitalter« nennt. *Mitte Juni–Ende Aug. tgl. 11–17 Uhr, sonst Di–Sa 13–16, So 11–16 Uhr, Jan. geschl., Eintritt 30 dkr, Kinder frei, Sankt Nicolajgade 10*

Ribe Vikingecenter

2 km südlich von Ribe werden Wohnhäuser, Werkstätten und ein gigantischer Hof aus der Wikingerzeit nach Ausgrabungen in und um Ribe rekonstruiert. Die ganze Anlage ist von Leben erfüllt, denn hier vollziehn Einheimische das Wikingerleben nach. *Mai–Sept. Mo–Fr (Juli/Aug. und Herbstferien tgl.) 11–16 Uhr,*

Eintritt 50 dkr, Kinder 20 dkr, Lustrupvej 4

Ribes Vikinger Museum

Das Museum beherbergt Tausende Funde von archäologischen Ausgrabungen der letzten Jahre und dokumentiert die Stadtgeschichte von 700 n. Chr. bis 1700. Dazu kommt die Rekonstruktion eines Markttages im Jahre 800. *April–Juni, Sept. und Okt. tgl. 10–16, Juli/Aug. tgl. 10–18 Uhr, Mi bis 21 Uhr, Nov.–März Di–So 10–16 Uhr, Eintritt 45 dkr, Kinder 15 dkr, Odins Plads 1*

Wattenmeerzentrum

Informationszentrum über die Natur des Wattenmeeres und der Marsch. Hier werden auch Führungen angeboten. *Feb.–Nov. tgl. 10–16 (April–Okt. bis 17) Uhr, Eintritt 35 dkr, Kinder 15 dkr, Okholmsvej 5, Vester Vedsted.*

RESTAURANT

Weis Stue

Hier essen Sie in einem der ältesten Gasthöfe Ribes: Er wurde bereits um das Jahr 1600 herum erbaut. Dementsprechend ist die gemütliche Atmosphäre. Allerdings sind die Preise für die dänischen Spezialitäten auch ziemlich hoch. *Torvet 1, Tel. 75 42 07 00,* €€€

ÜBERNACHTUNG

Hotel Dagmar

Das Hotel Dagmar im Zentrum von Ribe direkt gegenüber vom Dom ist Dänemarks ältestes Hotel: Das Haus aus dem Jahr 1581 hält 50 stilvolle Doppelzimmer für Gäste bereit. Zum Hotel gehören außerdem zwei Restaurants. *Torvet, Tel. 75 42 00 33, Fax 75 42 36 52, €€€*

Danhostel Ribe Vandrerhjem

Das Vandrerhjem von Ribe ist aufs Beste ausgestattet. *Jan. bis Nov., Sankt Pedersgade 16, Tel. 75 42 06 20, Fax 75 42 42 88*

Ribe Byferie

Ferienzentrum mit 94 komfortablen Ferienhäusern, nur fünf Minuten vom Stadtzentrum entfernt. *Damvej 34, Tel. 79 88 79 88, Fax 79 88 79 98*

SPORT UND SPIEL

Der Ribe Golf Club hat einen 18-Loch-Platz. *Snepsgaardevej 14, Tel. 75 44 12 30*

AM ABEND

Stenbohus Pub & Bar

☼♪ Am Marktplatz beim Dom treffen sich Alt und Jung bei Livemusik von Folk bis Blues. *So–Do 10–2, Fr–Sa 10–5 Uhr, Stenbogade 1*

Valdemar Sejr

♪ Treffpunkt jüngerer Leute. Kleinere Speisen werden angeboten – im Sommer auch im Garten. *Sankt Nicolajgade 6*

AUSKUNFT

i-Büro

Torvet 3, Tel. 75 42 15 00, Fax 75 42 40 78, www.ribetourist.dk

ZIELE IN DER UMGEBUNG

Løgumkloster   (112/C 5)

Bis in die Mitte des 19. Jhs. hinein war der Ort, der sich um das Zisterzienserkloster aus dem

12. Jh. gebildet hatte, ein Zentrum der Spitzen- und Klöppelproduktion. Zeitweise bis zu eintausend Klöpplerinnen waren hier damals ansässig.

Von der einst gewaltigen Klosteranlage sind heutzutage allerdings nur noch die Kirche selbst und ein kleiner Teil des Ostflügels erhalten, in dem sich der Kapitelsaal, die Sakristei und das ehemalige Dormitorium der Mönche befinden. *Südlich von Ribe, landeinwärts*

Mandø   (112/B 3–4)

Die 7,5 km² große Watteninsel (80 Ew.) erreicht man nur bei niedrigen Wasserständen. Dann fährt ein Traktorbus die Post auf die Insel hinüber und nimmt dabei gern Besucher mit. Die Fahrzeiten im Wechsel der Gezeiten ab dem Wattenmeerzentrum bei *Vester Vedsted südwestlich von Ribe* erfragt man im i-Büro Ribe. Auf Mandø kann man u. a. im *Mandø-Centret* in 12 schlichten Zimmern übernachten. *Vestervej 1, Mandø, Tel. 75 44 53 54, kein Fax, €€*

Rømø   (112/A–B 4)

Die durch einen Damm mit dem Festland verbundene Insel hat einen der breitesten Strände Europas. Da es aber auch Dünen, Heideland, einen kleinen Wald und Marschengelände gibt, ist Rømø eine Art Miniaturausgabe von Dänemark. Diesen Eindruck verstärken noch die alten Häuser in friesischem Stil. Auf der Insel, die ein Paradies für Surfer ist, gibt es neben Hotels und Ferienhäusern drei Campingplätze. Fährverbindung nach Sylt. *Rømø Turistbureau, Tvismark, Havnebyvej 30, Tel. 74 75 51 30, Fax 74 75 50 31, www.romo.dk*

Die deutsche Dänin

Manchmal ist man versucht, die Psychoanalytikerin Margarete Mitscherlich als Deutsche zu vereinnahmen. Aber die gelernte Ärztin, die an der Seite ihres Mannes Alexander Mitscherlich nach dem Zweiten Weltkrieg die Psychoanalyse in Deutschland wieder hoffähig machte, wurde 1917 im südjütländischen Graasten geboren. Der Titel ihres berühmtesten Buchs, das sie gemeinsam mit ihrem Mann schrieb und das 1967 veröffentlicht wurde, ist fast schon zu einem geflügelten Wort geworden: »Über die Unfähigkeit zu trauern«.

Tønder (112/B 5)

Am Rande des größten dänischen Marschgebietes liegt das immer ein wenig als deutschdänische Gemeinsamkeitsstadt angesehene *Tønder* oder, wie die Deutschen eben sagen, Tondern (8000 Ew.). Die einstige Seehandelsstadt – bei der Eindeichung der Marschlande versandete der Hafen – brachte es auch anschließend durch Handel, hauptsächlich mit geklöppelter Spitze, zu Reichtum. Das sieht man dem einzigartig erhaltenen Innenstadtbild um *Vestergade, Storegade* und *Østergade* noch heute an. Besonders sehenswert ist die *Gamle Apotek (Østergade 1)*. Das vielleicht schönste Haus von Tønder wurde schon um 1670 gebaut. Es gibt eines der besten Restaurants Dänemarks in der Stadt: in *Stig's Restaurant (Mo–Sa, Sønderlandevej 3, Tel. 74 72 00 46, €€–€€€)* kochen Stig Henriksen und seine Ehefrau Rose. An der Straße von Tønder nach Westen an die Nordsee heran liegt in einem Abstand von 4 km *Møgeltønder*, ein Ort, dessen gesamte Hauptstraße mit Häusern aus dem 18. und 19. Jh. unter Denkmalschutz steht. Noch weiter westlich kommt man an die Küste und in das Fischerdorf *Højer*. Dort steht die älteste Mühle des Landes. Sie wurde 1857 gebaut und dient heute als Museum für Mühlenkunde und die Marsch. *Auskunft: i-Büro Tønder, Torvet 1, Tel. 74 72 12 20, Fax 74 72 09 00, www.tdr-turist.dk*

RINGKØBING FJORD

(108/A 5–6) Dieser flache Fjord, der ursprünglich eine Meeresbucht war, wird heute durch die dünenreiche Landzunge *Holmsland Klit* von der Nordsee getrennt. Auf ihr entstand der nicht unwichtige Fischereihafen *Hvide Sande* (108/A 6), in dessen Fischhalle an der Südseite der Schleusen jeden Werktag morgens früh um 7 Uhr eine Fischauktion stattfindet. Die Hafenstadt *Ringkøbing* (108/A 5) selber hat ein schönes Zentrum mit Häusern aus dem 17. und 18. Jh. *Auskunft: Torvet, Tel. 97 32 00 31; Auskunft Hvide Sande: Nørregade 2 B, Tel. 97 31 18 66*

SØNDERBORG

(113/E 6) Die Stadt (30 000 Ew.), die einst nur auf der Insel Als zu finden war, hat sich im Laufe der Zeit auf das Festland ausgedehnt. Eine Brücke über den Als-Sund verbindet die beiden Stadtteile.

Sønderborg liegt etwas abseits im südöstlichen Jütland. Nach der Erstürmung der Düppeler Schanzen im Deutsch-Dänischen Krieg im Jahre 1864 wurde die Stadt von den siegreichen preußischen und österreichischen Truppen derart unter Beschuss genommen, dass es heute praktisch keinen historischen Stadtkern mehr gibt.

BESICHTIGUNG/MUSEUM

Sønderborg Slot

In den Resten des um 1730 erbauten Renaissanceschlosses Frederiks I., das die dänischen Könige immer mehr als Bollwerk denn als Lustschloss ansahen, ist heute eines der größten Regionalmuseen des Landes untergebracht. Neben Sammlungen zur Kunstgeschichte steht die Historie im Mittelpunkt. Dokumentiert wird hier vor allem die Geschichte der deutschdänischen Kriege 1848 und 1864. *Tgl. Nov.–März 13–16, Okt. und April 10–16, Mai–Sept. 10–17 Uhr, Eintritt 20 dkr, Kinder 10 dkr*

ÜBERNACHTUNG

Jugendherberge (Danhostel Sønderborg Vandrehjem)

Von hier hat man es nicht weit bis ins Zentrum der Stadt. *Ganzjährig geöffnet, Kærvej 70, Tel. 74 42 31 12, Fax 74 42 56 31*

Scandic Hotel Sønderborg

Neueres Hotel mit vielen Angeboten zur Freizeitgestaltung, in dem man zudem noch ein erstklassiges Restaurant mit Blick auf das Schloss findet. *102 Zi., Rosengade 2, Tel. 74 42 19 00, Fax 74 42 19 50, €€–€€€*

AM ABEND

◈✝ Die bei jungen Leuten beliebtesten Bars und Cafés findet man rund um die *Rådhusgade*.

AUSKUNFT

i-Büro

Rådhustorvet 7, Tel. 74 42 35 55, Fax 74 42 57 47, www.als-tourist.net

ZIELE IN DER UMGEBUNG

Aabenraa   (113/D 5)

Am Wege von Sønderborg nach Aabenraa gibt es an der alten Hauptstraße A 10 einen Gasthof, in dem man übernachten und ausgezeichnet speisen kann: *Christies's Sønder Hostrup Kro (22 Zi., Østergade 21, Sdr. Hostrup, Tel. 74 61 34 46, Fax 74 61 30 67, €€€).*

Dybbøl Skanse   (113/D 6)

◣◥ Bei den *Düppeler Schanzen* schlugen Bismarcks vereinte deutschösterreichische Truppen 1864 das dänische Heer schwer und besetzten Als. Nach der Volksabstimmung 1920, als Südjütland wieder zu Dänemark zurückkam, machte man das Schlachtfeld zum nationalen Heiligtum. Schöner Blick über Sund und Insel.

Das *Historiecenter Dybbøl Banke* ist ein neuartiges historisches Zentrum, das vor allem die Kulturgeschichte der Gegend und die Schleswigschen Kriege anschaulich aufbereitet. Dabei dient unter anderem ein sehr detailliertes Modell der Düppeler Schanzen zur Veranschaulichung. *Mitte April–Sept. und in den Herbstferien tgl. 10–17 Uhr, Eintritt 40 dkr, Kinder 15 dkr, Dybbøl Banke 16*

Eine Stadt und ihre Insel

Kopenhagen ist immer eine Reise wert.
Aber auch Seeland bietet viele Sehenswürdigkeiten

Wer auf eine Straßenkarte guckt, der könnte versucht sein, Seeland, die größte der dänischen Inseln in der Ostsee, mit einem Pferd im Zaumzeug zu vergleichen. Die Nüstern gegen die Schweden gereckt – für Dänen eine gute patriotische Vorstellung –, würde das Gewirr von Autobahnen und Schnellstraßen nach Kopenhagen das Zaumzeug skizzieren, und Hamlets nördlich gelegenes Helsingør säße an der Spitze der Ohren. Und da Kopenhagen, zumindest was seine Villenvororte angeht, schon fast bis nach Helsingør reicht, stimmt im Vergleich die Gewichtung. Kopenhagen, das ist fast der ganze Pferdekopf, der Rest von Seeland allenfalls noch ein kauerndes Pony.

Doch wie überall in Dänemark muss man auch diesen Zustand in den richtigen Dimensionen sehen. Kopenhagen ist zwar wie andere Metropolen der Welt

Die kleine Meerjungfrau, Hans-Christian Andersens Märchenfigur mit dem Unschuldsblick, sitzt am Langeliniekai in Kopenhagen

ein Moloch, der sich krankhaft ausdehnt – aber ein Moloch mit dänischen Dimensionen. Kopenhagen (**111/E–F 5–6**) hat heute im Stadtgebiet über 600 000 Einwohner; rund 1,5 Mio. sind es, rechnet man den Einzugsbereich an den Rändern der Großstadt mit. Die größten Ballungsgebiete wie Brøndy liegen im Süden des Stadtzentrums – typische Bausünden der Sechziger- und Siebzigerjahre, betonierte Wohntürme, die meisten allerdings entstanden wegen eines Bürgerrechts: Auch heute noch, nach kräftigem Abspecken im letzten Jahrzehnt, hat jeder Bürger das Recht auf eine bezahlbare (Sozial-) Wohnung. Doch diese Art der Moderne ist längst passé, manchmal bunt übertüncht, um den Beton lebenswerter erscheinen zu lassen. Zu Beginn des 21. Jhs. strebt Kopenhagen mit der Geschwindigkeit einer Weltmetropole neuen Zielen entgegen: Via Öresundbrücke entsteht mit Malmö in Südschweden eine neue, starke Wirtschaftsregion. Und wenn ab ca. 2002 die neue U-Bahn, Metro genannt, Kopenhagens altes Zentrum mit der Pe-

MARCO POLO TIPPS
FÜR KOPENHAGEN UND SEELAND

1 Tivoli
Na klar, wer nicht in den berühmten Kopenhagener Vergnügungspark geht, ist ein Spielverderber (Seite 79)

2 Bakken
Viel älter als der Tivoli und viel ursprünglicher: Hier werden Dänen zu Kindern (Seite 79)

3 Louisiana, Humlebæk
Fahren Sie hin, wenn Sie sich in ein Museum verlieben wollen (Seite 84)

4 Skatkammeret Rosenborg
Männer können getrost mit ihren Frauen in die Schatzkammer der Königin gehen; kaufen kann man den Schmuck ohnehin nicht (Seite 80)

5 Ida Davidsen
Smørrebrød (rømtømtømtøm!) sollten Sie schon essen gehen – und wenn, dann hier (Seite 81)

6 Roskilde
Wikinger hautnah erleben (Seite 85)

ripherie verbindet, wird der Takt der einst so gemütlichen dänischen Hauptstadt noch einmal beschleunigt. Detailliert beschreibt der MARCO POLO Band »Kopenhagen« Geschichte, Bewohner und Sehenswürdigkeiten der größten Stadt Skandinaviens.

BESICHTIGUNGEN

☛ **Karte in der hinteren Umschlagklappe**

Amalienborg **(U/E–F 2–3)**
Im Mittelpunkt des Stadtteils *Frederiksstad*, der zwischen 1749 und 1760 auf Verfügung König Frederiks V. erbaut wurde, stehen vier identische Rokoko-Palais. Sie stehen um einen achteckigen Platz. Ursprünglich für Mitglieder des Hochadels gedacht, nahm sich die königliche Familie die Amalienborg – nach dem großen Brand von 1794 auf Schloss Christiansborg – selbst

als königliche Residenz. Seither patrouilliert hier die königliche Leibgarde in fröhlicher rot- oder blauschwarzer Uniform mit imposanten, hohen Fellmützen auf dem Kopf. Besonders bei Kindern beliebt: die Wachablösung, täglich Punkt 12 Uhr. Jetzt können auch im Palast Christians VIII. die Privatgemächer der kgl. Glücksburg-Familie besichtigt werden. *Jan.–April und Nov./Dez. Di–So 11–16, Mai–Okt. tgl. 10–16 Uhr, Eintritt 40 dkr, Kinder 5 dkr*

Botanisk Have **(U/C 2)**
Ein imponierendes Wunderwerk mitten in der Stadt. *Tgl. 8.30–16 (April–Sept. bis 18 Uhr), Palmenhaus 10–15, Kakteenhaus Mo–Fr 10–15, Sa/So erst ab 13 Uhr*

Christiansborg **(U/D 4)**
Das königliche Schloss hat eine wechselvolle Geschichte. Immer

wieder sind Vorgängergebäude bis auf die Grundmauern abgebrannt. Das heutige Schloss wurde 1907–28 erbaut. Untergebracht sind im Schloss Parlament *(Folketing)*, Oberster Gerichtshof, Außenministerium und Repräsentationsräume der Königin. Teile von Christiansborg können besichtigt werden. Eine *Führung* durch die königlichen Räume in deutscher Sprache gibt es *im Juli und August Di–So um 13.15 Uhr. Eintritt 40 dkr, Kinder 10 dkr.* Burgruinen: *Sommer tgl. 9.30 bis 15.30, Winter nur Di, Do, Sa und So 9.30–15.30 Uhr, Eintritt 20 dkr, Kinder 5 dkr.*

Die kleine Meerjungfrau (U/F 1)
Würde sie leben, wäre sie längst, wie die große Marlene Dietrich es einmal über sich gesagt hat, »zu Tode fotografiert« worden. Fast jeder Tourist will sich mit der Kleinen im Arm ablichten lassen. Der Bildhauer Edvard Eriksen schuf 1913 die Bronzestatue *Lille Havfru*. Die überraschend kleine Märchenfigur mit dem Unschuldsblick steht am *Langeliniekai*.

Bakken-Dyrehaven (O)
★ Das Freiluft-Gegenstück zum berühmten Tivoli-Park in der Stadt, der Vergnügungspark Bakken, übrigens der älteste der Welt, liegt in einem riesigen Park etwas außerhalb im Norden von Kopenhagen. Aber mit der S-Bahn kann man den Park über die Station *Klampenborg* in etwas mehr als 20 Minuten erreichen. Entstanden ist der Park aus einem königlichen Tiergehege. *Der so genannte Dyrehavsbakken ist April–Aug. 12–24 Uhr bei freiem Eintritt geöffnet.*

Nyhavn (U/E 3)
Das Hafenviertel, einst wie alle Hafenviertel dieser Welt Rotlichtbezirk, ist aufgemöbelt worden. Die Häuser hat man renoviert. Es gibt eine ganze Reihe guter Restaurants.

Tivoli (U/B–C 5)
★ Der vielleicht berühmteste Vergnügungspark der Welt liegt außerordentlich zentral zwischen Hauptbahnhof und Rathaus. Er lockt Groß und Klein aus aller Welt mit zauberhaft altmodischen Fahrgeschäften und kunterbuntem Kirmestreiben. Auf dem See kann man Boot fahren. Der Park hat nichts von billigem Rummel, sondern ist liebe- und geschmackvoll eingerichtet, mit Wasserspielen, einem Pfauentheater für Pantomime und vielen guten Restaurants – für die 30 000 Besucher am Tag gibt es 10 000 Restaurantplätze. Für 168 Kronen gibt es einen so genannten *turpas*, mit dem man auf alle Preise einen Rabatt bekommt. Gegründet hat den Park der Journalist Georg Carstensen 1843, auf einem Gelände inmitten der Stadt, das bis heute dem dänischen Militär untersteht.

Eingang zum Tivoli

Mitte April–Mitte Sept. tgl. 11–24 Uhr, Fr/Sa bis 1 Uhr, Mitte Nov.–Dez. (Weihnachtsmarkt) tgl. 11–21, Fr/Sa bis 22 Uhr, Eintritt 39 dkr, Kinder 25 dkr, Vesterbrogade 3

Zoologisk Have   (O)

❂ Auf dem Gelände des Tierparks mit über 2000 Tieren gibt es den größten Kinderzoo Europas. *Tgl. Juni, Juli u. Aug. 9–18, April, Mai, Sept. u. Okt. 9–17 (April und Mai Sa und So bis 18 Uhr), Nov.–März 9–16 Uhr, Eintritt 70 dkr, Kinder 35 dkr, Roskildevej 32*

MUSEEN

Carlsberg Museum   (O)

Man kann Museums- und Brauereibesuch miteinander verbinden. Es erinnert an den Gründer Carl Jacobsen und informiert über die Entwicklung der Brautechnik. *Besuchszentrum Mo–Fr 10–16 Uhr, Gammel Carlsbergvej 11*

Frihedsmuseet   (U/E 2)

Man informiert hier über die dänische Widerstandsbewegung gegen die nationalsozialistischen deutschen Besatzer 1940–45. *Mai bis 15. Sept. Di–Sa 10–16, So 10–17 Uhr, 16. Sept.–April Di–Sa 11–15 Uhr, So 11–16 Uhr, Eintritt frei, Churchillparken*

Ny Carlsberg Glyptotek   (U/C 5)

Der Brauereibesitzer Carl Jacobsen initiierte und finanzierte im 19. Jh. die Einrichtung eines Museums, in dem auch die von ihm so geliebte moderne Malerei einen Platz haben sollte. Was für den Brauer die moderne Malerei war, das ist aus heutiger Sicht der Impressionismus. Deshalb hat die 1897 eingeweihte und 1996 erheblich erweiterte Kopenhagener Glyptothek eine der schönsten Impressionistensammlungen außerhalb Frankreichs. Man findet sie im 1. Stock des Altbaus. Allein die Paul-Gauguin-Sammlung ist wohl einmalig auf der Welt. *Di–So 10–16 Uhr, Eintritt 30 dkr, Mi und So frei, Kinder stets frei, Dantes Plads 7*

Skatkammeret Rosenborg   (U/D 2)

★ Hier, in der Schatzkammer der Königsfamilie, kann man die komplette Sammlung der Kronjuwelen von 1500 bis 1900 bewundern. Auch Schloss und Inventar sind sehenswert. *Schatzkammer Mai–Sept. tgl. 10–16 Uhr, Okt. tgl. 11–15 Uhr, Nov.–April Di–So 11–14 Uhr, Schloss z. T. kürzer geöffnet, Eintritt 50 dkr, Kinder 10 dkr, Øster Voldgade 4 A*

Statens Museum for Kunst   (U/D 2)

Hier ist die umfangreiche königliche Gemälde- und Skulpturensammlung untergebracht. Im 1. Stock kann man neben den großen Italienern wie Tizian oder Tintoretto auch Werke berühmter Holländer wie Rembrandt oder Frans Hals finden. Französische Kunst aus der ersten Teil des 20. Jhs. bildet einen weiteren Schwerpunkt – allein 25 Gemälde von Matisse sind zu bewundern. Durch einen im Herbst 1998 eröffneten modernen Anbau hat das Museum die Ausstellungsfläche nahezu verdoppeln können. *Di und Do–So 10–17 Uhr, Mi 10–20 Uhr, Eintritt 40 dkr, Kinder frei, Sølvgade 48–50*

RESTAURANTS

Divan 1 und 2   (U/B–C 5)

Die beiden innerhalb des Tivoli gelegenen Terrassenrestaurants bringen es trotz des Rummels um sie herum auf eine ganz beachtliche Qualität der Küche. *Während der Tivoli-Öffnungszeiten tgl., Vesterbrogade 3, Tel. 33 11 42 42 u. 33 12 51 51, €€*

Ida Davidsen (U/E 3)

★ Die besten und auch vielseitigsten *Smørrebrød* der Stadt. Es gibt nicht weniger als 150 Sorten! *Mo–Fr 9–17 Uhr (Küche nur bis 16 Uhr), Store Kongensgade 70, Tel. 33 91 36 55, €€*

Kong Hans Kælder (U/D 4)

In diesem gotischen Kellergewölbe befindet sich – die Kenner sind sich da alle einig – das beste Restaurant der Stadt.

Ein Michelinstern besiegelt es. *Mo–Sa 18–22 Uhr, Vingårdsstræde 6, Tel. 33 11 68 68, €€€*

Krogs Fiskerestaurant (U/D 4)

✪ Das bei auswärtigen Besuchern Kopenhagens, aber auch bei den Einheimischen beliebte Fischrestaurant ist trotz seiner hohen Preise sehr gut besucht. *Mo–Sa 11.30–16 und 17.30–24 Uhr, Gammel Strand 38, Tel. 33 15 89 15, €€€*

Peder Oxe (U/C 3)

Das gemütliche Restaurant mit guter französischer Küche kann man noch als Geheimtipp verkaufen. Es ist immerhin so groß, dass man dies weiterflüstern

Schloss Rosenborg – nicht allein wegen der Kronjuwelen sehenswert

darf. *Tgl. 11.30–1 Uhr, Gråbrødretorv 11, Tel. 33 11 00 77,* €€

Sankt Gertruds Kloster (U/D 3)

In den malerischen Gewölben eines Klosters aus dem 15. Jh. isst man zu klassischer Musik besonders stilvoll. *Tgl. 16–22 Uhr, Hauser Plads 32, Tel. 33 14 66 30,* €€€

Wichtigster Platz zum Einkaufen in Kopenhagen ist *Strøget.* Der Straßenzug besteht eigentlich aus fünf Straßen, ist 2 km lang und verbindet *Kongens Nytorv,* den prachtvollen Platz mit Oper und Nobelhotel *D'Angleterre,* mit dem Rathausplatz. Früher wegen der vielen Pornoshops ein wenig verschrien, hat sich Strøget jetzt von ihrem schlechten Ruf befreit. Neben Luxusboutiquen gibt es immer mal wieder Cafés, damit man zum Geldausgeben Kräfte sammeln kann. An Strøget findet man auch das berühmte *Illum (Østergade 52),* ein Edelkaufhaus unter schöner Glaskuppel, das man durchaus mit Harrod's in London vergleichen darf. Dass dies alles Ihr Portemonnaie nicht gerade füllt, versteht sich von selbst. Aber was haben Sie anderes erwartet, als Sie sich entschlossen, nach *København* zu fahren. Das heißt nämlich tatsächlich »Kaufhafen«. Also rein ins Gewühl!

Illums Bolighus (U/D 4)

Hier kann man sich mit aktuellem dänischen Design eindekken. *Amagertorv 10*

Inuit (U/D 4)

In der *Eskimo Art Galerie* können Sie grönländische Kunst kaufen.

Es ist die einzige außerhalb Grönlands. *Kompagnistræde 21*

Maria Sander (U/D 3)

Sie verkauft hinreißend aufregende Abendroben für jeden Anlass. *Ny Adelgade 6*

Museumssmykker (U/D 3)

Originalgetreue Kopien von Schmuckstücken aus der Vorzeit in Gold, Silber oder Bronze. *Grønnegade 6*

Ravspecialisten (U/C 4)

Hier finden Sie Bernsteinschmuck in jeglicher Ausführung. *Frederiksberggade 28*

Royal Copenhagen (U/D 4)

In den herrlichen Häusern Amagertorv 4, 6, und 8 hat die Gruppe Royal Copenhagen (deren Geschäfte auch auf dem Flughafen vertreten sind) exquisite Läden eingerichtet. Im Haus 4 residiert Georg Jensen, Kopenhagens berühmteste Silberschmiede. In dem Traditionsbetrieb kann man Silberschmieden bei der Arbeit zuschauen *(Okt.–April nur Fr/Sa).* Die 1775 gegründete königliche Porzellanmanufaktur, die in neuerer Zeit den Namen Royal Copenhagen annahm, hat ihre Verkaufsräume in Haus Nr. 6. Neben bewährten Serien wird auch Porzellan im modernen Design, entworfen von namhaften Künstlern, hergestellt. Auch hier kann von Mai bis September einem Porzellanmaler über die Schulter geblickt werden. Dänisches und internationales Gebrauchsglas und Glaskunst in Serien und als Unikate werden im Haus Nr. 8 ausgestellt und verkauft. Im Mittelpunkt stehen Werke der 1825 gegründeten

Glashütte Holmegaard Glas. *Amagertorv 4–8*

Admiral (U/E 3)

Das zentral gelegene Haus – Schloss Amalienborg ist von hier bequem zu Fuß zu erreichen – befindet sich direkt am Hafen und ist in einem ausgebauten, ehemaligen Getreidespeicher untergebracht. *366 Zimmer, Toldbodgade 24–48, Tel. 33 74 14 14, Fax 33 74 14 16, €€€*

Hotel d'Angleterre (U/D 3)

Dieses Hotel der Luxuskategorie muss man an dieser Stelle einfach erwähnen, weil es ebenso zu Kopenhagen gehört wie der Tivoli und die kleine Meerjungfrau. Es ist schön, umschwärmt (von Showstars, die nicht selber zahlen müssen) und abartig teuer. Das preiswerteste Zimmer – ein Einzelzimmer selbstverständlich – kostet ca. 2000 dkr pro Nacht. *124 Zi., Kongens Nytorv 34, Tel. 33 12 00 95, Fax 33 12 11 18, €€€*

Ansgar (U/B 5)

Es gibt Reiseführer, die dieses Haus als preisgünstig einstufen, weil die Missionshotels in Dänemark eigentlich immer eine gute Empfehlung für schmale Geldbeutel sind. Doch diese Ansgar-Bettstatt in günstiger Innenstadtlage mutet durchaus luxuriös an. *87 Zi., Colbjørnsensgade 29, Tel. 33 21 21 96, Fax 33 21 61 91, €€*

Bertrams Hotel (O)

Nicht weit vom pulsierenden Zentrum der Stadt entfernt liegt dieses Haus mit erschwinglichen Zimmerpreisen. *45 Zi., Vesterbrogade 107, Tel. 33 25 04 05, Fax 33 25 04 02, €€*

Cab Inn

Diese Kette aus Amerika hat in Kopenhagen zwei Hotels, beide im Stadtteil Frederiksberg. *Danasvej 32–34 (U/A 4), Tel. 33 21 04 00, Fax 33 21 74 09, 86 Zi., und Vodroffsvej 57 (U/A 4), behindertengerecht, Tel. 35 36 11 11, Fax 35 36 11 14, 201 Zi., beide €€*

Nyhavn 71 (U/E 3)

Der ausgebaute Speicher am *Nyhavn* verbindet den nostalgischen Hang zur Industrieromantik mit dem Wunsch nach modernem Komfort, ist aber auch ziemlich teuer. *84 Zi., Nyhavn 71, Tel. 33 43 62 00, Fax 33 43 6201, €€€*

Hotel Sankt Jørgen (U/A 3)

Einfaches Hotel, Zimmer ohne Bad, aber preiswert. *19 Zi., Julius Thomsensgade 22, Tel. 35 37 15 11, Fax 35 37 11 97, €€*

Sophie Amalie Hotel (U/E 3)

Das Haus hat trotz seiner Größe (134 Zimmer) gediegene Klasse. Flure, Zimmer und Säle zieren Bilder dänischer Gegenwartsmaler von Bedeutung. In der Nähe des Hotels befindet sich auch eine Bushaltestelle, sodass man bequem das Zentrum erreichen kann. *Sankt Annæ Plads 21, Tel. 33 13 34 00, Fax 33 11 77 07, €€€*

Copenhagen Sleep in (U/B 1)

Während der Hochsaison im Juli und August werden in großen Schlafsälen Betten für Übernachtungen angeboten. *Preis pro Nacht: 90 dkr. Blegdamsvej 132, Tel. 35 26 50 59, Fax 35 43 50 58*

Hviids Vinstue (U/D 3)

✦ Existentialisten unter sich in der ältesten Weinstube der Sadt: Hier quatscht der Lyriker mit dem Anstreicher; der geht allerdings vor Mitternacht. *So–Do 10–1, Fr/Sa bis 2 Uhr, Kongens Nytorv 19, Tel. 33 15 10 64*

Jazz

Kopenhagen war und ist eine Hochburg für Jazzer. Auch internationale Größen kommen gern und gleich zu mehrtägigen Gastspielen. Eine allererste Adresse: *Copenhagen Jazz House* (**U/E 3**), *Di bis Sa 16–5 Uhr, Niels Hemmingsensgade 10, Tel. 33 15 26 00*

Teater (U/E 3)

Dänemarks Nationaltheater vereint Oper, Ballett und Schauspiel unter einem Dach. Es empfiehlt sich, Karten für *Det Kongelige Teater* in jedem Fall schon eine Woche im Voraus zu bestellen. *Kongens Nytorv, Theaterkasse: 10 bis 20 Uhr, Tel. 33 14 10 02 (Kartenvorbestellung), Sommerpause im Juni und Juli*

i-Büro (U/C 5)

Bernstorffsgade 1, Tel. 70 22 24 42, Fax 70 22 24 52, www.woco.dk

i-Büro für Jugendliche (U/C 4)

Sommer tgl. 9–19, Winter tgl. 11 bis 16 Uhr, Rådhusstræde 13, Tel. 33 73 06 20, Fax 33 73 06 49

Helsingør (111/F 4)

»Sein oder Nichtsein, das ist hier die Frage: /Ob's edler im Gemüt, die Pfeil' und Schleudern /Des wütenden Geschicks erdulden oder, /Sich waffnend gegen eine See von Plagen, /Durch Widerstand sie enden…« Hier auf *Schloss Kronborg* in Helsingør ließ der Dichter William Shakespeare seinen »Hamlet« die unsterblichen Monologworte sagen. Kronborgs Grundmauern stammen aus dem 15. Jh. Nach einem Brand im Jahre 1629 wurde das Schloss wieder aufgebaut. Interessant sind die Kerker *(Besichtigung tagsüber, Eintritt 30 dkr, Kinder 10 dkr)*. Auch die Innenstadt von Helsingør (57 000 Ew.) ist mit ihren gut erhaltenen Häusern aus dem 14. und 15. Jh. einen Besuch wert. In der *Sankt Annægade 11* steht das Haus, in dem der Barockkomponist *Dietrich Buxtehude* lebte. *Auskunft: i-büro, Havnepladsen 3, Tel. 49 21 13 33, Fax 49 21 15 77*

Humlebæk (111/F 4)

★ Rund 20 km nördlich von Kopenhagen befindet sich eines der aufregendsten Museen Europas. Der Unternehmer Knud W. Jensen ließ es Anfang der Fünfzigerjahre bauen. Direkt am Øresund hatte er ein Herrschaftshaus von 1860 gekauft. Nach der vollständigen Renovierung von Haus und Park überlegte er, was er mit seinem Anwesen, das er nach seinen drei Ehefrauen, die alle Louise hießen, Louisiana nannte, eigentlich anfangen sollte. Er gründete eine private Kunststiftung und eröffnete 1958 das *Museum Louisiana.* Mit seinen Skulpturen im Park, mit den Bildern der ständigen Ausstellung, aber auch mit den sommerlichen Themenausstellungen erlangte das Museum Louisiana Weltgeltung. Am aufregendsten ist der Raum, der den zarten Metallskulpturen des Schweizers Giacometti auf alle Zeiten gewidmet ist.

Neuerdings gibt es sogar ein Kinderhaus, in dem junge Besucher jeden Alters spielerisch mit Gestaltungsprozessen bekannt gemacht werden. *Tgl. 10 bis 17 (Mi bis 22) Uhr, Gammel Strandvej 13, Eintritt 60 dkr, Kinder 15 dkr, Tel. 49 19 07 19*

Ishøj (111/E 6)

Das neue, avantgardistische *Museum für Moderne Kunst Arken* (Arche) liegt im Strandort Ishøj, eine gute halbe Stunde südlich der Hauptstadt Kopenhagen. Das Museum, dessen Architektur an ein gestrandetes Schiff erinnert, soll als internationale Plattform für zeitgenössische Kunst dienen. *Di–So 10–17 Uhr, Mi bis 21 Uhr, Eintritt 40 dkr, Kinder 15 dkr, Skovvej 100*

Roskilde (111/E 6)

★ Für Rock- und Popfans ist Roskilde seit Jahrzehnten schon ein Muss. Denn in der einstigen Hauptstadt des Landes (52 000

Ew.) findet in jedem Sommer ein Festival statt, das sich als »Europäisches Woodstock« feiern lässt.

Es gibt aber auch Zeugnisse der Geschichte, die einen Besuch der Stadt lohnenswert machen, z.B. den Dom aus dem 12. und 13. Jh., die letzte Ruhestätte der Monarchen. Jedes Grab steht in einer eigenen Kapelle. *April bis Sept. Mo–Fr 9–16.45, Sa 9–12, So 12.30–16.45, Okt.–März Di–Fr 10–15.45 Uhr, Sa 11.30–15.45, So 12.30–15.45, Eintritt 12 dkr.*

Ein weiterer Grund, unbedingt einen Abstecher nach Roskilde zu machen, ist *Vikingeskibshallen,* die berühmte Wikingerschiffshalle mit fünf sorgfältig restaurierten Wikingerschiffen, die im Roskildefjord gefunden wurden. Auch ein Museumshafen und eine Insel mit Bootswerft und Werkstätten wurden angelegt, um die damals innovative und überlegene Schiffbautechnik der Wikinger zu demonstrieren. *Mai–Sept. tgl. 9–17 Uhr, Okt.–April tgl. 10 bis 16 Uhr, Eintritt je nach Saison 43 bzw. 52 dkr, Kinder 27 bzw. 29 dkr, Strandengen, Tel. 46 30 02 00*

Dänischer Kaffeepunsch

Dass die Dänen schlitzohrig sein können, merkt man an vielen Dingen. Dass sie dabei auch auf den eigenen Vorteil achten, kann man ihnen nicht verdenken. Trotzdem können sie auch Fremden gegenüber, die sie beginnen, in ihr Herz zu schließen, freundlich sein. Eine besondere Freundlichkeit ist es, wenn man Sie – vielleicht der Vermieter Ihres Ferienhauses – zu einem dänischen Kaffeepunsch einlädt. Sie sollten wissen, dass der nur noch am Rande mit einer Tasse Kaffee zu tun hat. Der Kaffeepunsch geht so: Man legt in eine Tasse ein Geldstück und füllt nur gerade so viel Kaffee ein, dass es nicht mehr zu sehen ist. Dann wird so lange mit Aquavit aufgefüllt, bis die Münze wieder zu erkennen ist.

Durch Jütland gemächlich – die Inseln im Sprung

Die hier beschriebenen Routen sind auf der Übersichtskarte im vorderen Umschlag und im Reiseatlas ab Seite 106 grün markiert

① WEITE, WIND UND WELLEN

 Wind und Wellen sind das Thema der Route, die entlang der jütländischen Nordseeküste von der größten und bedeutendsten Hafenstadt im Westen, Esbjerg, bis nach Grenen bei Skagen, dem höchsten Punkt im Norden, führt, wo sich Nord- und Ostsee treffen. In einem Zug durchgefahren, beträgt die Distanz nur 320 km – aber das wäre viel zu schade! Die Route lebt von ihren – überall gut ausgeschilderten – Abstechern, die sich noch einmal auf 200 km summieren. Dünen, Klippen und endlose Strände, atemberaubende Steilküsten, vom Flugsand verschüttete Wälder und Kirchen, Fjorde und Museen bringen Zeitpläne leicht durcheinander. Man kann die Route in zwei Tagen abfahren oder sie beliebig ausdehnen.

Wind und Wellen wirken in Jütlands Westen mit ungeheurer Kraft. Davon merken Besucher im Hafen von *Esbjerg (S. 66)* noch wenig, denn er wird von der Halbinsel Skallingen und der Insel Fanø geschützt. Der Route entlang ausgedehnter Ferienhaussiedlungen folgend, ahnt man rund 50 km nördlich, am *Ringkøbing Fjord,* welche Kraft der stete Kampf gegen die tosenden Nordseefluten kostet. Nur weil der vorgelagerte Dünengürtel Holmsland Klit den Fjord von der Brandung trennt, ist er noch nicht versandet. Die natürliche Verbindung zwischen dem offenen Meer und dem Fjord, die noch im 17. Jh. bestand, ist heute durch den Kanal und die Schleuse von *Hvide Sande (S. 74)* für die Frischwasserzufuhr ersetzt worden.

Auf Holmsland Klit verläuft die Straße schnurgerade in Richtung Norden. Hier sind die ersten stolzen, reetgedeckten Vierkanthöfe zu sehen, die für Westjütland typisch sind. Von Søndervig führt die Route entweder auf der Hauptstraße über *Ringkøbing (S. 74)* um den Stadil Fjord herum oder auf der Nebenstraße Richtung Norden daran vorbei. Wind und Wellen haben im Laufe der Jahrhunderte aus dem Fjord zwei Binnenseen geformt. Vor dem gleichen Schicksal bewahrte die schmale Düne Bovling Klit den 20 km oberhalb liegenden *Nis-*

86

sum Fjord. Wiederum reguliert eine Schleuse bei *Thorsminde* die Meerwasserzufuhr. Die Dünen um Thorsminde nennen die Jütlander *Dødemandsbjergene*, Totmännerberge, weil hier 1400 britische Soldaten begraben wurden, die 1811 auf einem sinkenden Kriegs- und einem Begleitschiff des Konvois vor der Küste ertranken. In Erinnerung an das Kriegschiff wurde das Schiffbruchmuseum in Thorsminde »St. George« genannt, und Fundstücke aus dem Wrack lieferten auch den Grundstock der Ausstellung. Das Schicksal der St. George ist kein Einzelfall. Das Meer vor Jütlands Westküste mit seinen tückischen Sandbänken ist einer der größten Schiffsfriedhöfe Europas.

In dieser Region schirmen sich die Menschen seit Jahrhunderten mit Buhnen gegen das wilde Meer ab, das sich zuvor immer wieder in das Land hineingefressen hatte. So ist die über 40 m hohe Steilküste am Bovbjerg entstanden, eine atemberaubende Kulisse für den breiten Sandstrand. Ihn erreicht man, wenn man die Route weiter bis Ferring fährt und dort die schmale Straße Richtung Süden einschlägt. Unvergesslich bleibt der weite Blick vom Leuchtturm *Bovbjerg Fyr* auf Klippen, Strand und Meer – und 27 Kirchtürme in der Umgebung. 20 km östlich von Ferring liegt Lemvig. Von dort empfiehlt sich ein Abstecher nach *Thyborøn*, der Eintrittsstelle der Nordsee in den *Limfjord* (S. 69). Über den Thyborøn Kanal wird Nordseewasser in den Fjord eingeleitet. Vom Thyborøn Kanal und der seenähnlichen Nissum Bredning fließt der Lim-

fjord auf einer Länge von 180 km bis nach Hals am Kattegat und trennt Nordjütland in zwei Teile. Mit seinen weit verzweigten, unendlich vielen und reizvollen Buchten gilt er als ideales Baderevier für Familien mit Kindern – er ist aber auch eine wahre Wonne für Segler und Surfer, denen die Nordsee zu stürmisch ist.

Von Lemvig führt die Nordseeküstenroute am südlichen Ufer des Nissum Bredning, wie die verbreiterte Fjordlandschaft heißt, bis Humlum. Brücken leiten über die kleine Fjordinsel Thyholm hinüber auf die große Halbinsel Thy. Entweder fährt man entlang der Küste vorbei an herrlichen Sandstränden und durch große Strandwälder bis Hanstholm weiter, wo die Straße einen großen Bogen landeinwärts schlägt und hinauf zur Jammerbucht führt. Oder man bleibt auf der Hauptstraße und gelangt auf kürzerem Weg über *Thisted* (S. 70) zur Jammerbucht. Dass ausgerechnet eine der schönsten Strandpartien Europas den Namen *Jammerbucht* (S. 60) trägt, erklärt der Volksmund so: Die Fischer jammern ständig, weil es auf der 80 km langen Strecke zwischen Bulbjerg und Hirtshals keinen Hafen gibt und sie mühselig Strandfischerei betreiben und nach getaner Arbeit ihre Fischkutter mit Seilen an Land ziehen müssen.

Bulbjerg ist kein Ort, sondern eine 47 m hohe Kalksteinklippe, die einen herrlichen Ausblick über die flachen Strand- und Dünenpartien der Jammerbucht bietet. Hinter dem turbulenten Ferienort Løkken liegen einige der größten Natursehenswürdigkeiten der Nordseeküste. Zu ihnen gehört *Rubjerg Knude*, eine 90 m hohe Steilküste aus Lehm. Der zur Jahrhundertwende 1900 errichtete Leuchtturm *Rubjerg Knude Fyr* wurde 1967 für immer abgeschaltet, weil sich so viel Flugsand vor ihm aufgetürmt hatte, dass er vom Meer aus einfach nicht mehr zu sehen war. Seinem Schicksal entsprechend beherbergt er heute ein Flugsandmuseum.

Auch die romanische *Mårup Kirke* bei Lønstrup ist ein Opfer des Flugsandes. Hier sind die Dünen zu wahren Bergen angewachsen und haben die gesamte Ortschaft unter sich begraben. Deshalb wird die Kirche seit den Zwanzigerjahren nicht mehr benutzt. Von der Hafenstadt *Hirtshals* (S. 59), Schnittpunkt zwischen Jammer- und Tannisbucht, sind es noch gut 50 km vorbei an Stränden, Dünen und Strandwäldern bis hinauf nach Skagen. Auf etwa zwei Dritteln der Etappe treibt *Råbjerg Mile*, eine gut 2 km lange und 1 km breite Wanderdüne, ihr Unwesen. Mit erstaunlicher Geschwindigkeit bewegt sie sich jährlich ungefähr 8 km weiter voran.

Auch *Skagen* (S. 60) auf der gleichnamigen Halbinsel hoch im Norden Dänemarks ist vom Sand bedroht. Von der mächtigen Sankt Laurentius Kirke, südlich der kleinen Hafenstadt, steht nur noch der Turm. Sie wurde im 18. Jh. von einer Wanderdüne erfasst. 20 Jahre lang legten die Skagener den Kircheneingang immer wieder frei, bis sie 1795 den Kampf aufgaben und später das Gotteshaus bis auf den Kirchturm abrissen.

Der Höhepunkt der Reiseroute ist dann von Skagen aus nur noch einen Katzensprung entfernt: Bei *Grenen*, an der nördlichsten Spitze Jütlands, treffen Skagerrak und Kattegat zusammen – hier können Urlauber die Füße gleichzeitig in die Nord- und Ostsee tauchen.

② DER BRÜCKENSCHLAG

 Dänemark ist näher zusammengerückt: Seit im Sommer 1998 die rund 16 km lange Brücken-Tunnel-Querung über den Großen Belt geöffnet wurde, ist die Halbinsel Jütland erstmals »landfest« – via Fünen – mit der Insel Seeland und damit der Hauptstadt Kopenhagen verbunden. Die bis dahin voneinander durch die psychologische Barriere der Fährpassage zwischen Nyborg und Korsør getrennten Landesteile rückten sich plötzlich näher: Dauerte es zuvor eine knappe Stunde, um im Auto oder Zug über den Storebælt (so der dänische Name) zu gelangen, ist diese Strecke jetzt in 15 Minuten geschafft. Die Dänen nutzen diese neue Möglichkeit reichlich: Der Verkehr hat sich hier inzwischen verdoppelt. Tatsächlich ließe das Königreich sich heute von West nach Ost mühelos an einem Tag durchqueren. So wie es diese Tagestour vorschlägt, deren Thema das Inselhopping ist. Sie startet im Osten von Jütland und macht den ersten Inselsprung über den Kleinen Belt (Lillebælt) nach Fünen. Die grüne Heimatinsel Hans Christian Andersens durchquert sie auf ca. 80 km Richtung Osten, führt über die Große-Belt-Brücke nach Seeland, um nach weiteren 110 km – ohne Abstecher – auf der Halbinsel Amager vor den Toren Kopenhagens zu enden.

Fredericia ist wichtiger Verkehrsknotenpunkt im Osten Jütlands, sowohl für den Autoverkehr als auch für die dänische Bahn; touristisch lohnt es weniger. Kaum hat man die Stadt auf der südlichen Ausfallstraße verlassen, gelangt man auf die Autobahnzufahrt der E 20 Richtung Middelfart. Ehe man sich versieht, ist der Kleine Belt über die neue Autobahnbrücke schon überquert und der erste Inselsprung fast unbemerkt vollbracht. Die 1970 eröffnete erste Hängebrücke Dänemarks ist 1,7 km lang und hängt an zwei 120 m hohen Pylonen.

»Garten Dänemarks« nennen die Einwohner Fünens ihre Insel, lieblich präsentiert sich die Landschaft vor allem im Süden, sie ist weicher und grüner als z. B. das vom Wind zerzauste Jütland.

Blitzsauber strahlen Häuser und Gehöfte, Beschaulichkeit macht sich breit. Wer nicht in einem Tag Inselhüpfen will, sollte in einem der Häuser Quartier nehmen, die mit dem blauen Privatzimmerschild Fünens gekennzeichnet sind. Auf ihm ist ein Bett zu sehen, über das ein Männchen einen Schirm hält. Geruhsame Routenbummler haben dann Gelegenheit, nicht nur der Hauptstadt Fünens, *Odense* (*direkt an der E 20, S. 44*), einen Besuch abzustatten, sondern auch einen Abstecher in die kleinen Hafenstädte *Fåborg* (*38 km südlich, S. 47*) und *Svendborg* (*37 km südöstlich, S. 48*) zu unternehmen.

Unbedingt empfohlen ist ein Ausflug nach *Kerteminde* (*21 km nordöstlich von Odense, S. 48*), nicht nur wegen der idyllischen Hafenzeile, sondern auch wegen des *Fjord & Bælt Center*. Die Unterwasserwelt der Region ist hier in einem Meerwassermuseum didaktisch so gut aufbereitet, dass es Besucher schnell in seinen Bann zieht.

Schon von weitem sichtbar ist das gigantische Brückenbauwerk, das sich von Knudshoved bei Nyborg über das unbewohnte Eiland Sprogø in der Mitte des Store Bælt bis nach Halskov bei Korsør auf Seeland über die viel befahrene Schifffahrtsstraße spannt. Die 6611 m lange Westbrücke ist eine Flachbrücke, die Autos und Eisenbahn gemeinsam nutzen. Es ist die längste kombinierte Straßen- und Eisenbahnbrücke in Europa! Zwischen Sprogø und Halskov fährt die Bahn durch einen 8824 m langen Eisenbahntunnel 10 bis 40 m unter dem Meeresboden. Die Autobahn auf der 6790 m langen Ostbrücke – der zweitlängsten Hängebrücke der Welt – ist auf einer Länge von 1624 m freischwebend an zwei 254 m hohen Pylonen aufgehängt. Die Durchfahrtshöhe beträgt 65 m. Hinter der Mautstelle ist der Weg zum *Store Bælt Informationscenter* ausgeschildert. Es informiert bis ins Detail multimedial über den Brückenschlag. 110 km weiter – die Autobahn durchquert auf 70 km das touristisch wenig entdeckte Seeland mit seinen Handelsstädten Slagelse und Ringsted Richtung Ostküste – endet die Route auf der Halbinsel Amager. Hier, ein paar Kilometer nördlich der etwas verloren zwischen Kopenhagen, Flughafen Kastrup und Autobahn gelegenen kleinen Hafenstadt Dragør, überwindet seit 2000 die insgesamt 16 km lange Öresundbrücke – eigentlich halb Tunnel, halb bis zu 204 m hohe und 1100 m lange Hochbrücke – den Sund zwischen Dänemark und der südschwedischen Hafenstadt Malmö.

Von Auskunft bis Zoll

Hier finden Sie kurz gefasst die wichtigsten Adressen und Informationen für Ihre Dänemark-Reise

AUSKUNFT VOR DER REISE

Touristische Auskünfte erteilt das Dänische Fremdenverkehrsamt, *Postfach 54 05 50, 22505 Hamburg, Tel. 040/32 02 10 (Mo–Fr 8–17 Uhr), Fax 32 02 11 11.* Unter der Faxabrufnummer *0190/192 33-000 (0,60 Euro pro Minute)* können ferner Informationen zur Reisevorbereitung abgerufen werden. Telefonische Prospektbestellung rund um die Uhr ist unter *0190/19 00 33 (0,60 Euro pro Minute)* möglich. Allgemeine und aktuelle Informationen sind im Internet unter *www.daenemark.dt.dk* (auf Deutsch) oder unter *www.visitdenmark.com* (mit Links zu den deutschen Seiten) zu finden. Auch Reiseprospekte können online bestellt werden.

AUSKUNFT IN DÄNEMARK

Über das ganze Land verteilt sind ca. 200 Touristinformationsbüros *(turistbureau),* die meisten sind ganzjährig geöffnet. Sie informieren nicht nur über den Ort, in dem Sie sich befinden, sondern auch über die Gegend und benachbarte Regionen.

ANGELN

Das Fischen ist ein beliebter Sport und fast überall erlaubt. Ein Angelschein ist für alle Personen zwischen 18 und 67 Jahren erforderlich (100 dkr für ein Jahr). Für das Süßwasserangeln in den Seen und Flüssen ist zusätzlich eine Angelkarte nötig. Man bekommt sie im örtlichen i-Büro. Küstenangeln ist dort nicht erlaubt, wo Verbotsschilder stehen, und nicht näher als 50 m in der Nähe bebauter Grundstücke. Von vielen Häfen gibt es organisierte Kuttertouren für das Hochseeangeln in der Ostsee, bei den Inseln Fünen, Langeland und Lolland gibt es die besten Dorschreviere. Mehrstündige Fahrten kosten ab 10 Euro. Beim dänischen Fremdenverkehrsamt kann man sich eine Broschüre mit Angeltipps, Revierbeschreibungen und einem Angelkalender bestellen.

AUTO

Die ungewöhnlichste Verkehrsregel vorweg: Auch tagsüber muss mit Abblendlicht gefahren werden. Wenn man sich daran erst einmal gewöhnt hat, kann man das Autofahren in weiten Bereichen genießen, wenn man nicht zu den notorischen Schnellfahrern gehört. Die Geschwindigkeitsbegrenzungen – 50 km/h in geschlossenen Ortschaften, 80 km/h auf Landstraßen und 110 km/h auf Autobahnen – werden von der Polizei sehr ernst genommen. Schon bei einer Übertretung der Geschwindigkeitsbegrenzung von nur 15 km/h kann es Bußgelder von umgerechnet über 50 Euro geben. Gurtpflicht besteht; die Promillegrenze liegt bei 0,5.

Bei Pannen hilft die private Pannenhilfs- und Rettungsorganisation *Falck*. Auch der ADAC ist über den *Falck-Euro-Service, Boulevarden 66, DK-7100 Vejle, Tel. 79 42 42 85, Fax 75 72 78 79,* zu erreichen. Die meisten Tankstellen öffnen am frühen Morgen zwischen 7 und 8 Uhr; sie schließen zwischen 18 und 24 Uhr. Immer mehr Tankstellen haben Tankautomaten, die Banknoten bis zu 100 Kronen nehmen. Die unterschiedlichen Bezeichnungen für Benzin: *Diesel* – Diesel, *92 oktan blyfri* – Normal bleifrei, *98 oktan blyfri* – Super plus bleifrei.

Für das Parken gerade in den Städten ist es angebracht, eine Parkscheibe mitzuführen (die es bei Banken und Tankstellen zu kaufen gibt). Denn die Parkzeit in manchen Städten ist oft auf Zeiten zwischen 15 Minuten und drei Stunden begrenzt. Das kann übrigens auch für die Parkplätze von Supermärkten gelten. Es gibt auch Parkzonen, in denen an Automaten Parkzettel gezogen und deutlich sichtbar hinter die Windschutzscheibe gesteckt werden müssen. Im Dänischen heißt Halteverbot *stopforbud* und Parkverbot *parkering forbudt*.

Die landesweite Notrufnummer ist *112*. Bei Blechschäden muss nach dem Gesetz nur dann die Polizei gerufen werden, wenn dabei auch ein Verkehrszeichen beschädigt worden ist. Sonst wendet man sich am besten an *Dansk Forening for International Motorkøretøjsforsikring, DK-1256 København K, Amaliegade 10, Tel. 33 43 55 00.*

BAHN

Dänemark verfügt über ein dichtes Eisenbahnnetz. Zwischen Kopenhagen und Jütland fährt werktags zwischen 6 und 21 Uhr stündlich ein Intercity.

CAMPING

Zelten ist im ganzen Land eine Alternative zum Übernachten in festen Behausungen. Die Campinganlagen sind meist sauber und infrastrukturell bestens versorgt. Ein Prospekt mit allen anerkannten Plätzen ist beim Fremdenverkehrsamt erhältlich.

COPENHAGEN CARD

Weit über 70 Attraktionen im Großraum Kopenhagen – vom Tivoli bis zum Museum Louisenlund – können Besitzer der Copenhagen Card kostenlos besuchen. In weiteren Museen zahlt der Karteninhaber ermäßigte Eintrittspreise. Daneben ist der vom Kopenhagener Fremdenverkehrsamt herausgegebene Pass auch eine Netzkarte, mit der Busse, S-Bahnen und Regionalzüge frei benutzt werden dürfen. Die Copenhagen Card wird in drei Varianten verkauft: für 24 Stunden (Preis für Erwachsene 155 dkr, für Kinder von fünf bis zwölf Jahren 75 dkr), 48 Stunden (255/125 dkr) und 72 Stunden (320/160 dkr). Auf einer Erwachsenen-Karte können zwei Kinder bis zu fünf Jahren mitgenommen werden. Die Karten, zu denen ein Informationsheft gehört, gibt es in vielen Bahnhöfen, bei Touristeninformationen und in Hotels.

EINREISE

Seit Ende März 2001 gilt auch in Dänemark das Schengener Abkommen, d.h. die Ausweiskontrollen entfallen jetzt auch an der deutschdänischen Grenze. Dennoch müssen bei der Einreise auch dann noch gültige Papiere – Personalausweis oder Reisepass – mitgeführt werden.

FÄHREN

Es gibt rund 20 Auto- und/ oder Personen-Fährverbindungen von und nach dänischen Häfen. Dazu kommen noch die rund 50 innerdänischen Fährverbindungen. Die wichtigen deutschdänischen Verbindungen bedient Scandlines. Info und Buchung für die Fähren Puttgarden–Rødby und Rostock–Gedser unter Tel. 0180/534 34 45.

FERIENHÄUSER

Der klassische Dänemarkurlaub ist der Ferienhaus- bzw. Sommerhausurlaub, wie die Dänen ihn selbst nennen. Insgesamt sind etwa 50 000 private Häuser in allen Landesteilen über verschiedene Anbieter buchbar. Die meis-

ten der Häuser liegen an der Westküste Jütlands. Die teilweise sehr umfangreichen Kataloge der großen Ferienhausanbieter wie Dan-Center, Dan-Sommer oder Novasol man in fast allen Reisebüros. Auch das Dänische Fremdenverkehrsamt ist bei der Adressbeschaffung behilflich.

FKK

Es gibt nur wenige Strände, an denen Nacktbaden verboten ist. Ansonsten wird Dänemark seinem Ruf als sehr tolerantes Land gerecht: Wer hüllenlos sonnen oder baden will, kann dies überall tun, sofern er ein wenig Abstand zu Familien hält, wenn diese Badebekleidung bevorzugen. Demonstratives Zurschaustellen ist verpönt.

GESUNDHEIT

Die Vertragsärzte der staatlichen dänischen Krankenversicherung behandeln Reisende, wenn sie aus Deutschland kommen und eine Anspruchsbescheinigung (E 111) ihrer heimischen Krankenkasse vorlegen, kostenlos. Außerhalb der normalen Sprechstunden *(8–16 Uhr)* und am Wochenende ist ein ärztlicher Bereitschaftsdienst *(Tel. 38 88 60 41)* zu erreichen, der auf den nächstgelegenen Notdienst verweisen kann.

JUGENDHERBERGEN

In Dänemark gibt es etwa 100 dort so genannte »Jugend- und Familienherbergen«, die sich jetzt Danhostel nennen und in denen man ab ca. 16 Euro pro Person und Nacht im Familienzimmer (mit einem Doppelbett und Zustellbetten für die Kinder) schlafen kann. In Sechs-Bett-Schlafräumen kostet die Übernachtung pro Person ca. 10 Euro. In der Hochsaison ist Vorbestellung (bis 17 Uhr am Tage der Ankunft noch möglich) ratsam. In der Hochsaison darf man normalerweise nicht länger als drei Tage an einem Ort bleiben. Ein Herbergsverzeichnis gibt es beim dänischen Fremdenverkehrsamt.

Wer keinen gültigen Ausweis einer Jugendherbergsorganisation seines Heimatlandes besitzt, kann in Dänemark für 125 dkr einen internationalen Jahresgästeausweis oder für 25 dkr einen nur für eine Nacht gültigen Gästeausweis erwerben.

KLEIDUNG

Es ist normale mitteleuropäische, der Jahreszeit entsprechende Kleidung angebracht. Allerdings sollte man auch im Sommer dünne Woll- und Regensachen im Gepäck haben.

KLIMA

Dänemark hat gemäßigtes See- und Küstenklima. Im Sommer steigen die Temperaturen bis auf 25 Grad. Die Küstenwinde sorgen aber häufig für Temperaturschwankungen. Die Durchschnittstemperatur auf den Færøern beträgt im Winter 3, im Sommer 11 Grad. Für Grønland gelten die Monate von Juni bis Oktober als beste Reisezeit.

KROFERIEN

Ausdruck jahrhundertealter Tradition der Gastlichkeit sind die *Dansk Kroferie. Kros* sind gemütliche Gasthöfe, in denen man komfortabel wohnen, gut essen und vor allem preiswert Ferien machen kann. 85 Gasthöfe mit insgesamt über 3200 Zimmern sind in dieser Vereinigung zusammengeschlossen. Man kann schon vor der Reise so genannte Kro-Schecks kaufen, mit denen man in jedem der angeschlossenen Häuser einen Rabatt von 10 bis 20 Prozent des Normal-Übernachtungspreises gewährt und darüber hinaus eine Preisgarantie für die Laufzeit der Schecks bekommt.

Die *Kros* sind besonders auf Familienurlauber eingestellt. Es gibt deshalb immer eine spezielle Kinder-Speisekarte; und Kinder bis zu vier Jahren übernachten kostenlos, wenn sie kein eigenes Bett benötigen. Wenn Sie einmal nicht genau wissen, ob Sie in der Rezeption eines *Kros* stehen, fragen Sie einfach: »Akzeptieren Sie Kro-Schecks?« In dänischer Sprache heißt das: *»Tager De Kro-Checks?«* Die Idee der *Kros* geht übrigens auf König Erik Klipping zurück, der 1283 befahl, dass an allen Fährstationen entlang der Königswege Gasthäuser entstehen sollten. Einen Prospekt mit den Einzelbeschreibungen der Kros kann man bei *Dansk Kroferie (Vejlevej 16, DK-8700 Horsens, Tel. 75 64 87 00, Fax 75 64 87 20), www.danskkroferie.dk,* bestellen.

POST

Die Öffnungszeiten der Postämter in größeren Orten und Städten sind *Mo–Fr 9.30 oder 10 bis 18 Uhr und Sa 9.30–13 Uhr.* Das Porto für Briefe und Postkarten ins europäische Ausland beträgt *4,50 dkr*. Neben der Briefmarke muss ein großes A – für » A prioritaire« – vermerkt sein.

RADFAHREN

Für Radreisende gibt es speziell ausgearbeitete Routen und Karten, die man beim dänischen Radfahrerverein schriftlich bestellen kann. *Dansk Cyklist Forbund, Rømersgade 7, DK-1362 København K, Tel. 33 32 31 31*

SEGELN UND SURFEN

Wo, wenn nicht in Dänemark mit seiner 7300 km langen Küste, sollte man segeln und surfen können? Es gibt die unterschiedlichsten Möglichkeiten. Sie können einen Liegeplatz für Ihr eigenes Boot vorbuchen oder vor Ort eines chartern. Auskunft gibt eine jährlich neu aufgelegte Broschüre, die Sie beim dänischen Fremdenverkehrsamt bestellen können. Hervorragenden Überblick über die wichtigsten Daten gibt auch das jährlich neu aufgelegte *Hafenhandbuch Ostsee der Kreuzer-Abteilung des Deutschen Seglerverbandes, Deutscher-Segler-Verband e.V. Zentrale, Gründgensstr. 18, 22309 Hamburg, Tel. 040/ 63 20 09-0, Fax 63 20 09 28*.

Für Surfer gibt es eine gut ausgearbeitete eigene Karte. Auf ihr sind die Hauptwindrichtungen vermerkt. Vor allem aber hat man die Schwierigkeitsstufe des Surfreviers vermerkt – von Könnenstufe 1 für blutige Anfänger bis Könnenstufe 6 für erfahrene Wellenreiter. Die Karte nebst Broschüre kann beim dänischen Fremdenverkehrsamt angefordert werden.

Vergessen Sie die Farbe Gelb. In Dänemark sind die Briefkästen rot

TELEFON

Münztelefone erkennt man an der blauen Lackierung der Häuschen, Kartentelefone an der gelben. Einmal eingeworfenes Geld bleibt im Apparat, auch wenn die Verbindung nicht zu Stande kommt. Die Vorwahlen von Dänemark sind nach *Deutschland 00 49*, nach *Österreich 00 43* und in die *Schweiz 00 41*. Aus den drei Ländern *nach Dänemark* wählt man einheitlich *00 45* vor. Praktisch: In den meisten öffentlichen Telefonzellen kann man auch angerufen werden. Auch mobiles Telefonieren wird immer normaler. Im dänischen Netz kann man mit D- wie mit E-Netz-Telefonen problemlos kommunizieren. Telefonate nach Hause können durch die Roaming-Gebühren allerdings schnell teuer werden.

WOHNUNGSTAUSCH

Dansk Boligbytte, DK-2900 Hellerup, Tel. 39 61 04 05 und *Intervac*

Denmark, DK-2610 Rødovre, Tel. 36 70 04 22 vermitteln dänische Familien, die ihr Haus für einen Ferienaufenthalt zur Verfügung stellen, wenn sie umgekehrt während der Zeit im Haus der Gastfamilie Urlaub machen können. Die Vermittlumgsgebühr beträgt etwa 40–60 Euro.

ZOLL

Nach der Schaffung des europäischen Binnenmarktes macht Dänemark bei Ein- bzw. Ausfuhrbestimmungen immer noch einige Beschränkungen. Bei den Genussmitteln werden folgende

Mengen pro Person (älter als 17 Jahre) akzeptiert: 300 Zigaretten oder 150 Zigarillos oder 75 Zigarren oder 400 g Tabak; 1,5 l Spirituosen. Für andere Waren, also auch für Wein, Kaffee und Bier, gilt die allgemeine Vorschrift, dass sie die Menge für den persönlichen Gebrauch nicht überschreiten dürfen.

»Persönlicher Gebrauch« wird dabei im Allgemeinen recht großzügig ausgelegt, sodass es normalerweise keine Schwierigkeiten bereitet, den Bedarf an Bier oder Wein für einige Wochen Urlaub im Kofferraum mitzuführen.

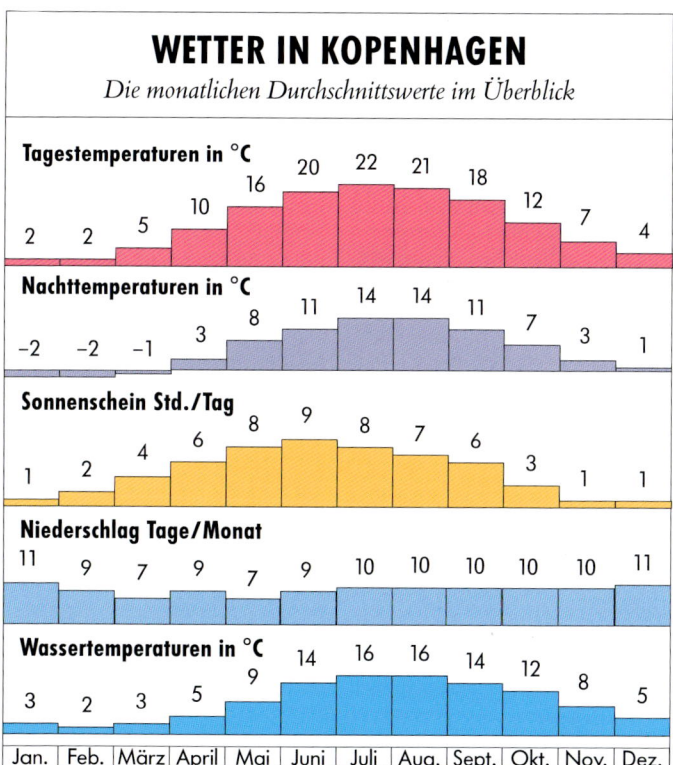

WETTER IN KOPENHAGEN

Die monatlichen Durchschnittswerte im Überblick

Tagestemperaturen in °C

Jan.	Feb.	März	April	Mai	Juni	Juli	Aug.	Sept.	Okt.	Nov.	Dez.
2	2	5	10	16	20	22	21	18	12	7	4

Nachttemperaturen in °C

Jan.	Feb.	März	April	Mai	Juni	Juli	Aug.	Sept.	Okt.	Nov.	Dez.
–2	–2	–1	3	8	11	14	14	11	7	3	1

Sonnenschein Std./Tag

Jan.	Feb.	März	April	Mai	Juni	Juli	Aug.	Sept.	Okt.	Nov.	Dez.
1	2	4	6	8	9	8	7	6	3	1	1

Niederschlag Tage/Monat

Jan.	Feb.	März	April	Mai	Juni	Juli	Aug.	Sept.	Okt.	Nov.	Dez.
11	9	7	7	9	10	10	10	10	10	10	11

Wassertemperaturen in °C

Jan.	Feb.	März	April	Mai	Juni	Juli	Aug.	Sept.	Okt.	Nov.	Dez.
3	2	3	5	9	14	16	16	14	12	8	5

Bloß nicht!

Ein paar Hinweise auf Dinge, die Ihnen als Tourist vermutlich keinen Spaß machen werden oder mit denen Sie sogar ziemlich anecken können

Sofort Deutsch sprechen

Viele Dänen sprechen Deutsch, die meisten verstehen es. Dennoch sollten Sie nicht einfach davon ausgehen, dass das Gegenüber – sei es der Nachbar im Ferienhaus oder ein Verkäufer im Laden – gerade darauf eingestellt ist, eine Fremdsprache zu sprechen. Viele, vor allem jüngere Dänen sprechen auch lieber Englisch – die Internationalität macht gerade vor Skandinavien mit seinen Wirtschaftsbeziehungen in den angelsächsischen Raum nicht Halt. Die meisten Dänen sprechen beide Sprachen, beide werden an den Schulen unterrichtet, Deutsch liegt da nicht mehr auf Platz eins. Gern wird auch registriert, wenn man sich bemüht, ein wenig Dänisch zu sprechen.

Eile zeigen

Wer Ungeduld an den Tag legt, wird es in Dänemark nicht weit bringen. Man hat die Ruhe des Nordens und nicht die Quirligkeit des Südens. Es lohnt nicht, sich zu beschweren, dass man im Buchladen auf eine Landkarte, im Restaurant auf die Rechnung und am Ferienhaus auf die Schlüssel mal zu lange warten muss, man wird nur das Gegenteil erreichen. Die Dänen bestimmen das Tempo der Ge-

schäfte – und sind damit fast so etwas wie die Japaner Europas.

Flaggen hissen

Deutsche Touristen dürfen nicht Flagge zeigen. Wenn Sie vor Ihrem Ferienhaus an dem fast obligatorischen Flaggenmast eine schwarz-rot-goldene hissen und dies einem dänischen Nachbarn missfällt, dann muss die Polizei einschreiten. Denn nach einem Gesetz aus dem Jahr 1914 ist das Flaggen fremder Nationalfahnen vor Privathäusern verboten. Allerdings verhängen die Ordnungshüter, auch wenn es ihnen ins Ermessen gestellt ist, keine Bußgelder mehr. Die Flaggen, die gehisst werden dürfen, sind der dänische Dannebrog sowie die Flaggen der nordischen Länder, der Europäischen Union und der Vereinten Nationen.

Kinderfeindlich sein

Wer Kinder am Strand, auf der Straße oder im Restaurant zurechtweist, bekommt nicht selten den geballten Zorn des sehr kinderlieben Volkes zu spüren. Umgekehrt werden sich Ihre balgenden Kinder wie im Paradies fühlen, wenn sie keine Schimpfe bekommen, obwohl sie in Nachbars Garten gelandet sind.

Sprechen und Verstehen ganz einfach

Zur Erleichterung der Aussprache sind alle dänischen Wörter mit einer einfachen Aussprache (in eckigen Klammern) versehen.

AUF EINEN BLICK

Ja./Nein./Vielleicht.	Ja. [ja]/Nej. [nei]/Måske. [moskeh]
Bitte.	Vær så venlig. [wär so wännli]
	Vær så god. [wärs' goh]
Danke.	Tak. [tack]
Vielen Dank!	Mange tak. [mange tack]
Gern geschehen.	Det var så lidt. [deh war so litt]
Entschuldigung!	Undskyld! [onnsküll]
Wie bitte?	Hvad behager? [wa behar]
Ich verstehe Sie/dich nicht.	Jeg forstår Dem/dig ikke. [jei forstohr dämm igge]
Ich spreche nur wenig …	Jeg taler kun lidt … [jei täler kunn litt]
Können Sie mir bitte helfen?	Undskyld, kan De hjælpe mig? [onnsküll, kann die jälpe mei]
Ich möchte …	Jeg vil gerne … [jei will gärne]
Das gefällt mir (nicht).	Det kan jeg (ikke) lide. [deh kann jei (igge) lie]
Haben Sie …?	Har De …? [har die …]
Wie viel kostet es?	Hvad koster det? [wa koster deh]
Wie viel Uhr ist es?	Hvad er klokken? [wa är kloggen]

KENNENLERNEN

Guten Morgen!	God morgen! [goh morn]
Guten Tag!	Goddag! [goh däh]
Guten Abend!	God aften! [goh aften]
Hallo! Grüß dich!	Hallo!/Hej! Dav! [halloh/hei/dau]
Mein Name ist …	Mit navn er … [mit naun är …]
Wie ist Ihr Name, bitte?	Undskyld, hvad er Deres navn? [onnsküll, wa är däres naun]
Wie geht es Ihnen?	Hvordan har De det? [wordann har die deh]
Danke. Und Ihnen/dir?	Godt, tak. Hvad med Dem/dig? [gott tack. Wa med dämm/dei]
Auf Wiedersehen!	Farvel! [fahrwäll]
Bis morgen!	Vi ses i morgen! [wi sehs i morn]

Auskunft

links/rechts	venstre/højre [wänstre/heure]
geradeaus	lige ud [lie ud]
nah/weit	tæt/fjernt [tätt/fjärnt]
Bitte, wo ist …?	Undskyld, hvor er …? [onnsküll, wor är …]
der Bahnhof	banegården [bähnegohren]
die U-Bahn	S-toget [äss-touet]
der Flughafen	lufthavnen [lofthaunen]
Wie weit ist das?	Hvor langt er der? [wor langt är der]

Panne

Ich habe eine Panne.	Jeg har en skade på bilen. [jei hahr en skähde po bielen]
Würden Sie mir bitte einen Abschleppwagen schicken?	Vil De være venlig at sende mig en kranvogn? [will die währe wännli att sänne mei en krahnwoun]
Wo ist hier in der Nähe eine Werkstatt?	Hvor er der et værksted? [wor är der et wärksted]

Tankstelle

Wo ist bitte die nächste Tankstelle?	Undskyld, hvor er den nærmeste tankstation? [onnsküll, wor är den närmeste tankstaschohn]
Ich möchte … Liter …	Jeg vil gerne have … liter … [jei will gärne häh … liter]
… Normalbenzin.	… oktan 93. [oktähn tre-ou-hallfämms]
… Super.	… oktan 95/98. [oktähn fem-ou-hallfämms/ohde-ou-hallfämms]
… Diesel.	… diesel. [diesel]
… bleifrei/verbleit.	… blyfri/blyholdig. [blühfrie/blühholldig]
… mit … Oktan.	… med … oktan. [med … oktähn]
Voll tanken, bitte.	Vær venlig at fylde helt op. [währ wännli att fülle hehlt opp]

Unfall

Hilfe!	Hjælp! [jälp]
Vorsicht!	Pas på [pas poh]
Rufen Sie bitte schnell …	Tilkald hurtigt … [tillkall hurdit]
… einen Krankenwagen.	… en ambulance. [en ambulangse]
… die Polizei.	… politiet. [politiet]
… die Feuerwehr.	… brandvæsenet. [brannwähsnet]
Es war meine/Ihre Schuld.	Det var min/Deres skyld. [de var mien/dähres küll]
Geben Sie mir bitte Ihren Namen und Ihre Anschrift.	Vær venlig at give mig Deres navn og adresse. [währ wännli at gie mei dähres naun ou adrässe]

ESSEN/UNTERHALTUNG

Wo gibt es hier …
… ein gutes Restaurant?

Hvor er der …? [wor är der …]
… en god restaurant?
[en goh resdaurang]

Gibt es hier eine
gemütliche Kneipe?

Er der et hyggeligt værtshus?
[är der et hüggelit wärtshus]

Reservieren Sie uns bitte
für heute Abend einen
Tisch für 4 Personen.

Vil De være venlig at reservere et bord
til i aften til fire personer.
[will die währe wännli att reserwehre
et bohr till i afften till fier persohner]

Auf Ihr Wohl!
Bezahlen, bitte.

Skål! [skohl]
Jeg vil gerne betale.
[jei will gärne betähle]

Wo kann man hier
tanzen gehen?

Hvor kan man gå hen at danse?
[wor kann mann goh hänn att danse]

EINKAUFEN

Wo finde ich …?
eine Apotheke
eine Bäckerei
Fotoartikel
ein Kaufhaus
ein Lebensmittelgeschäft
einen Markt

Hvor finder jeg …? [wor finner jei …]
et apotek [et apotek]
et bageri [et bäjerie]
fotoartikel [fotoartikel]
et varehus [et wahrehuhs]
en købmand [en köbmann]
torvet [torwet]

ÜBERNACHTUNG

Können Sie mir bitte …
empfehlen?
… ein gutes Hotel
… eine Pension

Kunne De anbefale mig …
[kunne die anbefähle mei …]
… et godt hotel? [et gott hotel]
… en pension? [en pangschon]

Ich habe bei Ihnen ein
Zimmer reserviert.

Jeg har reserveret et værelse her.
[jei hahr reserwehret et währelse her]

Haben Sie noch Zimmer
frei?
ein Einzelzimmer
ein Doppelzimmer
mit Dusche/Bad

Har De ledige værelser?
[hahr die ledige währelser]
et enkeltværelse [et enkeltwährelse]
et dobbeltværelse [et dobbeltwährelse]
med brusebad/bad
[med bruhsebad/bad]

mit Blick aufs Meer

med udsigt over havet
[med udsikt ouer hähwet]

für eine Nacht
für eine Woche

for en nat [for en natt]
for en uge [for en uhe]

Was kostet das Zimmer
mit …
… Frühstück?
… Halbpension?

Hvad koster værelset med …
[wa koster währelset med]
… morgenmad? [mornmäd]
… halvpension? [hallpangschohn]

Arzt

Können Sie mir einen
guten Arzt empfehlen?

Kan De anbefale mig en god læge?
[kann die anbefåhle mei en goh lähje]

Ich habe hier Schmerzen.

Jeg har ondt her. [jei hahr onnt her]

Bank

Wo ist hier bitte …

Undskyld, hvor er der …
[onnsküll, wor är der …]

… eine Bank?
… eine Wechselstube?

… en bank? [en bank]
… et vekselkontor?
[et wäkselkontohr]

Ich möchte … DM (Schil-
ling, Schweizer Franken)
in Kronen umwechseln.

Jeg vil gerne veksle DM
(schilling, schweizerfrancs) til kroner.
[jei will gärne wäksle D-mark
(schilling, schweizerfrancs) till kroner]

Post

Was kostet …
… ein Brief …
… eine Postkarte …
… nach Deutschland?

Hvad koster … [wa koster…]
… et brev … [et brew …]
… et postkort … [et postkort]
… til Tyskland? [till tüsklann]

Zahlen			
0	nul [noll]	19	nitten [nitten]
1	en [ehn]	20	tyve [tühwe]
2	to [toh]	21	enogtyve [ehn-ou-tühwe]
3	tre [treh]	22	toogtyve [toh-ou-tühwe]
4	fire [fier]	30	tredive [trähdwe]
5	fem [fämm]	40	fyrre [föhr]
6	seks [säks]	50	halvtreds [hallträss]
7	syv [süw]	60	tres [träss]
8	otte [ohde]	70	halvfjerds [hallfjährs]
9	ni [nie]	80	firs [fiers]
10	ti [tie]	90	halvfems [hallfämms]
11	elleve [älwe]	100	et hundrede [et hunnrede]
12	tolv [toll]	200	to hundrede [toh hunnrede]
13	tretten [trätten]	1000	et tusinde [et tuhsinn]
14	fjorten [fjohrten]	2000	to tusinde [toh tuhsinn]
15	femten [fämmten]	10 000	ti tusinde [tie tuhsinn]
16	seksten [seisten]		
17	sytten [sütten]	1/2	en halv [en hall]
18	atten [atten]	1/4	en kvart [en kwart]

Spisekort
Speisekarte

FISK OG SKALDYR	FISCH UND MEERESFRÜCHTE
ål [ohl]	Aal
blåmuslinger [blomusslinger]	Miesmuscheln
brisling [brisling]	Sprotte
fiskeboller [fiskeboller]	Fischklößchen
flynder [flünder]	Flunder
gedde [gedde]	Hecht
helleflynder [hälleflünder]	Heilbutt
klipfisk [klippfisk]	Stockfisch
nordsøhummer [nohrsöh-hummer]	Kaisergranat
ørred [örred]	Forelle
pighvar [piggwahr]	Steinbutt
rejer [reier]	Krabben, Garnelen
rødspætte [rödspätte]	Scholle
sandart [sandart]	Zander
sild [sill]	Hering
torsk [torsk]	Dorsch

KØDRETTER	FLEISCHGERICHTE
bajerske pølser [beierske pölser]	Würstchen
bedekølle [behdekölle]	Hammelkeule
benløse fugle [behnlöse fuhle]	Rouladen
biksemad [bicksemäd]	Labskaus
engelsk bøf [engelsk böff]	Rumpsteak
flæskesteg [fläskestei]	Schweinebraten
frikadelle [frekadelle]	Frikadelle
kalveskank [kalweskank]	Kalbshaxe
kødboller [ködboller]	Fleischklößchen
lever [lehwer]	Leber
mørbrad [mörbra]	Lendenbraten/Schweinefilet
nyrer [nühr]	Nieren
medisterpølse [medisterpölse]	Bratwurst
svinekotelet [swienekotelett]	Schweinekotelett
tunge [tunge]	Zunge

GRØNSAGER	GEMÜSE
ærter [ärter]	Erbsen
blomkål [blommkohl]	Blumenkohl
brunede kartofler [bruhnede kartoffler]	glacierte Kartoffeln

gulerødder [gullerödder]	Möhren
kartoffelmos [kartoffelmohs]	Kartoffelbrei
pillekartofler [pillekartoffler]	Pellkartoffeln
(syltede) rødbeder [sültede röhbeder]	(eingelegte) rote Bete
rødkål [rödkohl]	Rotkohl
rørhatte [röhrhätte]	Steinpilze
savojkål [saweukohl]	Wirsing
svampe [swampe]	Pilze

Vinkort
Getränkekarte

ALKOHOLISKE DRIKKE	ALKOHOLISCHE GETRÄNKE
øl [öl]	Bier
fadøl [fad-öl]	Fassbier
brændevin [brännewien]	Branntwein
likør [likör]	Likör
rom [romm]	Rum
snaps [snaps]	Aquavit
vin [wien]	Wein
hvidvin [widwien]	Weißwein
rødvin [rödwien]	Rotwein
hedvin [hedwien]	Südwein

ALKOHOLFRIE DRIKKE	ALKOHOLFREIE GETRÄNKE
kaffe [kaffe]	Kaffee
te (med citron) [teh med sitrohn]	Tee (mit Zitrone)
æblejuice [äbledjuhs]	Apfelsaft
mineralvand [minerahlwann]	Mineralwasser
juice [djuhs]	Fruchtsaft
mælk [mälk]	Milch
chokolade [schokoläde]	Schokolade
kakao [kakäo]	Kakao
appelsinjuice [abbelsiehn-djuhs]	Orangensaft
appelsinvand [abbelsiehn-wann]	Orangenlimonade

Reiseatlas Dänemark

*Die Seiteneinteilung für den Reiseatlas finden Sie
auf dem hinteren Umschlag dieses Reiseführers*

Mit freundlicher Unterstützung von

kein urlaub ohne
**holiday
autos**

www.holidayautos.com

Anzeige

kein urlaub ohne holiday autos

es gibt viele gute gründe, weshalb sie nie ohne einen ferienmietwagen von holiday autos urlaub machen sollten. hier sind einige davon:

unabhängig und flexibel. als broker verfügen wir über keinen eigenen fuhrpark sondern arbeiten an jedem urlaubsziel mit den optimalen und zuverlässigsten autovermietungen zusammen. entscheidend bei der auswahl der vermieter ist die qualität, der service und die preisstruktur der angebote.

überall günstig. als weltweit führender vermittler haben wir zugriff auf ferienmietwagen in über 80 ländern, mit mehr als 4.000 stationen. dadurch sind wir in der lage, äußerst attraktive preise für sie auszuhandeln.

ab sofort übernehmen wir auch die landesübliche selbstbeteiligung, sofern ein regulierungsfähiger versicherungsfall nach den jeweiligen landesbestimmungen vorliegt. somit können wir ihnen noch mehr für ihr geld bieten.

buchbar über ihr reisebüro, unter www.holidayautos.com oder unter 0180 5 17 91 91 (24pf/min)

kein urlaub ohne
holiday autos

LEGENDE REISEATLAS

Autobahn mit Anschlussstelle
Motorway with junction

Autobahn in Bau
Motorway under construction

Autobahn in Planung
Motorway projected

Raststätte mit
Übernachtungsmöglichkeit
Roadside restaurant and hotel

Raststätte ohne
Übernachtungsmöglichkeit
Roadside restaurant

Erfrischungsstelle, Kiosk
Snackbar, kiosk

Tankstelle, Autohof
Filling-station, Truckstop

Autobahnähnliche Schnell-
straße mit Anschlussstelle
Dual carriage-way with
motorway characteristics
with junction

Straße mit zwei
getrennten Fahrbahnen
Dual carriage-way

Durchgangsstraße
Thoroughfare

Wichtige Hauptstraße
Important main road

Hauptstraße
Main road

Sonstige Straße
Other road

Fernverkehrsbahn
Main line railway

Bergbahn
Mountain railway

Autotransport
per Bahn
Transport of cars
by railway

Autofähre
Car ferry

Schifffahrtslinie
Shipping route

Landschaftlich besonders
schöne Strecke
Route with
beautiful scenery

Touristenstraße
Tourist route

Straße gegen Gebühr befahrbar
Toll road

Straße für Kraftfahrzeuge
gesperrt
Road closed
to motor traffic

Zeitlich geregelter Verkehr
Temporal regulated traffic

Bedeutende Steigungen
Important gradients

Kultur
Culture

★★ **PARIS**
★★ *la Alhambra*

Eine Reise wert
Worth a journey

★ **TRENTO**
★ *Comburg*

Lohnt einen Umweg
Worth a detour

Landschaft
Landscape

★★ **Rodos**
★★ *Fingal's cave*

Eine Reise wert
Worth a journey

★ **Korab**
★ *Jaskinia raj*

Lohnt einen Umweg
Worth a detour

Besonders schöner Ausblick
Important panoramic view

Nationalpark, Naturpark
National park, nature park

Sperrgebiet
Prohibited area

Bergspitze mit Höhenangabe
in Metern
4807 ▲ Mountain summit with height
in metres

Ortshöhe
(630) Elevation

Kirche
Church

Kirchenruine
Church ruin

Kloster
Monastery

Klosterruine
Monastery ruin

Schloss, Burg
Palace, castle

Schloss-, Burgruine
Palace ruin, castle ruin

Denkmal
Monument

Wasserfall
Waterfall

Höhle
Cave

Ruinenstätte
Ruins

Sonstiges Objekt
Other object

Jugendherberge
Youth hostel

Badestrand · Surfen
Bathing beach · Surfing

Tauchen · Fischen
Diving · Fishing

Verkehrsflughafen
Airport

Regionalflughafen · Flugplatz
Regional airport · Airfield

20 km

105

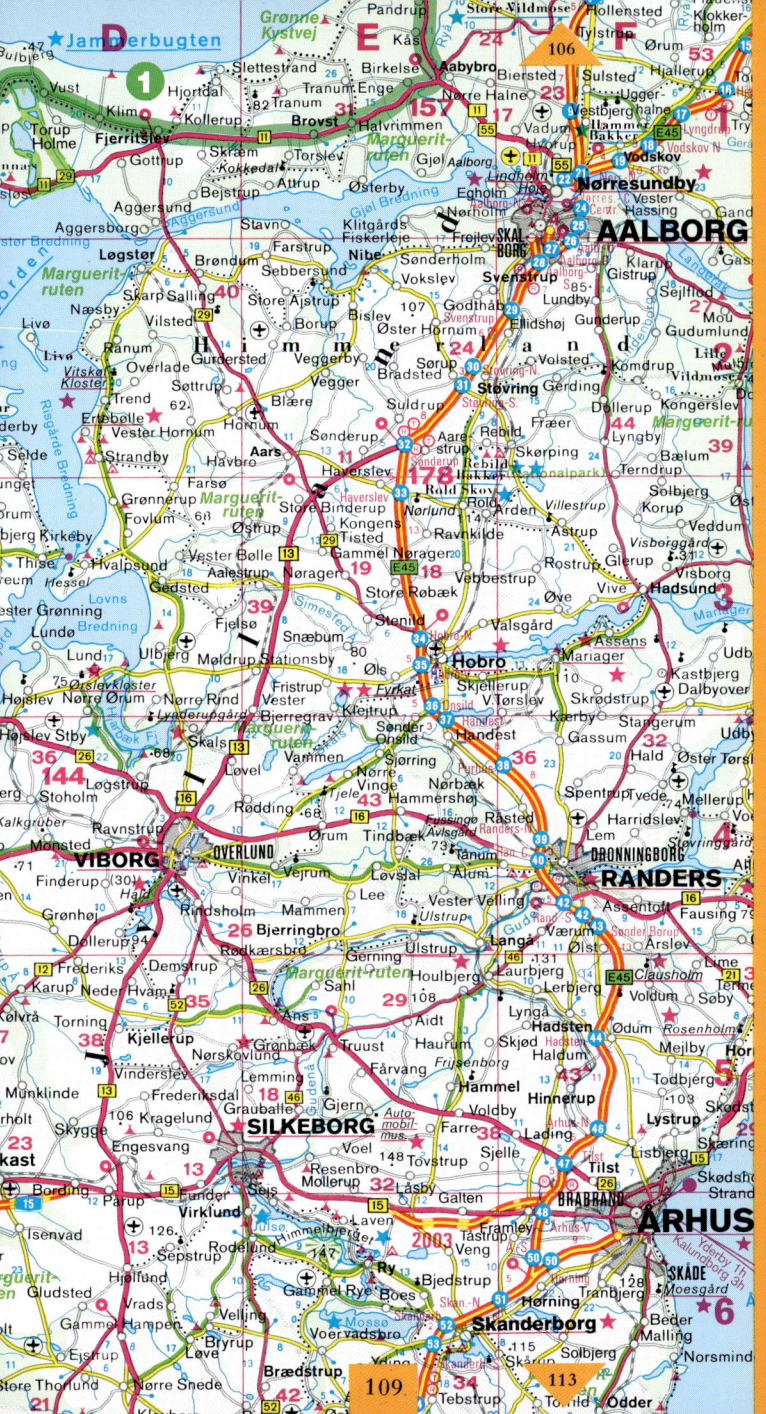

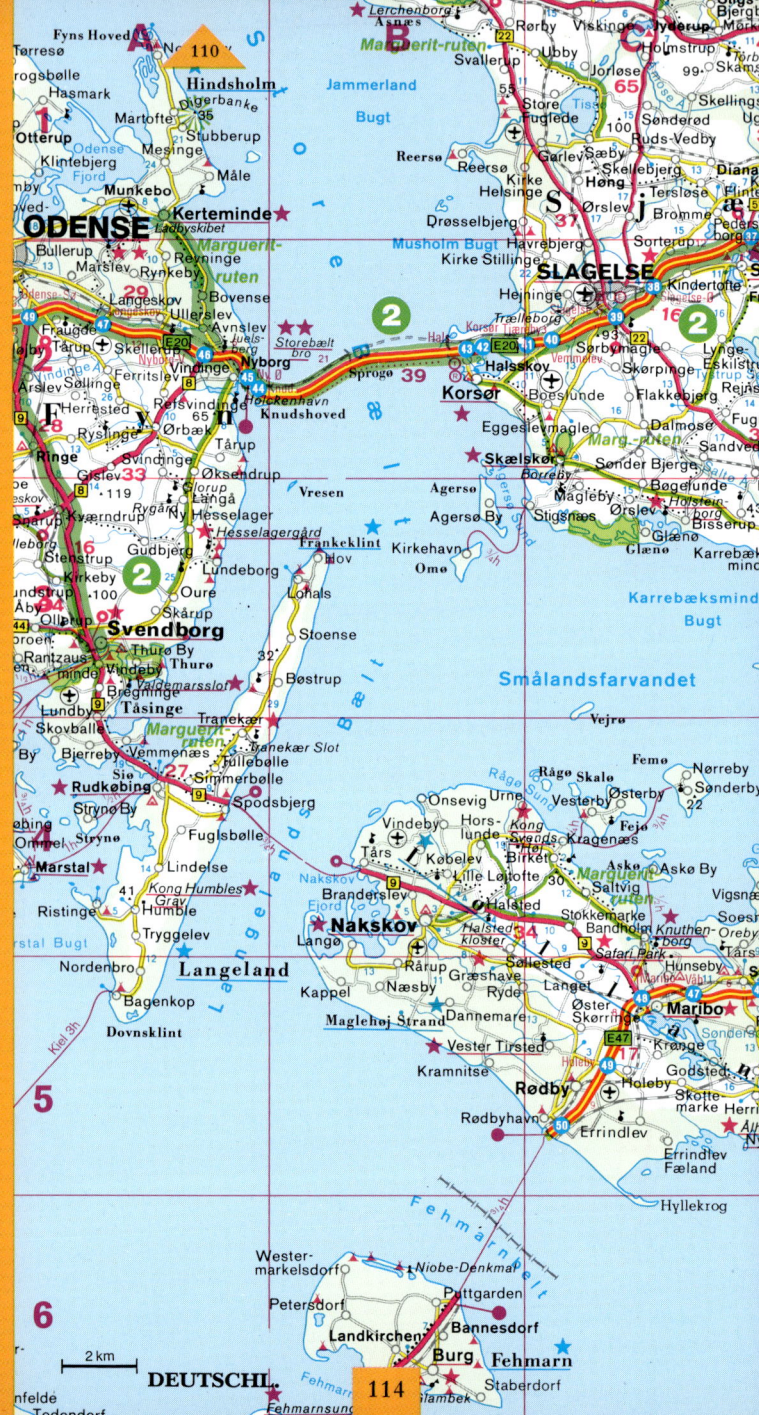

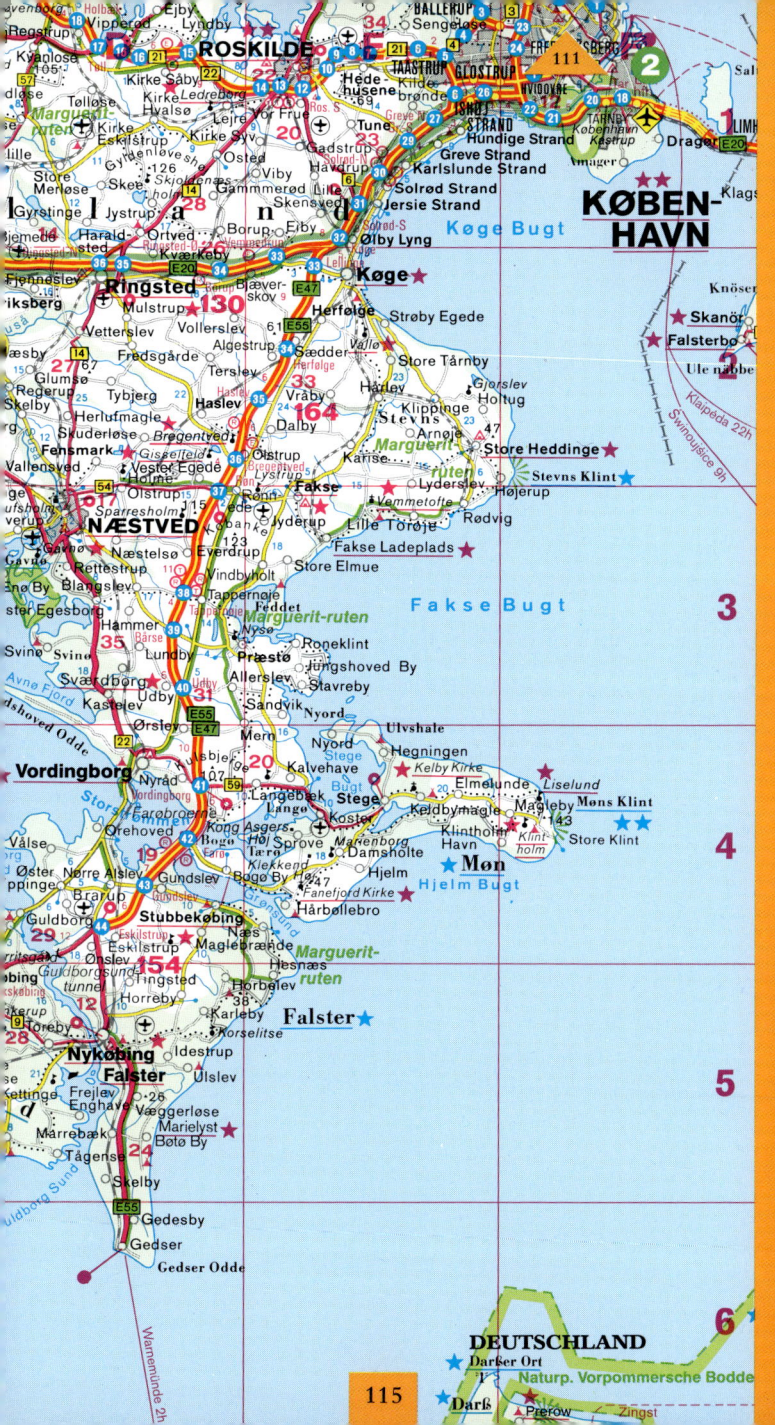

Anzeige

kein urlaub ohne
holiday autos

alles inklusive. bei unseren preisen dürfen sie gern genauer hinschauen. die sind nämlich alles inklusive. d.h.: keine zuschläge, keine überraschungen – ihr endpreis steht von anfang an fest.

ausgezeichnet. im november 2000 wurden wir zum vierten mal in folge mit dem von „association of american editors" vergebenen „world travel award" ausgezeichnet: für unsere leistungen als weltweit führender ferienmietwagenvermittler.

und als wäre das noch nicht genug, kürten uns die leser der zeitschrift „globo", heft märz 2000, auch noch zum besten in der autovermietung.

sie sehen, es spricht einiges für den weltweiten marktführer unter den ferienmietwagenvermittlern.

buchbar über ihr reisebüro,
unter www.holidayautos.com
oder unter 0180 5 17 91 91 (24pf/min)

kein urlaub ohne
holiday autos

REGISTER

In diesem Register sind alle im Führer erwähnten Orte und Inseln verzeichnet. Halbfette Ziffern verweisen auf den Haupteintrag, kursive auf ein Foto.

Was bekomme ich für mein Geld?

 Mehr als noch vor ein paar Jahren. Die Preise für Waren des täglichen Bedarfs sind heute in Deutschland und Dänemark in etwa vergleichbar. Die dänische Währungseinheit ist die Krone (dkr). Im Umlauf sind Banknoten zu 50, 100, 200 500 und 1000 Kronen. Achtung: Die 50-Kronen- und die 500-Kronen-Note sind leicht miteinander zu verwechseln. 100 Øre sind eine Krone. Das Münzangebot ist vielfältig: Es gibt 20-, 10-, 5-, 2- und 1-Kronen-Stücke sowie 50- und 25-Øre-Stücke. Um feststellen zu können, was Sie umgerechnet in Euro zahlen müssten, teilen Sie den Kronen-Betrag einfach durch acht, dann haben Sie den Annäherungswert! Ein paar Beispiele zum Üben: Ein Fassbier kostet 25 dkr, ein Bier im Laden ab 2,60 dkr, eine Coca-Cola im Laden 5 dkr, ein deutsch-dänisches Wörterbuch für die Jackentasche 80 dkr. Die Treibstoffpreise schwanken stark; Zurzeit kostet der Liter Normalbenzin (92 Oktan) ca. 8,20 dkr, Super ca. 8,30/8,40 dkr (95/98 Oktan), Diesel 6,80 dkr.

Eurocheques werden in Dänemark nicht mehr angenommen. Kreditkarten werden in den Städten und großen Ferienzentren akzeptiert; am weitesten verbreitet sind Visa und Eurocard.

Euro	dkr	dkr	Euro
1	7,45	1	0,13
2	14,91	5	0,67
3	22,36	10	1,34
4	29,82	20	2,68
5	37,27	30	4,02
10	74,55	40	5,37
20	149,09	50	6,71
25	186,36	75	10,06
30	223,64	100	13,41
40	298,18	200	26,83
50	372,73	300	40,24
75	559,09	400	53,66
100	745,46	500	67,07
200	1490,92	600	80,49
250	1863,65	700	93,90
300	2236,37	800	107,32
500	3727,29	900	120,73
750	5590,94	1000	134,15
1000	7454,58	2500	335,36
2000	14909,16	5000	670,73

Bei Zahlungen per Scheck oder Kreditkarte am Urlaubsort werden oben stehende Kurse zu Grunde gelegt. Stand: April 2001

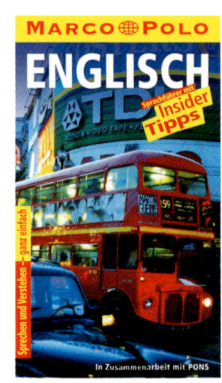

Damit macht Ihre nächste Reise mehr Freude:

Die neuen Marco Polo Sprachführer. Für viele Sprachen.

Sprechen und Verstehen ganz einfach. Mit Insider-Tipps.

Das und vieles mehr finden Sie in den Marco Polo Sprachführern:
- Redewendungen für jede Situation
- Ausführliches Menükapitel
- Bloß nicht!
- Reisen mit Kindern
- Die 1333 wichtigsten Wörter